カシミール／キルド・イン・ヴァレイ

インド・パキスタンの狭間で

Kashmir / Killed in Valley

廣瀬和司

Kazushi Hirose

現代企画室

目次

ジャンムー・カシミール州周辺

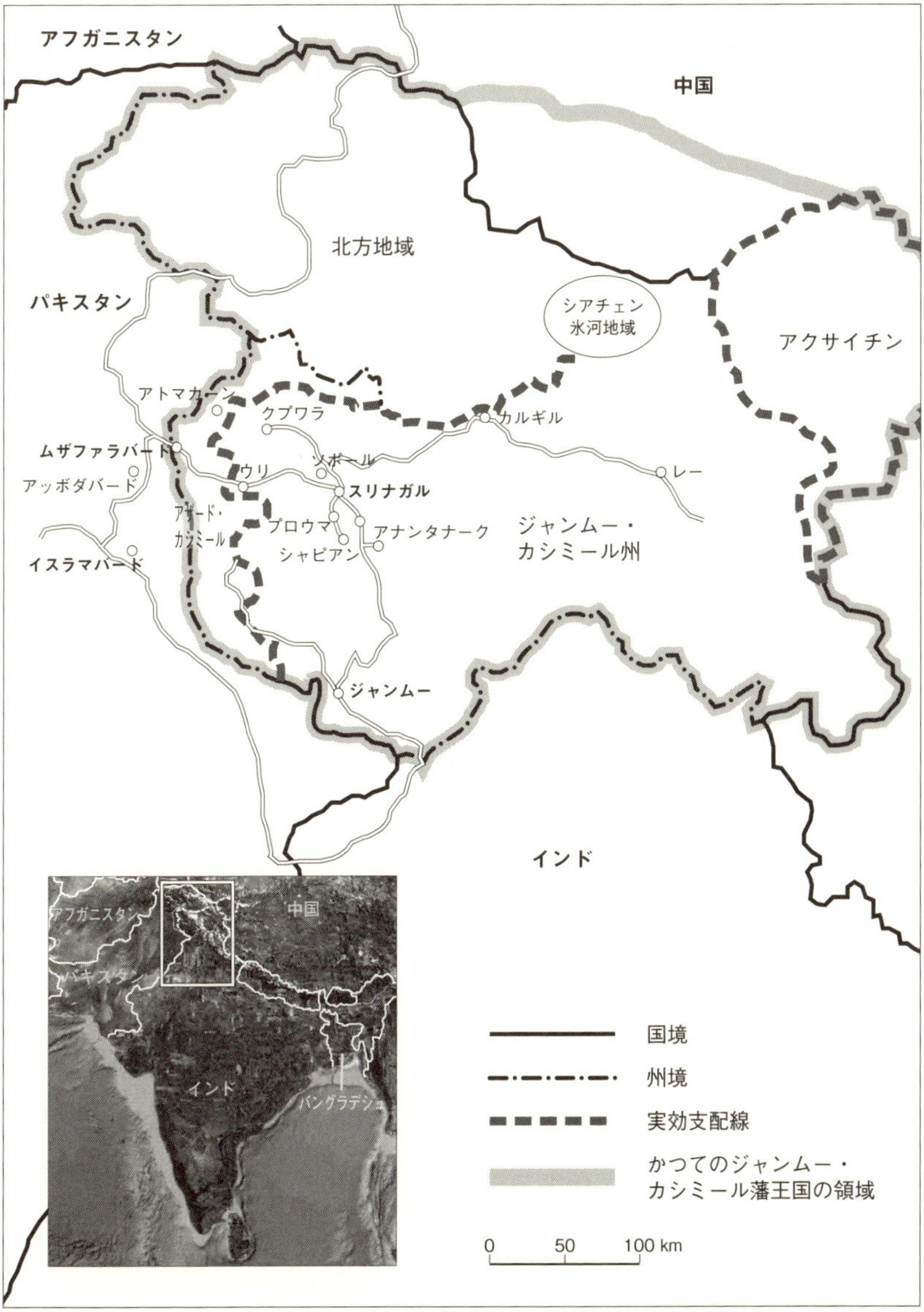

＊本文中および表紙の写真は、撮影者の表記があるものをのぞき、すべて著者が撮影したものです。
＊頻出する組織・機関名の略称や用語についての説明は、巻末の略称・用語解説にまとめました。

序章

2008年夏——カシミール大騒乱事件

かつては活動家ばかりのデモが、紛争のさなかに生まれた青少年たちが中心となるようになった。新しい闘争の歴史の始まりだった。

面前で運転手が殴られる

二年半ぶりのカシミールを空から眺めるのは格別だった。田園や森林が織り成す緑の絨毯が眼下一面に広がっているのだ。後席のアメリカ人も「アメージング！」と声をあげる。カシミールの美しさは変わらず私を歓迎してくれたようだった。

しかし、そんな暢気な気分は空港を出ると、すぐにぶち壊された。タクシー運転手は「気をつけてくれよ、テンションがあがっているから」という。もともと今日はゼネストだったのは知っていたので、そのせいなのかと思うと、朝から外出禁止令が施行されたのだという。人びとが外に出るのを防ぐために、七〜八人の小隊規模の中央警察予備隊（ＣＲＰＦ、警察と軍隊の中間の準軍隊）の兵士が二〇〇メートルぐらいおきに配置されている。通り過ぎる私の乗る車への兵士たちの視線が、ギロリと向けられる。私はこれまで何度もカシミールを訪れているが、こんなにあからさまなのは初めてだ。そして、三〇〇メートルも移動すると、すぐ車を止められる。

兵士たちは車を止めるたびに、なぜ外に出ているのか、どこからどこに行くのか、乗っている客は誰なのか、と運転手のラティーフさんに矢継ぎ早に質問をする。外出禁止令なのに車にのっているほうが悪いといわんばかりで、最初から敵意をむき出しにしてくる。幸い彼は通行許可証を警察に作ってもらい、所持していた。彼はホテルのオーナーでもあり、自分の客を空港まで送るのに必要だったのだ。

途中、病気の子どもがいるので、病院まで乗せて欲しいと頼まれた。六歳ぐらいの子どもは母親に背負われてぐったりしている。車があっても許可証をないと通れないため、許可証がありそうな、動いている車を捕まえようとしていたのだ。しかし、すぐ後ろの車がその任を請け負ってくれた。

デモ取り締まりのため、現場に向かうCRPFの部隊と地元警察の警官隊。分離独立のデモは何であろうとゆるされない。

三ヵ所目のチェックポストでのことだった。許可証を見せろ、というところまでは普通だった。その場所の将校がラティーフさんに降りてくるように指示すると、いきなり彼を棒で打ち据えてきたのだ。周りにも兵士がいるので彼は抵抗できず、ただ打ち据えられるだけだ。許可証を持っていても、外に出ているのが気に入らないのだ。私が「やめろ、やめろ」と叫ぶと、他の兵士がお前も殴られたいのか、といわんばかりに睨んできた。

なんとか逃げ出して、ルートを変えて裏道を走った。ラティーフさんは「あの糞野郎ども、ただカシミール人が気に入らないだけなんだ」と打たれた腕と尻の痛みを気にしながらつぶやく。

裏道に入っても、チェックは続いた。そのたびにラティーフさんが暴力的な視線を浴び、責められる。許可証を持っていると主張しても、「それがどうしたんだ！」という声が飛んでくる。我慢できなくて「私は旅行者で、日本人で、宿に行くだけなんだ」というと「お前の出る幕じゃない！」と兵士に怒鳴り返された。

宿に着くと、主人は旧交を温める間もなく「お前は色んなチャンスを逃したな。ここら辺は緑の旗（パキスタンやイスラームを象徴する）と黒い旗（一連の抵抗で死んだ使者に弔意を表す）で埋め尽くされていたんだぞ。先週の月曜には、道は集会に参加しようと方々からくるバスや人びとでいっぱいだった。こんなことは一九九〇年代の武装闘争が盛んだったころでもありえなかった」と私を責める。それに驚いたのは、「独立運動なんて、俺たちの商売を邪魔しているだけだ」といってやまなかった彼が、いまでは「独立だ！」といい出しているのだ。そんな彼を変えてしまった今回の騒動はなぜ起きたのだろうか？　この問題の背景はとても複雑だ。

騒動の原因

ことの発端は、カシミールにあるヒンドゥー教徒の聖地「アマルナート洞窟」の土地の譲渡問題だった。

このアマルナート洞窟寺院はカシミールの夏の州都スリナガルから一四〇キロメートル、標高三八八八メートルの山岳地帯の奥深くに位置し、洞窟のなかにあるシヴァリンガに見立てられた自然形成された氷柱を見に、毎年七月～八月の巡礼期間に四〇万人のヒンドゥー教徒が訪れる。ここを訪れるには、谷沿いの登山道を四日ほどかけて、徒歩で登ることになる。

二〇〇八年五月、シンハ州知事（彼は元陸軍中将でカシミール人ではない。また、通常、行政の実権は州首席大臣が担い、知事は儀典の出席や公的機関の名誉的な長を務めるのみである）指導の下、一〇〇エーカーの寺院周辺の森林の土地をジャンムー・カシミール（J&K）州外の人びとで構成される寺院管理委員会（委員長はシンハ氏）に譲渡する決定がなされたのである。寺院管理委員会は二〇〇三年に設立された団体で寺院の管理や巡礼ルートの整備などを任され、それまでそれを担ってきた地元のイスラーム教徒やヒンドゥーのブラーフマンが仕事を奪われるという背景もあるらしい。またシンハ氏には、聖地をイスラーム教徒から取り戻すという意図があったといわれる。

J&K州では、ステート・サブジェクト制（臣民制度）という藩王国時代からの古い決まりがあり、J&K州の土地はJ&K州民にしか持つことができない。そのためカシミール人の土地に対する愛着と特権意識は相当なものだ。よそ者に自分たちの土地を占有されるのを激しく嫌うのだ。

譲渡が発表されるとカシミールのイスラーム教徒たちは反発し、スリナガルを中心とする各地で抗議デモが頻発した。それに治安部隊や警察が発砲して、約二一人の死者が発生。そのため、事態は収拾不可能となり、一〇日間にもわたるゼネストの結果、譲渡は撤回された。

すると、今度は南の冬の州都ジャンムーを中心とするヒンドゥー教徒たちがそれに反発した。インドのJ&K州ではカシミールのイスラーム教徒が多数派を占め、南のジャンムーや最北のラダックの人びとは、自分たちが省みられないカシミール中心主義を常日ごろから苦々しく思っていたのである。ヒンドゥー教原理主義団体であるインド人民党、世界ヒンドゥー協会、シブ・セナ（シバ神の軍隊）、バジラング・ダルを中心とするアマルナート闘争委員会が結成され、それに一般市民が加わった。

彼らの抗議は過激だった。イスラーム教徒の家を焼いたり、ときには警察署さえも襲撃した。決定的だったのは、山岳地帯であるカシミールへ物資を運ぶ唯一の補給路である国道一号線を封鎖してしまったことだった。その上、車を止めるだけでなく、カシミール人のドライバーのトラックを襲い、車に火炎瓶を投げるなど暴行をし、死者も出てしまった。また、カシミール人以外のドライバーも怖がってカシミールへ入らないようになった。

ジャンムーでは警察や軍隊も取り締まりはするが、ほとんど形だけのものだった。外出禁止令のなかで人びとが外に出ても、帰るように諭すだけだった。しかし、カシミールでイスラーム教徒がデモをすれば棒で殴られ、撃たれてしまう。残念ながら、インドではヒンドゥー教徒からイスラーム教徒への暴力には寛容なのである。

カシミールのすべての経済は破綻してしまった。りんごなどの農産物は出荷できずに腐っていった。食料品、医薬品などが欠乏しはじめ、新聞などもページ数を減らして発行する始末だった。

ライフラインを絶たれたカシミールの人びとの反発はさらに大きくなった。インド政府は、カシミールはインドの不可分の領土であるという。しかし、それなのに兵糧攻めをするようなインド政府のやりかたに背を向けたのである。

インドは憎いが本当に分離、独立するのは困難だし、リスクが高い。インドのなかで経済成長の恩恵を受けてなんとか上手くやっていければいい。ほとんどの人びとはこれまでそう思ってきた。だが、経済封鎖をされて、誰もインドにいようとは思わなくなってしまった。

人びとはパキスタンへと続くムザファラバードへの道に活路を求めた。国道一号線は軍需物資輸送用に戦後できたもので、もともとこの道が古くからカシミールと外の世界を結ぶ通商路なのである。

八月一二日、「ムザファラバードへ行こう！」のかけ声のもと、行進ははじまった。だが、行進が北の町ウリを過ぎたあたりで事態は変わった。デモ隊は治安部隊から銃撃され、分離独立派のリーダーの一人であるシェイク・アジズが銃弾を受けて死んだのである。そのニュースが伝わるや、全カシミールは抗議のデモに入った。警察署が襲われ、ＣＲＰＦの陣地が破壊された。これは、未だかつてなかったことだった。特に、一般市民が、銃を持った兵士がいる陣地を破壊するなどありえないことだった。冒頭でＣＲＰＦの将校にラティーフさんが殴られたのも、このことに対する報復だった。衝突が繰り返され、五日間で子どもを含む二一人が亡くなり、数百人が怪我をした。

私はこの一〇年、カシミールの独立運動を見てきたが、デモに参加するのは活動家か鬱憤のたまった一部の若者だけだった。それ以前は市民も参加していたが、弾圧の結果少なくなっていた。しかし、いまは違う。私の友人は「これは革命だ。一九九〇年代の闘争は銃を持ったミリタントが中心だったが、いまは市民が主役だ」という。一般市民が自ら参加しているのだ。八月一八日、二二日の集会は手に緑の旗と黒い旗を持った数十万人規模の人びとが集まった。この集会には政府は規制をかけなかったので、平和裏に行われた。

確かに問題の発端はアマルナート寺院の土地の問題だった。だがその後、ジャンムーとの対立となり、いまはインドからの独立運動へと変わっていったのである。

自宅で横たわるヤクーブさんと息子のムーイン君。憎しみをもって自分たちに石を投げてくるカシミールの人びとは、治安部隊から見ればすべて敵だ。

宿の主人は最近起きたことについて愉快そうに語ってくれる。「道が封鎖されて巡礼者たち（八月一六日までが巡礼期間だった）の食料がなくなった。俺たちは炊き出しをして、巡礼者に配った。その後、今度は俺たちの食料がなくなってきた。すると、田舎の農民たちがトラックに米を積んで持ってきて、貧しい人たちに配っていたよ」という。

地元の人権活動家に連絡をすると、ジャーナリストでさえ動くのが難しいという。「今朝も二人の地元のニュース局のカメラマンがＣＲＰＦに殴られた。チャンネルも配信停止させられた」という。事実を和らげて伝えるインドのテレビ局に比べ、正確に伝える地元のニュース局は政府にとって嫌な存在なのだ。また、それで人びとを刺激するのを恐れている。

夕方五時ごろ「近くで外に出た親子が撃たれたらしい」と宿の主人がいう。地名を聞くと半径一キロメートルのごく近い場所だ。銃声は聞こえなかったが、同じような情報が他からも入ってきた。それによると息子のほうが様子を見るために、外に出た。ＣＲＰＦが銃撃をしたところ、父親も助けようと出てきた。そして父親も撃たれた。父親が死亡し、息子は重傷だという。警察の発表では、彼らが警察署を放火しようとしたので発砲したということだった。しかし、その地区に警察署はなかった。

無抵抗の市民を射殺

この事件から二ヵ月後、撃たれた父子の家を訪れた。場所はバトワラといって、ダル湖に近い住宅地である。家のなかはよく片づけられており、中流家庭を思わせるごく普通の家だった。家のなかでは、撃たれたヤクーブさん（三五歳）が布団の上でいまだに横たわっていた。

彼によると、あの日の五時ごろ、ミルクが売られているという知らせを聞いて外に出たそうである。外出禁止令はいつまで続くのかわからないので、生活必需品は、手に入れられるときに手に入れなければならない。また、いままでは外出禁止令があっても厳しいのは表通りだけで、路地裏ではある程度自由があった。二リットルのミルクを片手に帰途につくと、二人のＣＲＰＦの兵士に捕まった。しかし、彼らはヤクーブさんが買い物に行ってきただけであることを説明すると、通してくれた。だが、家の目の前で出くわした三人のＣＲＰＦは違った。ヤクーブさんを見るや、いきなり殴りかかってきたのである。

「二人の兵士が、お前らはパキスタンの回し者だろう、といって、何度も何度も私を殴りました。そして、もう一人が私を撃ったのです。まさか撃ってくるとは思いませんでした。私は独立運動とは無関係で、毎日朝七時には店に行き、夜の一〇時に家に帰ってくるような生活を送っています。デモなんかにも参加したことがなかったんですよ」

至近距離から放たれた銃弾は三発だった。一発は背中に当たり、二発は腹と喉をかすめた。

ヤクーブさんの叫び声を聞いて、家族が飛び出してきた。最初に妻のアスマットさんが、次いで兄弟、従兄妹、そして、父であるカディールさん（六五歳）が、彼を助けようと出てきた。そして、兵士はカディールさんの心臓に向けて銃を撃った。即死だった。あっという間の出来事で、誰も何もできなかった。

ヤクーブさんの娘ファラクちゃん（四歳）も、父ヤクーブさんが殴られるのを窓越しに目撃し、家族に知らせた。そして、祖父カディールさんが射殺されるまでの一部始終を見ることになった。祖父から流れ出る真っ赤な血を見て、精神的ショックから抜け出せないという。もう一人の息子ムイーン君（三歳）も、可愛がってくれたお爺さんが死んで以来、微熱が続いたままだという。

CRPFに射殺されたカディールさん。床屋を営んでいた。ヤクーブさんを助けようとしただけだったが、躊躇なく撃たれた。

ヤクーブさんは救急車で州立病院に運ばれ、銃弾を摘出する手術を受け、全治六ヵ月と診断され、カディールさんのほうは、死亡を宣告された。カディールさんの遺体は、警察署長が外出禁止令を緩和してくれ、その日のうちに埋葬したという。

事件は肉体的にも精神的にも、経済的にも影響を及ぼした、とヤクーブさんはいう。

「いま、私は三〇分と座ることができません。お金も手術で七万ルピー（当時、一インドルピーは約三円）もかかったし、注射だって一本一五〇〇ルピーもするのです。商売の雑貨店も弟にやらせていますが、不慣れで任せきれません。父は理髪店を営んで私と共に家族を養ってきましたが、これからは一一人の家族の面倒を私一人が見なければならないのです」

彼は、自分を撃った兵士の顔を憶えているという。

「いまでもはっきりと思い出すことができます。彼はこの地域を担当するCRPF第一七二旅団に所属しています。警察にも被害届けを出しましたが、何にもならないでしょう。しかし、私は彼らを罰して欲しいと思います」

軍人が罪を犯しても罰せられないのは、私がカシミールで一〇年以上にも渡って見てきたことだった。

武装闘争がはじまって二〇年、カシミールで爆発音や銃声、人びとの叫び声がやむ日はなかった。毎日のようにクラックダウン（家宅捜索）が行われ、銃口の下、男たちは家畜のように集められて、屠殺するかのように選ばれ、殺されていった。抗議のデモをすれば、銃弾が撃ちこまれ、また多くの人びとが死んでいく。一方的な暴力の連鎖のなか、カシミールに差し伸べられる救いの手はどこからもなく、人びとは絶望のなかで生きるしかなかった。

私がカシミール紛争について興味を持ったのは一九九七年のことだった。学生のころ、パキスタンを旅し、そのときに人びとから受けた親切で南アジア世界について好印象を持ち、この地域をテーマに何か取材をしたいと漠然と考えていた。

とはいうものの、すぐにカシミール紛争へと関心が向いたわけではなかった。もちろんカシミール紛争の存在は知ってはいたが、何かことが起きるたびに発せられるインド・パキスタン両政府の非難合戦は子どもじみていて、問題を追及するに値するほどの奥深さはないように思えたからだ。そして、そんなエゴのぶつかり合いに嫌悪感を抱いてもいた。それに、そうしたすでに知られた大きな問題よりも、誰にも伝えられていない未知のことを伝えたいという気持ちもあった。

だが、その印象が変ったのは、当時友人だったパキスタン人との会話からだった。

彼によると、「インド側のカシミールで独立を求める住民たちが弾圧を受け、無実のままにたくさんの人が殺されている」というのである。不謹慎だが、この話は私には魅力的に聞こえた。自らの権利を求めて命懸けで闘っている人びとがおり、しかも、あまり知られていない出来事なのだ。これこそ私が取材してみたいことだった。

もちろんインドの仇敵であるパキスタン人の話である。話を額面どおり受け取ることはできなかった。しかし、その一方で、実はカシミールについて自分が何も知らず、また、伝わってくる情報そのものが少ないのも確かだった。

日本のメディアに登場するカシミール問題の報道の内容はおおかた決まっていた。パキスタンから越境してきた武装勢力が治安部隊と衝突し、ヒンドゥー教徒や市民を殺害している、イスラーム原理主義勢力が台頭し混乱を引き起こしている、印パ両国の核開発競争の火種となっている、といった類だった。だが、そのほとんどはニューデリーにいる特派員が外電を翻訳して送ってくるものばかりで、現地に行って取材をしたものではなかった。

国会図書館へ行き資料も探したが、日本語の文献であったのは印パ戦争についての研究書と、外務省の外郭団体が出した外国の文献を基にした報告書だけで、著者がカシミールに赴き、調査したものは皆無だった。

調べながらも、いろいろな疑問が膨らんできたが、一番大きなものは、この問題が〝カシミール問題・紛争〟という名なのにもかかわらず、あくまでもインド・パキスタンの問題として扱われ、肝心のカシミールの人びとの声がまったく聞こえてこないことだった。

例えば、パキスタン人のいうとおりカシミールの住民が不当な弾圧を受けているのなら、この情報通信が発達した時代にどうしてそれが伝わってこないのか。また、イスラーム教徒の武装勢力がヒンドゥー教徒を殺しているのなら、カシミール人たちはヒンドゥー教徒が多数派を占めるインドでは世論の相当な反発を買っているはずだ。なぜ、カシミールの人びとはそんなリスクを背負うのだろうか。

カシミールの人びと（多数派のムスリムの住民）は分離・独立を望んでいるのだという。分離・独立闘争というものが、その性質からいって平和裏にことが進むはずがないが、そんな殺し合いから目的が達成できると本当に信じているのだろうか？　資料を読むだけでは説明がつかない、いくつもの疑問が湧くように出てきた。

さらに調べてみても、インド側の資料を読めばインドに都合のいい史観で語られ、パキスタン側の資料を読めばパキスタンに都合のいい史観で語られる。どちらを読んでもそれぞれの影響下から脱け出せそうになかった。とにかく、当時手に入る資料や、既存の報道からは半世紀以上にわたる混乱の原因は、何一つとして読み取ることができなかった。

この紛争が長年にわたって、なぜ解決されないのか、実際にカシミールで何が起きているのか。誰も教えてくれないのならば、自分で現地に行って確かめるしかない。

そう思った私は一九九八年五月、カシミールへと旅立つことにした。そして、それを待っていたかのように、インドではその春の選挙で政権与党となったインド人民党が、公約どおり一九六三年以来となる二回目の核実験を強行し、その一七日後の五月二八日にはパキスタンも対抗して核実験を行った。モンスーンがはじまり、インド亜大陸に「黒い雨」がいまにも降りだしそうな暗雲が立ちこめるなか、私はカシミールへと向かった。

※本書は一九九八年五月から二〇〇八年一〇月までの取材をまとめたものである。構成の都合上、訪れた時間順ではなく、トピック別に記してある。そのため、時間軸が行き来するきらいがあるが、ご了承願いたい。

※※現在カシミール地方は、インド占領地域がインド共和国のなかのジャンムー・アンド・カシミール州と呼ばれ、パキスタン占領地域がノーザン・エリア（北方地域）と自治政府を持つアザード（自由）・ジャンムー・アンド・カシミールという名の二つの行政区分に分けられている。本書では、インド占領地域に対しJ&K州、またパキスタン占領地域のアザード・ジャンムー・アンド・カシミールをAJKという略称を使って呼ぶことにする。その理由は、それぞれの占領地域と書くには文中に頻繁に表記する名称としては煩雑なのと、インタビューにおいて被取材者がJ&K州、AJKという呼称を使っており、それを生かす意味もあって、そのように表記することにした。これは上記の理由から便宜的にそうするのであって、筆者が現状を肯定しているわけではないことを付記しておく。

第１章

抵抗と弾圧の渓谷へ

分離独立を訴えるデモで、警官隊に捕まるJKLFのメンバーたち。警官隊に殴られ、催涙弾を撃ち込まれても非暴力でデモを続けようとする姿に、私は衝撃を受けた。

土嚢と兵士と緑の町・スリナガル

一九九八年五月二七日、私を乗せたインディアン・エアライン〇八二便は、デリー・パーラム空港を飛び立った。陽炎がゆらめく滑走路は、触れれば火傷をしそうだった。五月、六月はインド亜大陸ではもっとも暑い季節だ。気温は四〇度を超え、熱波で死者が出るのすら珍しくない。しかし、機内の冷気に触れても汗が噴きだして止まらなかったのは、そんな暑さのせいだけではなかった。空港で厳重なセキュリティチェックを繰り返されたのも、その理由だった。爆弾テロやハイジャックを警戒して手荷物にはすべてX線をかけるが、そこまでは普通だった。その後、チェックイン後に機内持ち込みの荷物を手作業で警察官が開封し、さらに搭乗前にまた同じ作業があるのだ（一九九九年末に起きたカシミール・ミリタントによるハイジャック事件のあとはさらに煩雑となった。機内預けの荷物を、チェックイン後、機内搬入前に自分の荷物であることを申告しなければならなくなった。これはバッゲージ・アイデンティティといい、爆発物だけのせて犯人が搭乗しないのを防ぐためである）。空港での検査の執拗さが、これからの旅の不安を暗示しているかのようだった。

デリーからカシミールの夏の州都スリナガルまでは北西へ約八〇〇キロメートル。途中、冬の州都であるジャンムーを経由して約二時間のフライトだ。出発時は満席だったが、ジャンムーで三分の二が降りた。残った男性の乗客はあご髭を蓄え、女性はスカーフで頭を覆っている人が多く、一目でイスラーム教徒（ムスリム）であることがわかる。

機上からは、高さ三〇〇〇メートルを越えるであろういくつもの山脈が波打ちながら連なっているのが見えた。世界の屋根と呼ばれる、ネパールからアフガニスタンにかけてまたがる大ヒマラヤ造山帯の一部である。荒々しい岩石が剥き出しになった山肌は褐色だが、頂には冠雪が所々に見られる。

機内放送がスリナガル到着一〇分前を告げると、機体は右へ大きく旋回をはじめた。眼下の平野部は青々と伸びた稲田と森で埋めつくされ、緑の絨毯を敷きつめたような田園風景が広がってきた。私はカシミールを〝地上最後の楽園〟と呼ぶのを事前に読んだ資料で知っていたが、その期待に違わなかった。

機外に出ると、ひんやりとした空気に包まれた。ここはデリーと違い、標高二〇〇〇メートルの高地なのだ。

預けた荷物を受け取ろうとターンテーブルへ行こうとする私を、私服の男が呼び止めた。男は自分が外国人登録事務所の者だと語り、登録をするように、と用紙を差し出した。

用紙には名前からはじまって、カシミールに入域した日、出発予定日、宿泊予定の宿名、パスポートやビザの番号、入域目的、職業など、ビザの申請と同じような項目を書き込まなければならない。これは一九七二年まであった入域許可システムの名残である。後述するが、それまではインド人すらカシミールに入るには許可証が必要だったのだ。

以後、カシミールに入るたび、この入国審査を思わせる外国人登録をすることになるが、そのたびにこの作業は、私は特別な場所に入るのだ、という取材へのイニシエーションとなった。

カシミールという場所

一般にカシミールと呼ばれる行政区分は、一八四六年にできたジャンムー・カシミール藩王国の領域のことを指す。現在のようにインド・パキスタン・中国に分割して実効支配されるようになったのは、印パ独立の直後にカシミールの領有をめぐって起きた第一次印パ戦争がきっかけだ。

詳細は第二章に譲るが、梗概を記すと、印パが独立するとき英領インドの藩王たちは、両国のどちらかに帰属をするかを決めなければならなかった。カシミールの藩王ハリ・シンは自らの権益を守るために、独立を画策していた。藩王の意図を察知したパキスタンは、パシュトゥーン人の民兵を使って攻め込んだ。驚いた藩王はインドに救援を求めた。インドからの回答は、カシミールはインドの領土ではないので兵を送ることはできない、しかし、インドへの帰属を認めるというのなら助ける、というものだった。藩王は帰属文書に署名をし、インドへの帰属を認めた。インド政府はすぐさまスリナガルへ兵を送り、民兵を押し返した。そのうちパキスタン正規軍も参戦し、この戦いが第一次印パ戦争となっていった。

一九四八年一二月三一日、印パ両国は国連の仲介によって停戦をし、国連の監視下で住民投票によってその帰属を決めることになった。だが、この住民投票は印パ両国の協力が得られず、現在まで行われていない。その後、若干の変更はあったが、このときの停戦ラインがほぼ現在の実効支配線（ＬＯＣ）である。その後、両国は一九六五年、一九七〇年と二度の戦火を交えた。そして、一九六二年の中印国境紛争のときにパキスタンはアクサイチン地区を中国に割譲した。

Ｊ＆Ｋ州で分離・独立を求める武装闘争が激しくなったのは、一九八〇年代後半のことだった。一九八七年に行われた州議会選挙で、インド政府による不正開票疑惑が持ちあがったのである。長年にわたってインド政府と癒着してきた州政府与党であるナショナル・カンファレンス党（ＮＣ）を嫌って、ムスリム統一戦線（ＭＵＦ）という地元政党の連合組織へ、人びとの多数は投票した。だが開票されるとＭＵＦは四議席を得るに過ぎなかった。戦後、住民投票が行われる兆しが少しもなく、インド政府に幾度となく州自治に介入されるなど、憲法で定められた自治が保障されないこともあり、人びとの不満は頂点に達した。選挙という民主的な政治手段が否定され、カシミールのムスリムたちはインド政府の支配を嫌い自らの権利をもとめて闘いはじめたのである。

それに対するインド政府の答えは、徹底弾圧だった。多民族国家であるインドでは、分離・独立は国家の解体につながるからである。パキスタンからの支援や山岳・森林地帯という地の利もあり、武装闘争は一時は攻勢を強めた。しかし、治安部隊の大量投入や、捕まえたミリタントを民兵として登用したりスパイ網を確立させるなどの強攻策が効を奏して、一九九四年ごろには弱体化してしまった。

インド支配地域のカシミールは、ジャンムー、カシミール、ラダックの三地域に分けられる。ジャンムーはもともと藩王ハリ・シンの本拠地で、現在でも冬の州都である。パキスタンに隣接するプーンチ地方や山岳部のウダンプールではムスリムが多いものの、総数ではラージプート（北インドのクシャトリヤカースト集団）のドーグラー人であるヒンドゥー教徒が多数派を占め、言葉もパンジャーブ語系のドーグリー語を話す。気候も他の北インドの町と変わらず、夏には四〇度を越すまで気温が上がる。

ラダックは平均標高三五〇〇メートルの山岳地帯で、中心都市はレーである。チベット語系のラダック語を話しチベット仏教を信じるラダック人が多数派を占めるが、近年はイスラーム教徒の移住者も増加している。中国でチベット仏教が弾圧されているため、本来のチベット文化が残っているとされている。気候は乾燥しており、冬は気温マイナス二〇度まで下がる寒冷地である。イスラーム教徒中心の州政治からの脱却を図ろうと連邦直轄領の指定を求める運動が仏教徒のあいだであり、その結果、ある程度の地方行政を司る「ラダック自治山間開発議会」が設立されている。

カシミールとは、正確にはカシミール盆地のカシミール語を話す人びとが住む地域のことである。本書でカシミールと記すときは、この地域のことを指す。夏の州都スリナガルがあるカシミールは、人口の八割以上をムスリムが占め、礼拝の時間前に町の随所にあるモスクからアザーンが流れる。気候は冷涼で、りんごが特産品であることからわかるように、日本でいえば軽井沢に似ているだろうか。イギリス人が開発した避暑地ということでも一致している。

人口はカシミールが六九〇万人、ジャンムーが五三〇万人、ラダックが二九万人である。

スリナガルに到着した私は、空港から市中心部にあるホテルへと向かった。車窓から流れる風景は、改めて緑が多いことを感じさせた。チナールと呼ばれ、カシミールの木として親しまれているプラタナス並木の大木が続く。町にはアジアの町にある特有の喧騒は見られず、大半の商店のシャッターは下ろされたままだった。

サンスクリット語で〝豊かな知識の町〟、または〝吉祥の町〟という意味のスリナガルは、人口約一二〇万人の中都市だ。紀元前二五〇年ごろアショーカ王によって造られたのがはじまりである。

ここに町が造られたのは三つの理由があった。市内を貫流するジェーラム川が天然の濠としての役割を果たすため防御しやすかったこと、適当な平野部があったこと、そして一周約二〇キロメートルの湖、ダル湖があったからである。ダル湖には島があり、トマト、かぼちゃ、蕪、ほうれん草、蓮根などの野菜が湖の滋養をたっぷり吸って育てられている。湖はスリナガルの人びとの重要な食料供給源なのだ。現代でもそれは変らず、いまでも早朝に湖に行けば、野菜の水上マーケットが開かれ、小舟に乗った農民と八百屋が丁々発止で取り引きしているのを見ることができる。

ダル湖で世界的に有名なのは、湖上にずらりと並ぶ瀟洒な船上ホテル〝ハウスボート〟だ。インドの植民地時代、暑さが苦手なイギリス人たちは、カシミールに別荘を建てようとした。しかし、当時のカシミールの藩王は、借地権を与えて建造物を建てられると彼らにその土地を占有されてしまうことを恐れて、許可しなかった。そこで藩王がノアの箱舟のように大きくて豪華な装飾を施した船を湖に浮かべているのを見て、イギリス人たちがまねをして造りだしたのがハウスボートのはじまりだ。このハウスボートに泊まろうと、かつては国内外から年間一〇〇万人近い観光客が訪れていた。だが、カシミールの主要産業である観光業は紛争の長期化で大打撃を受け、六〇〇艘はあるといわれるハウスボートのほとんどはVacant（空室）の札がかかったままだ。

市中心部のホテルで荷を解き、午睡を取ったあと、街を歩いてみた。

やはり、商店が閉まり人影がまばらで寒々しい風景は、西部劇に出てくるゴーストタウンのようだった。ホテルのマネジャーに聞くと、今日はモルヴィ・ファルークというカシミールの宗教指導者が暗殺された日だとのこと。一九九〇年の彼の葬儀では、治安部隊の銃撃によって五〇人以上が亡くなったという。住民たちはいまも弔意を表すとともに、インド政府への抗議を込めて「ハルタール」というストライキをしていたのである。

人影がないかわり、目立つのは兵士の姿だった。市中心部ということもあるが、そこかしこに兵士がいる印象だ。AK四七を持ち、重そうな金属性の防弾チョッキを着た兵士が、四人一組で一〇メートルづつ間隔を保ちながらパトロールをしている。町の辻々には土嚢と手榴弾除けのネットで覆われたバンカーと呼ばれる歩哨所があり、道行く人びとを監視する。見上げれば、建物の二階三階にもカモフラージュを施したバンカーが置かれ、体に穴が開きそうなくらい四方八方から監視する仕組みである。このバンカーは市内に七〇〇ヵ所余り設置され、二四時間態勢で警戒をしている。

インド支配地域のカシミール、ジャンムー・カシミール州に駐留する治安部隊の人数は、公式な数字はないが、一般に七〇万人といわれている。州民の人口は約一二〇〇万人なので、一七人当たりに一人の兵士が配置されており、世界でもっとも軍事化された地域である。他に北東部のアッサムやナガランドででも分離独立運動を抱えていることや、インド陸軍の兵力約一〇〇万人ということを考えれば、カシミールにいかに多くの兵力が割かれているかが理解できる。

町並みはレンガ造りの建物が多く、植民地時代の影響もあるのか、どことなくヨーロッパ風だ。歩く人びとの姿も同様だ。スリナガルを中心としたカシミール渓谷には、ヨーロッパ人と同じアーリア系で、色が白く面長の顔を持つ人が多い。インド各地から派遣されてきた兵士たちとの違いは一目瞭然である。

しばらく歩くと、廃墟となった大きな建物が見えた。九二年に反イスラーム的であるとして武装勢力に爆破された映画館だ。屋根が大きく吹き飛んでいて、爆発の大きさが容易に想像できる。他にも反イスラーム的だとして酒屋や美容院が襲撃の対象となっており、そうした性急なイスラームの押しつけに嫌悪感を持つ人も多い。

建物の前には装甲車と兵士数人が警戒をしていた。映画館を入れて写真を撮ろうとしたが、装甲車の銃座に坐った兵士があっちに行けという仕草をしたため、撮影をあきらめた。

その後、兵士のいない場所を見つけ、ゴーストタウンのようになった商店街を撮影しているときだった。視線を感じて振り返ると、背後に一軒だけシャッターを開けた店があった。そこで作業している男がこちらを気にしているようだった。撮影を終え、その店の前を通りすぎようとすると、案の定呼び止められた。男は「ジャーナリストなのか」と尋ねてきた。私は少しためらいながらも、うなずいた。四〇代ぐらいの温厚そうな男は店の主で、今日は棚卸をしているのだという。

「ここで起きていることを、しっかり記録していってくれよ」

男は核心に触れるようなことを、いきなり話しかけてきた。その穏やかな口調の裏には強い意志が感じられた。

「ここで起きていること」。それは、到着した初日からストライキに出くわしたことや、兵士たちの

爆破されたラル・チョークのパラディウム・シネマ。紛争前、スリナガルには4つの映画館があり、人びとの楽しみとなっていた。

刺すような視線を浴び続けたこの一時間ほどの散歩から、いくらか察することはできた。そして、初対面の市民までが通りがかりのジャーナリストを名乗る男に、メッセージを伝えてくるのだ。やはり、インド政府の弾圧による、人びとのあいだに伝えられていない切迫した問題があるに違いない。これからカシミールで私は何を見ることになるのだろうか。期待と不安が織りまざった気持ちに囚われながら、ホテルへの帰路を急いだ。

殺された分離・独立活動家

翌朝、市中心部に位置する新聞社や通信社の事務所が集まるプレス・エンクレーブと呼ばれる場所へ、事前に紹介されたA記者を訪ねにいった。この場所の周囲にもバンカーが配置され人の出入りをチェックしている。記事を気に入らないとした政府側の民兵が記者を誘拐、暗殺をするなどジャーナリストも標的となっているからだ。A記者はコルカタ発行の英字全国紙、パイオニア紙のカシミール人契約記者で、四〇歳過ぎのベテランだった。私は日本で調べたカシミールでの弾圧の真偽について、彼に尋ねてみた。

「君が調べたことにほとんど間違いはない。ここでは治安部隊の力が強すぎる。彼らは何でもすることができるんだ。何度、虐殺や拷問を見てきたことか……。これは最近僕が書いた人権侵害についての記事だよ」といって、彼が書いた記事を見せてくれた。それは治安部隊に拘束されたまま行方不明となった息子を探す母親（第四章に登場するハリマ・ベガンさん）のストーリーだった。

「でも、君もジャーナリストなら、僕の話を聞くのではなく、自分で現場に行って判断しなければならない」といい、最近起きた、独立運動の政治家殺害の事件についての取材を勧めてくれた。

次の日、私はタクシーを借り上げ、A記者とともにスリナガル近郊のソウラ地区へと向かった。ダル湖沿いに車を進め、湖を囲む山を抜けると、棚田が広がってきた。農民が田植えをしたり牛に鋤を引かせて土を起こしている姿が見える。風もなく浅く張られた水面には真っ青な空と白い雲、そして山々が写り込んでいる。この棚田を通り過ぎるとすぐに集落があり、そこに今回の訪問先の家があった。建物は白壁がひときわ目立ち、前庭は緑あざやかな芝でおおわれ、良家であることがうかがえる。私が訪れることは連絡がしてあったらしく、一家総出で出迎えを受けた。

殺されたのはS・ハミッドさんといい、カシミールの分離独立を目指す政党ピープルズ・リーグ（PL）の議長で全党自由会議（APHC、分離独立派の政党の連合組織）の中堅のリーダーでもあった。当初はハミッド氏の妻であるタスリーマさんに話を聞くつもりだったが、質問をはじめるや否や涙ぐんでしまい、それどころではなくなってしまった。代わりに英語が流暢に喋れる、地元の女子大に通う長女のヌスラットさん（一九歳）に説明をしてもらうことになった。

彼女によると、四月一七日の午後一一時ごろ、近くのソウラ警察署に所属する警察の対テロ特殊部隊（SOG）が家を包囲した。指揮官が門を開けるように命令するので、錠前をはずすとSOGの兵士たちがなだれ込んできたのだという。

指揮官はハミッド氏を見つけると家族と引き離して尋問をはじめ、その後、庭のテラスに連れて行った。一発の銃声が峡谷の静寂に響いたのはその二〇分後のことだった。兵士たちはハミッド氏の寝室に入り銃を乱射し、窓を割り、壁や天井には弾痕をつけ、薬莢をばら撒いて引き上げていった。

事件から一時間後、ソウラ警察署の警察官が空白欄のある書類と一丁の拳銃を持ってきた。そしてハミッド氏の父親にサインをするように求めた。逮捕のときハミッド氏が銃を取り出し、抵抗したため殺さざるをえなかった、と後で書き加えるためだった。持ってきた銃がその証拠だというのである。

また、兵士たちが寝室を破壊したのは、実は銃撃戦が行われたことを捏造するためだった。父親はサインするしかなかった。そうしなければ、今度は自分が殺されてしまうからだ。

こうして警察の発表では、武装ゲリラの容疑でハミッド氏を逮捕しようとしたところ発砲したため殺さざるをえなかった、とされた。

一部始終を見ていたヌスラットさんは「父は分離独立運動をしていたから、逮捕されることはあるとは思っていたわ。でも、まさか殺されるなんて……」

父親ゆずりの大きな目をした彼女は、亡き父の無念をなんとか伝えようと必死だった。そして、気持ちを落ち着かせながら言葉を継いだ。

「父はミリタントなんかではなかったわ。銃撃戦なんかなかったし、警察がでっちあげたのよ。父は一方的に殺されたのよ」

彼女は、自分の家族に降りかかった理不尽な死のあらましを、私に繰り返し説明してくれたが、気持ちが高ぶり最後には失神してしまった。私はヌスラットさんの話をどう受けとめたらよいかわからず、だまって聞くことだけしかできなかった。S・ハミッド氏は反体制の活動家だったが、それを気に入らないからと殺すのでは、西部劇の世界と変わらないではないか。

当時の州首席大臣ファルーク・アブドゥッラーは、ハミッド氏の死について「ハミッドのような奴らを処刑するのは当然であり、それは私次第だ。これからもそういう連中は殺す」といって処刑を正当化するコメントを残した。

私に怒りをぶつける遺族たち

しかし、この話には後日談がある。この事件には、一つの人権侵害の事件では終わらない問題が潜んでいたのである。

ハミッド家を訪れた二週間後、私は冬の州都ジャンムーにあるデイリー・エクセルシアという新聞社を訪れた。エクセルシア紙は、ジャンムー地方で多数派を占めるドーグラー人やヒンドゥー教徒の声を代弁する新聞だ。インド政府寄りの報道が多いエクセルシア紙はスリナガルの人びとからは〝官製新聞〟と揶揄されている。私はその新聞社の編集部で、ジャンムーにあるカシミール渓谷から逃げてきたヒンドゥー教徒の難民キャンプの取材について話をした。そして、話題が変わってS・ハミッド氏の殺害事件についての話になったときのことだった。それまでは、難民キャンプに住まわざるを得ない虐げられた人びとの権利や保護をどうするか、という会話をしていたのが、カシミールでの人権侵害の話となると「やつらはミリタントで警察が殺したのは当然なんだ」と、私が間違ったことをいっているかのようにいい放った。その声を聞きつけて編集部中から人が集まり「警察が捕まえているのは犯罪者なんだ、テロリストなんだ」と口々に叫ばれ、あっけにとられた。私はいくら〝官製新聞〟といわれようと、社会の木鐸である新聞社の役割は立場を超えて機能するものと思っていたが、甘かったようだ。

ジャンムーからスリナガルに戻り、もう一度ハミッド家を訪れた。ヌスラットさんは長年の旧友と接するかのように笑顔で迎えてくれたが、ジャンムーの新聞社での出来事を話すと表情が一変した。「私の父はミリタントなんかではないわ、無実の罪で殺されたのよ」と怒りを露にした。彼女だけでなく、それを聞いて、その場に居合わせた彼女の妹や叔母までもが、私がハミッド氏を犯罪者扱いし

殺されたS・ハミッドさんの肖像画を持つ家族。家族は無実を訴えたが、事件には意外な裏側があった。

ているかのように抗議しはじめた。私が「それはエクセルシア紙の記者たちの意見で、信じていない。私はあなたたちの境遇に同情している」と何度説明しても冷たい視線を投げ返すだけだった。見かねた叔父が私にチャイを勧め、あいだを取り持とうとしてくれた。それでも、いつもは甘すぎるチャイは砂を噛むような味だった。

なぜ、自分の意見とエクセルシア紙の意見が彼女たちに混同されてしまうのか、私にはわからなかった。私の下手な英語が原因で誤解を生んでしまったのだろうか？　いや、この一連の出来事を説明したとき、他のカシミール人の友人たちは理解してくれたから、そうではないはずだ。

二〇〇三年一一月、私は『カシミール・アンダーグラウンド』という現代カシミールの政治や武装組織、分離独立運動についての人名録を手に入れたが、それを読み驚いた。なんとそこには、ハミッド氏は表ではAPHCの中堅リーダーだったが、裏では一九九七年からシューラ・イ・ジハード（聖戦議会）という複数の武装組織の共同作戦や武器の調達をコーディネイトする組織の議長だった、と記されていた。まさしく、警察が主張していたことを裏づけるようなことが書かれていたのである。友人によると、この本は政府の情報機関の報告書を基にしており、間違いも多くあるという。しかし、私にはヌスラットさんたちの懸命の否定が思い出された。彼女たちは、やはり知っていたからこそ私に執拗な抗議をしたのではないか、という考えが頭をもたげた。

ハミッド氏は、武装組織のメンバーだったのだろうか？　私は取材直後、非暴力で活動する政治活動家が虐殺されている、とハミッド氏の死を報じた記事を朝日新聞社の『アエラ』誌で発表した。もし本に書いてあることが本当ならば、私は誤報をしたことになってしまう。それにハミッド氏がそうした活動に従事していたのなら、彼の政治活動家としての仕事は否定されてしまう。もしそうだとしたら、なぜ政治運動に従事しながら武装闘争にかかわる、という禁じ手を使ってしまったのだろうか。

私はハミッド氏の周辺の人びとに会い、事実を確かめることにした。

ハミッド氏を知る人びと

私はかつてPLの活動家だった友人の紹介で、ハミッド氏のもとで広報担当として働いていた、ファルークという四〇歳過ぎの男に会った。彼は当初、ハミッド氏が武装組織に関与していたことを否定したが、前述の本の記述について言及するとあっさりと認めた。

「確かに本に書かれていることは事実です。しかし、その一方で、S・ハミッドは政治活動家だった。そのことに間違いはありません。彼の政治活動家としてのキャリアは一九六五年にヤングマンズ・リーグという若者の政党を組織したことからはじまりました。その後、一九七四年に設立されたPLに中核メンバーとして参加したのです」。一九七四年は、カシミールの分離独立運動の立役者でNCの指導者シェイク・アブドゥッラーとインド政府とのあいだで、自治を認める代わりにカシミールの帰属を決める国連監視下の住民投票の撤回を表明した「カシミール合意」が締結された年である。ハミッド氏がそれに反発して、政治活動にのめり込んでいったのも想像に難くない。その後、ハミッド氏はPLの議長となり、APHCの設立に尽力をしたという。その彼が、なぜ武装闘争に直接かかわったのか。この疑問については、男は明確な答えは持っていなかった。

「それについては私もわかりません。けれど彼は、政治的な方法で問題を解決しなくてはならないと常に話していたのは確かです。それが彼の教えでした」という、純朴そうな男の口ぶりからは、いまなお持つハミッド氏への敬意が感じられた。

次に会おうとしたのは、三〇年以上も前からハミッド氏とPLで活動していたというバシール・トタという人物だった。彼の自宅に電話をすると、翌日の一一時に高級住宅街であるラージバーグのAPHCの事務所近くにある、PLの事務所にくるようにいわれた。正確な場所はAPHCで聞けばわかるという。

翌朝、指示通りにPLの事務所を訪ねると、意外なことを聞かされた。バシール・トタはPLのメンバーではない、というのだ。事務所には三人の男がいたが、一人は以前APHCのデモや集会で見かけたことがある四〇代の男だった。バシール氏はいないが同じPLということで、ハミッド氏について聞いてみることにしたが、今度は一転して否定された。

「彼が武装闘争にかかわっていたかですか？　それはありませんよ。彼は演説で、インド併合派であろうともパキスタン併合派であろうとも、政治家を暗殺するな、と武装組織に呼びかけていたのです」

とハミッド氏のかかわりを否定した。かたわらにいた男も同調して語る。

「もし、S・ハミッドが武装闘争にかかわっていたと当局が主張するなら、それは全員がそうでした。特に一九九〇年代のはじめは誰もがかかわっていました。各政党が軍事部門を持っていたのです。そういう時代だったのです。我われにだって、アル・ジハードという軍事部門がありました。政治的な運動も武装闘争も同時並行に行われているのです。しかし、思想的な影響力はありますが、実際の指揮系統はまったく別で、政治部門の人間が軍事部門に直接関与することなどありません」

ハミッド氏はどんな人物だったのだろう？

「彼は謙虚で、優しく、成熟した活動家でした。声も良く、品があって聴衆を魅了したものでしたよ」

と昨日その演説を聴いてきたかのように答える。彼は、分離独立についてはパキスタン併合の立場をとっていたが、結論は人びとの意志で決めるものだとして、住民投票の実施を訴えていた。彼が立場の違う分離独立派の政党の連合組織であるAPHCを作るのに奔走したのは、そんな考えがあったからだという。

「彼のモットーは、どの場所に行っても人びとに会って何をして欲しいのか聞くことにありました。彼はいつも人びとと共にありました。とても平和を愛した人だったのです。だから私も彼と一緒にいたのです」

　では、なぜ彼は殺されなければならなかったのだろうか？

「インドの陰謀ですよ。殺される前にインドのエージェントが接近して、協力するようにいったのです。でも、彼は拒否しました。だから殺されたんですよ」。いかにもありそうな話だった。だが、それだけに話の安直さも否めなかった。

　帰り際、男はなぜハミッド氏のことをいまごろになって調べているのか、と問うた。それは、何か知られたくないことがあるのを予感させた。私が「ハミッド氏の運動への貢献を伝えたいんですよ」と答えると、男は満足そうに肯いた。

　事務所を辞した私は、再びバシール・トタの自宅に電話をかけてみた。すると家人が出て、彼の事務所はＡＰＨＣの目に前にあるという。もう一度ＡＰＨＣの警備員にＰＬのではなく、トタ氏の事務所の場所を聞くと、目の前の建物を指差された。なんと、ＰＬは二つに分裂しており、トタ氏は非主流派のリーダーだったのである。

　二階建て住宅の一階部分にある事務所に入ると、壁にはＳ・ハミッド氏のポートレートが掲げてあった。トタ氏曰く、「我われこそがＳ・ハミッド氏の継承者」なのだそうだ。事務所の中は寒々しいほど物がなく、がらんとしていた。その絨毯敷きの部屋にトタ氏と彼の側近が肩を寄せ合って座っており、非主流派の悲哀をまざまざと感じた。そして、トタ氏もまたハミッド氏の武装組織とのかかわりを否定した。

「一九九一年のことです。彼はハズラトバル・モスクでこんなスピーチをしました。ミリタントへ向けてメッセージを送ったのです。『政治家を殺すな、市民を巻き添えにするな』と演説したのです。武装闘争がピークを迎えていたあの時代に、そんな演説はありえませんでした」と、ハミッド氏がいかに平和的に運動を進めようとしていたかを強調する。

トタ氏によると、ハミッド氏が運動をはじめたきっかけは、彼の祖父の影響が大きいという。祖父はソフィ・ムハマド・アクバルといい、住民投票戦線という政党の幹部でシェイク・アブドゥッラーの右腕と呼ばれた人物だった。一九七五年にアブドゥッラーがカシミール合意でインド政府と手を結ぶと、それに反発してマハズ・イ・アザディ（自由のための戦線）というインドからの分離独立を求める団体を結成した筋金入りの活動家だった。生まれながら活動家の血筋に生まれたハミッド氏は、お伽話を聞くように祖父の膝の上で彼の武勇伝や、民族自決権の話を聞かされて育ったのだろうか。しかし、一族自体は特別に政治家の家系ではなく、父親は下町でペンキなどの建築資材を扱う商売人であり、ハミッド氏自身も薬局に薬を卸売りする仕事や、後にはセメントを扱う商売をしていたのだという。

私が、ハミッド氏と何か特別な思い出はありますか、と尋ねると、トタ氏はこんなエピソードを披露してくれた。「彼が一九七〇年代後半に捕まって中央刑務所に入れられていたとき、私は彼から手紙をもらいました。そこには『私たちの夢はジャンムー・カシミールの人びとをインドから解放することです。次の世代につなげるためにも、闘争を続けましょう。たとえ私たちが死んだとしても、勝利を得たとき、次の世代の人びとは我われのことを思い出すでしょう』と書かれていました」。ハミッド氏の運動への一途さを感じさせられる話ではあったが、それゆえ武装闘争にも手を染めてしまったのではないか、とも思えた。

トタ氏に、他にS・ハミッド氏についてよく知っている人物を紹介して欲しいと求めると、今度はファズ・ウル・ハック・クレシという人物を紹介された。クレシ氏はPLの創立メンバーで、後に傘下の武装組織アル・ファタの責任者となった。現在はどちらのPLからも離れて自らの政治組織、人民政治戦線に属しているという。しかし、活動自体は休眠状態で、時おり新聞などでコメントを出すくらいらしい。クレシ氏は、武装組織ヒズブル・ムジャヒディン（HM）とインド政府が二〇〇〇年に停戦交渉をした際、HM側から指名されて仲介人を務めた人物である。いわば、古参の老闘士といったところだろうか。

彼の家はソウラにある大学病院の近くにあった。少し道に迷ったものの、やはり地元でも名の知れた存在らしく、近所で場所を尋ねるとすぐにわかった。

現れたクレシ氏は、白髪交じりの温厚そうな初老の男性だった。だが、その落ち着きぶりに老獪さを感じた私は、本音が聞きだせるか不安に思った。大学病院で甥の手術に立ち会わなければならないので時間があまりないという彼の事情で、朝九時という早い時間からのインタビューだった。普段はお茶が出てくるまでのあいだ、自己紹介や雑談をして話しやすい雰囲気をつくるのだが、そのため単刀直入に本題に入った。すると、クレシ氏は予想外にも、S・ハミッド氏が武装闘争にかかわっていたことを簡単に認めた。

「その『カシミール・アンダーグラウンド』に書いてあることは本当です。ミリタント側からの要請もあり、そういう役割をこなしていたのです。私は彼に、一線を越えてはいけないと忠告していたのですが……」

いままでの関係者が言下に否定していたのに比べ、あたかも当然の事実のように認めたので、あっけにとられた。最初に話を聴いたファルークという男もあっさりと認めたことからしても、S・ハミッド氏の裏の仕事は公然の秘密だったのだ、と確信した。

「S・ハミッドは軍事的な闘争も利益になると考えていたのです。政治的であろうと軍事的であろうと、彼にとって自由を目指す闘いは一つなのです。運動が大事だったのです。彼は両方を助けたいと混同してしまったのです。一線を越えてしまった。それは彼のミスでした。そして、インドはこんな奴は危険だと思ったのです」と、クレシ氏は言論を武器にして闘う政治家が裏で武装活動にかかわるという矛盾が間違っていたことを認めた。

しかしその一方で、クレシ氏はこうも主張する。

「闘争では軍事、政治両方の面から活動するのは当然のことです。パレスチナのPLOだってファタハという軍事部門を持っていますし、インドの独立のときだって国民会議派だけでなく、インド国民軍が働いていました」

私は、当初この考え方を理解することができなかった。なぜなら、暴力を否定して非暴力の政治活動をしているのに、なぜ同じカシミール人に銃を置けと訴えないのかという疑問があったからだ。そうでなければ、彼らのいう非暴力主義は普遍性を持たず、外に向かって運動の正当性を広げることはできないのではないか。また、暴力と非暴力の相反する二つの運動が、闘争では車輪の両輪という考えも理解し難かった。

だが、何もわかっていないのは私のほうだった。彼らは別に非暴力主義を訴えるために闘っているわけではない。分離独立という目的のために闘争をしているのだ。やり方は違っても、お互いは同じ目的を持つ同志で、それぞれが正しいと思う方法で運動をしているに過ぎない。それに、いくら努力しても弾圧されるのが前提の闘争では、潰されてしまう可能性のほうが高い。ならば、いろいろなアプローチを試みて、そのうちどれかが目的を達成すればよい。なかなか進捗しない分離独立運動の様子を見ながら、私はそう気づいた。私は、いつのまにか闘争を美化し、どこか理念や思想というものを期待してしまっていた。しかし、人びとの心はもっと切迫しており、闘いはおのずと苦いものにならざるをえないことを悟らされた。

目の前に瀕死で横たわる男

カシミール滞在中、私の朝はホテル近くの屋台でチャイ、ペストリーのようなパイ皮のパン、ゆで卵の朝食ではじまる。カラッとした朝の涼気のなかで飲む甘いチャイは目覚めに美味く感じられる。

一九九八年六月一七日、いつものように朝食を食べながら現地の英字紙を読んでいると、苦悶した表情をした男の写真が目に飛び込んできた。記事には、スリナガルの北八〇キロメートルにあるクプワラ郡で、インド政府軍第一九ラシュトリヤ・ライフルズ（RR）に拷問された、と書かれていた。いまはスリナガルの州立病院に収容されている、という。その日の午後、病院を訪れてみた。

六畳間ぐらいの広さの個室で、男は昏睡状態のままだった。大勢の家族や親戚が心配そうに見守っていた。彼の名はシャビール・モハマド・マリクさん（二八歳）といい、地元で中学校の先生をしているそうだ。腹部には包帯が幾重にも巻かれ、手足はひどく痩せ細っていた。陰茎と鼻にはチューブがつながれ、傷の深さをうかがわせた。時おり、うなされて発する声が痛々しかった。

私は彼の意識が回復するのを待って、数日後に出直すことにした。親戚の一人が、私を見送りがてら看病用の共同台所に誘い、そこでカシミール産のサクランボをごちそうになった。サクランボは日本でも旬なはずだ。思いもよらず日本のことを思い出し、また拷問の被害者の取材という重い取材でこんな好意を受けるとは予想だにしていなかっただけに、嬉しかった。別れ際、男は「今日はきてく

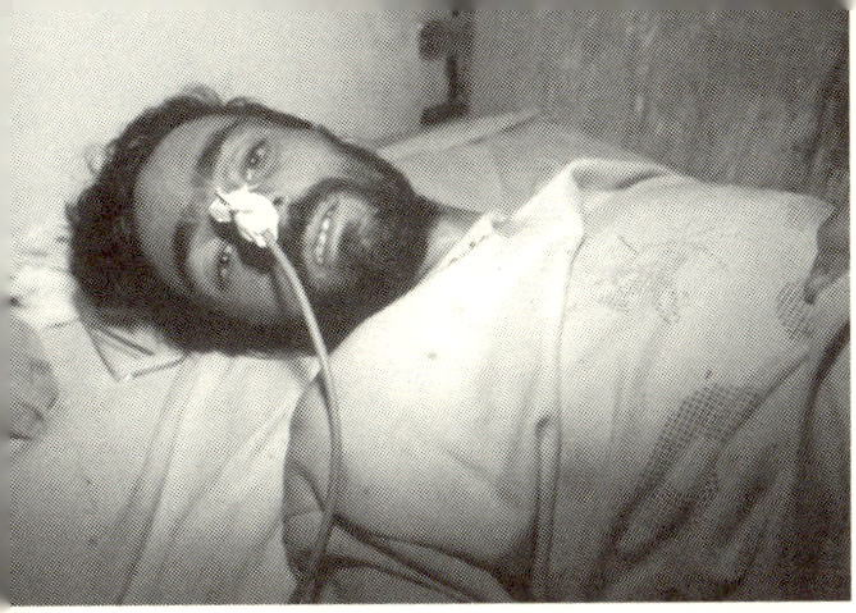

目は開き、インタビューに応えてくれたものの、実はマリクさんは、私と会ったことは憶えていなかったことが後でわかった。

れてありがとう」と私の目を見ていった。それを聞いて私は、「ここで起きていることをきちんと記録していってくれよ」という、カシミールで最初に言葉を交わした男のことを思い出した。

マリクさんは、その後もなかなか容態が安定せず、話すことができたのは、それから一週間を経てのことだった。

父親のグラムさんによると、最初、マリクさんの弟が軍の職務質問で身分証明書を取り上げられた。父親が身分証明書を取り戻そうと軍の駐屯地を訪れると、「他に息子がいるのなら、すぐ帰しますから一度こちらに寄こしてください」といわれ、その言葉を信じてマリクさんは出頭したのだそうだ。

彼を待っていたのは、拷問の嵐だった。電話ボックスのような縦長の小さな部屋に入れられると、そこに水が流れてきて窒息させられそうになった。さらに逆さに吊るされ、頭から落とされたり、鉄棒で殴られ、アルコールやガソリンを飲まされた。また、陰部や手足には何度も電気ショックが与えられた。

「おまえはミリタントだろう。白状しろ」と兵士たちから何十回も腹部を蹴り上げられ、内臓にひどい損傷を受けた。拷問が一昼夜続いたあと釈放されたが、地元の病院では手に負えず、遠くスリナガルまで運ばれてきたのである。

マリクさんは取材に応じてくれたものの、目は虚ろで、表情は弱々しかった。軍に対して何かいいたいことはと尋ねても、「無実の人間を虐待するのはやめて欲しい」というのがやっとだった。拷問の様子を詳しく聞けば聞くほど、彼に悪夢を思い出させているようで申しわけなかった。

「裁判所に訴えたいが、そんなことをすれば軍が報復にやってきます。それに、まだ身分証明書は返されていないので、今後が不安です」と、父親のグラムさんも、自らの無力さをすでに見越してかのように淡々と語る。かたわらではマリクさんの妻が赤ん坊に乳をやっていた。彼が築いた幸せな家庭の様子がうかがえた。

わかってはいたものの、実際に被害者を目の前にして、水責めや電気ショックなど時代劇や映画の世界でしか想像できなかったことが現実に起きていることに、私は強いショックを覚えずにはいられなかった。

五年ぶりの再会

私がマリクさんに再会したのは、それから五年後の二〇〇三年一〇月のことだった。マリクさんたちが住むクプワラ郡は実効支配線（ＬＯＣ）に近く、ミリタントが跋扈する戦闘地域だ。そのため外国人の立ち入りが厳しく制限されていたからである。

マリクさんの家は予想外に遠かった。彼の家はスリナガルとクプワラを結ぶ街道から、さらに車で一時間近く入ったところにあった。曲がりくねった未舗装の細い田舎道を通りながら、こんな道を通って重態の彼が長距離運ばれてきたのかと思うと、当時の彼の苦難が思い起こされた。

家は簡単に見つかった。だが、何か様子がおかしかった。人が大勢いるような雰囲気なのに、姿が見当たらないのである。大声を出して人を呼ぶと、子どもが出てきた。その子どもに来意を告げると、五年前に会った父親のグラムさんが出てきた。もともと年配だったせいか、風貌にあまり変わりはなかった。けれど、私のことは憶えていないらしく、特に反応はなかった。同行してくれた友人が、私がマリクさんの事件を取材した旨を話した。すると思い出したのか、突然、笑顔で抱きついてきた。首から下げていた二台のカメラがグラムさんに激しく当たったが、そんな痛みはお構いなしといった風だった。彼は「あのときは何度もきてくれて嬉しかったのです」といってくれた。なんでも、今日

カシミール料理であるワズワーンは大皿に盛られ、食が進むにつれて新たなものが足される。ちなみに、カシミールにカシミールカレーなるものは、ない。

はマリクさんの弟の結婚式で、いま親戚縁者が総出で花嫁を迎えに行っているのだそうだ。あと一時間もすれば、彼らは戻ってくるという。

グラムさんは、家のなかへと誘ってくれ、結婚式のために作られた、総称〝ワズワーン〟と呼ばれるカシミール料理を出してくれた。煮込みやカバブ、スペアリブなど各種羊肉料理が出てくる、このワズワーンが私は大好きだ。ヨーグルトやリンゴを使ったソースもあり、独創的でカシミールならではの料理である。特に結婚式で供されるそれは、種類も多い。

道中、昼食もそこそこだったので、いただこうとした。しかし、一口食べて友人たちの顔が曇った。

「これはマトンじゃない。ビーフだ」とつぶやく。

カシミールではムスリムが多数派だが、歴史的にはヒンドゥーの文化は重要な位置を占める。また、ヒンドゥーのマハラジャが治めていた藩王国時代は、牛の屠殺は禁じられてきた。そういう経緯もあって、カシミールではムスリムでも牛肉を食べる習慣はない。しかし、牛肉は安価なため農村部では食べることはあるのだという。結局、私とドライバーが食べ、二人の友人は「お腹が空いていない」という理由で、手をつけなかった。

食事を終えようとすると、外では女たちの歌がはじまった。花嫁を迎える歌だ。そして、男たちが一〇台ほどの車に分乗して帰ってきた。人が溢れかえり、誰がマリクさんだろうと思うと、白いサルワル・カミーズを着て髯が整った、品のある男性がそうだという。驚いてしまった。指摘されなかったら絶対にわからなかっただろう。事件当時の痩せ細り、憔悴しきった様子は微塵も見られなかった。長男らしく花婿の車のドアを開け、皆に指示を出していた。

グラムさんを介して、彼に挨拶をした。だが、表情はキョトンとしていてなんの反応もなく、白々しい態度だった。でも、グラムさんのときと同じように、少し時間がたてば思い出してもらえるだろ

う と思った。五年ぶりに会うのである。私はグラムさん以上の反応を期待していた。だが、彼は何も思い出してはくれなかった。それどころか、彼が私に送る視線は「この外国人はいったい何者なんだ」という訝しげなものだった。

しかし、よく考えれば、彼が憶えていないのも無理はなかった。三回訪ねたといっても、二回は病室で臥していたし、インタビューに応じてくれたときも、朦朧としていて正気とはほど遠かったはずだったからだ。

花嫁を連れてきてからの最初の儀式がはじまろうとしていた。花嫁は自宅からベールを被ったままだった。そのベールを家の祖母が外すのである。まず祝いのためのアーモンドや宝石に見立てた光沢した紙に包んだキャンデーを、花嫁に頭上から降りかける。そして祖母がにじり寄って、ベールを上げ、頬にキスをした。女性の家長の承認をもらって、花嫁はその家の家族となるのである。儀式が終わると、音楽が鳴り、それに合わせて踊りがはじまった。喧騒があたりを一気に包んだ。私はマリクさんにインタビューをしようと思ったが、もうこの場はふさわしくなかった。一ヵ月もすれば一通りのお祝いは終わるので、そのころにまたくるようにいわれた。

それから、約一ヵ月後、私は約束どおり再びマリクさんの家へと向かった。前回と同じ道を通ったのだが、前回と違い、道中、思わぬ邪魔が入った。

スリナガルを出て一時間ほどすると、軍のキャンプの前で兵士から止まるように指示された。何ごとかと思うと、車を徴用するから降りろ、というのだ。通訳氏とドライバーが「日本のジャーナリストが使っているんだ」と説明すると、行ってよし、となった。

「ああやって、金も払わずに使おうとするんだ、ここではよくあることだけど」と通訳氏があきれ顔でいう。

車が止められるのはこれだけでは済まなかった。とある村のなかにある軍のキャンプの前を通ったときのことだった。車は敵意のない証拠に速度を落とし、歩くようなスピードでのろのろとキャンプの前を通りすぎた。だが、再びスピードを上げようとしたその瞬間、笛が鳴って呼び戻された。ドライバーが詰所に事情を聞きにいくと、ここにきたのが初めてなら、なぜ最初に車を降り通行の許可を求めないのか、と問い質されたという。このときも通訳氏は「こんなことはまったく無意味だ。自分たちがいかに力を持っているか見せつけたいだけなんだ」と憤った。

さらに進むと、今度は一個小隊の軍のパトロールに出くわした。またここでも止められた。すでに一台のバスから乗客が全員降ろされて、ボディチェックを受けている最中だった。私の車を担当したのはネパール人のグルカ兵士だった。彼は私のパスポートを一瞥すると、あっけないほど簡単に通行の許可を出した。私はそのあっけなさにかえって疑問を感じ、理由を聞いた。返ってきたのは「同じモンゴロイド系だから」という可笑しくなるような答えだった。さらに「気を悪くしたのならすみません。これも仕事なのです」と、いままでの横暴なインド人兵士とは打って変わった態度だった。おまけに「この先の検問所では旅行者といったほうがいいですよ」と親切にもアドバイスまでくれるのだった。

私には相好を崩すこのグルカ兵士は、カシミール人に対しては厳しい態度でのぞむに違いない。そう思うと同じ黄色人種であることで好感を持たれたことは素直に喜べなかった。しかし、なぜ彼はそんな親近感をいだいたのか、なぜ、歴史的な憎しみの因縁のうすいカシミールで戦わねばならないのか。そんな思いを去来させながら、マリクさんの家へと歩を進めた。

マリクさんの家に着くと、彼は勤務先の学校にいるという。学校は家から車で五分ほどのところだった。学校は高台にあって、周りは草原が広がり背後には針葉樹の森林と山々がそびえ立つ。大袈裟でなく、まるでスイスかどこかのリゾート地のような景色である。通訳氏も「ワーオ、こんな学校なら、僕ももう一度学校に入りたいよ」と思わず声をあげる。全校で一〇〇人ほどの生徒が、日本の学校でいう〝朝礼隊形〟で座り、青空の下で勉強していた。文字どおりの青空教室だ。

この日はちょうど試験の日らしく、生徒たちは一心不乱に問題と格闘していた。マリクさんは試験の監督のため、草原に列を作って座る生徒たちのあいだを歩き回っていた。試験がはじまって、三〇分もたっただろうか。先生たちがある女子生徒の周りに集まって騒ぎはじめた。何ごとかと思って近づくと、先生の一人が、その女子生徒のズボンの裾をたくし上げていた。足には何やら字が書いてある。カンニングである。その生徒の解答用紙はマジックで大きくバツ印がつけられ、一部の解答用紙はビリビリに破られた。それを見た通訳氏は「古典的な方法だな。まだ、やっているんだな」とニヤリとした。

先生たちはあちらこちらに散って、他にカンニングしている生徒はいないか、怪しそうな生徒のズボンの裾をめくりはじめる。すると、少数ではあるが他でも見つかった。ある生徒は、解答用紙を破かれると泣きはじめた。それまでの試験が台無しになり、もう一年その教科はやり直しになるのだから無理もない。しかしそれを見た先生は、「お前が悪いんだろう」といわんばかりにその生徒に平手打ちを食らわせた。良くも悪くも、こちらでは先生の権威が高い。日本だったら、体罰を与えたといって問題となるだろう。

試験は午前中で終わり、事務作業を終えると私とマリクさんは彼の家へと戻った。家では、家族の

5年ぶりに再会したマリクさんは別人かのように回復し、子どもにも恵まれ幸せな家庭を築いていた。しかし、心の傷は癒えていない。

皆に集まってもらい、五年前に私が取材したときのビデオを見てもらった。ベッドの上に横たわり、チューブにつながれた自分の姿を、マリクさんはどう眺めただろうか。

彼は、「まず、神に感謝します。あんなひどい怪我を負っても、まだ生きているのですから」と話す。彼が意識を取り戻し、自分の身に何が起きたのか理解したのは、一ヵ月後のことだったという。「病院には三ヵ月いました。胃や腸をひどく傷つけられました。いまでも後遺症があるので、薬を飲んでいます」。いまの彼は、肌は艶やかで、外見は事件当時とは比べ物にならないくらい健康に見える。おまけに事件後からこの五年間で三人の子どもをもうけていたので、その答えは予想外のことだった。

事件の前と後では治安部隊に対する印象は変わっただろうか？

「当然です。彼らは自分たちを守ってくれる存在だと思っていましたが、その危険性を知りました。だって、彼らは私に尋問することなく、いきなり拷問を加えてきましたから。兵士を見るたびに、いまでもこの悪夢を思い出してしまいます。事件のあとは、私はトラウマで不眠症に罹り、精神状態も安定しませんでした。イスラーム僧にきてもらい、民間療法で傷ついた私の心を癒してもらったり、コーランを読んで気持ちを落ち着かせたりしています」と、いまなお終わらない苦しみを吐露する。確かに、ビデオを見ている最中やインタビュー中でも、眠そうに見えないのに欠伸がやたら出たりと、集中力が切れたような瞬間がたびたびあるように感じた。それも後遺症と関係があるのかもしれなかった。

前にも述べたが、クプワラ郡はＬＯＣとも近く、ミリタントが隠れる山林も多いため、戦闘が頻発している地域である。それだけに治安部隊の捜索作戦は多い。その後も、軍がやってくるようなことはなかったのだろうか？

「このあたりにミリタントはいないので、最近は軍の捜索作戦はありません。一般的に拷問は減りつつあります。でも、いまでは拷問ではなく、すぐ殺してしまいますから。私の息子は幸運でした」と父親のグラムさんは、現実を冷静に語りつつも、皮肉を織り混ぜ口惜しさを滲ませた。

では、マリクさんが理不尽な暴力を受けるきっかけを作った、自分たちを取り巻く状況、カシミールの問題についてはどう思っているのだろうか。

「正直いって、考えたくはありません。考えると、またあのときのことを思い出してしまいます。政治的なことを考えることから、なるべく身を引いています」。そう彼が答えるのも、無理はないだろう。治安部隊が、マリクさんのような無実の市民を捕まえて拷問する理由はここにある。暴力で反抗心を萎えさせるのだ。その意味で軍（インド政府）の意図は、見事に成功していた。

マリクさんがそのように答える一方、私たちのやりとりを聞いていた近所に住む男性が「ここはマクブール・バット（ＪＫＬＦの創設者・次章参照）が生まれた村の近くです。我われは彼と同じように独立を望んでいます」という。しかし、男がマリクさんと同じように怖い目に遭った後で、同じ意見を持ち続けられるかどうかはわからない。

マリクさんには、いま四人の子どもがいる。彼の将来の夢は、子どもたちに教育を与え立派に育て上げるという、親としての義務を果たすことだという。一見、平凡に思える彼の夢。しかし、この平凡で平和な普通の生活が、カシミールでは叶わない。

ヤシン・マリクとの出会い

私がジャンムー・カシミール解放戦線（ＪＫＬＦ）議長ヤシン・マリク（一九六七年―）の名を知ったのは、日本の国会図書館で資料を漁っていたときだった。彼に注目したのは、その経歴にあった。

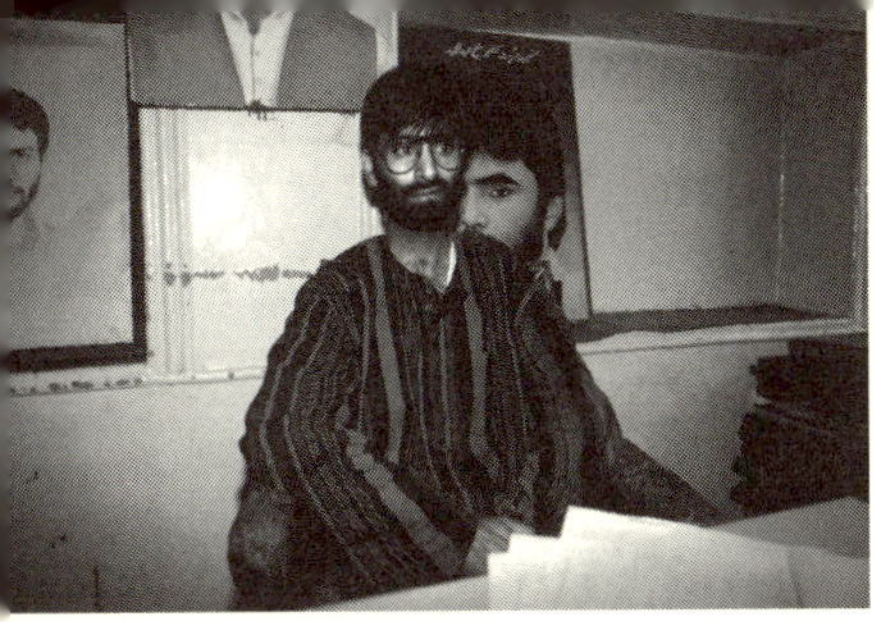

JKLFヤシン・マリク議長。事務所の壁には、死んでいった仲間たちの肖像画が掲げられていた。彼らの死を無駄にしないためにも、弾圧を受けても闘いつづける。

一九八九年一二月、カシミールでの武装闘争が最盛期を迎えていた時代、当時カシミールで最大の武装勢力だったＪＫＬＦは、カシミール出身の内務相ムフティ・ムハマド・サイード（二〇〇〇年〜二〇〇五年までは州首席大臣）の娘、ルバイヤ・サイードを誘拐した。収監されている仲間との交換を要求し、釈放をさせたが、ヤシン・マリクはその首謀者として一九九〇年八月に逮捕された。獄中での過酷な拷問が原因で心臓疾患を患い、生命の危機に瀕した。しかし、インド内外の人権活動家や家族の懸命の救援活動で、一九九四年五月、最高裁は健康上の問題を理由に釈放命令を出し、彼は一命を取り留めた。その後、ＪＫＬＦへと復帰すると一方的な停戦を表明し、非暴力での運動に活動方針を転換した。

私はこうした彼の経歴を知って、要人の誘拐をする〝テロリスト〟から非暴力の活動家に転身した彼に興味を持ち、カシミールを訪れたらぜひ会いたいと思っていた。

彼に会う機会は意外と早くやってきた。カシミールを訪れる前、デリーのＡＰＨＣの事務所で打ち合わせをしていたときだった。当時、デリーで大きな会合があったらしく、事務所の居間には大勢のＡＰＨＣのリーダーがいて、テレビを見ていた。そこに、髯を顔半分に生やし、痩せぎすで眼の座った男が入ってきた。その瞬間、男が持つ雰囲気が他の誰とも違うのがわかり、私は緊張した。それが、ヤシン・マリクだった。彼は持病となった心臓病の治療のため、デリーにきていたのである。

私は、彼と二言、三言、挨拶代わりに言葉を交わし、カシミールで再び会うことを約束した。その間、彼は無表情だったが、彼の眼を見ていると、両目の瞼が同時に閉じていないのに気がついた。右目は開いたままで、左目だけ震えるようにしきりと瞬きをする。後で知ったのだが、拷問の後遺症だった。

一九九八年七月の最初の金曜日、私はAPHCが政治集会を開くというので彼らに同行した。場所はスリナガルから南へ三〇キロメートル下ったプロワマという町だった。午前一一時ごろ、ヤシン・マリクら活動家たちとともに、スリナガルから五台の車に分乗して出発した。スリナガルとジャンムーを結ぶ国道一号線を南下し、三〇分ほど進むと右に折れた。あたりは田園風景が広がり、青々と育った稲が波打っている。カシミールには湧き水が豊富なうえ、雨量は多くないがモンスーンの影響も多少受けるので、たくさんの水田がある。インド料理、特に北インドといえば、小麦でできたナンやチャパティの印象が強いが、ここでは米食が一般的である。

そんなのどかな風景を眺めながらウトウトしていると、突然、車が止まった。すると、みな待ち構えていたかのように、すぐに車の外に飛び出した。何ごとかと思って彼らの後を追うと、カーキ色の制服を着た警官隊が車列の前にたむろしている。集会を妨害するための待ち伏せである。

活動家たちは隊列を組んで、デモをはじめた。

「ウイ・ウォント・フリーダム！」

シュプレヒコールが繰り返される。これを聞いて、街道沿いの村々から続々と人が集まり、デモに合流していった。デモ隊が一〇〇人ほどになり、行進をはじめて一五分もたっただろうか。それまで遠巻きにデモ隊を泳がせていた警官隊が、検挙しようと襲いかかってきた。隊列は乱れ、逃げまどい、みな伴走していた車に飛び乗った。警官隊も車の前に立ちはだかり、発進させないように妨害するが、クラクションとアクセルを激しく煽って応酬する。

撮影に夢中になっていた私は、まわりに車がいないのに気づいた。見れば、五〇メートルくらい前方に一台だけ残って活動家たちを拾い上げている車がある。あれに乗らなければ逃げ遅れる。そう思った私は車へ全力疾走をした。背後では逃げ去ろうとする車を追いかけようと、警官隊を乗せたバスが動きはじめていた。車に乗った活動家たちが、急げ、と私に向かって大きく手招きをする。ボンネット、屋根を問わず人が溢れ、私はかろうじて後部のステップに空きを見つけ、車にしがみついた。私が乗るや否や、ドライバーはここぞとばかりにアクセルを踏みつけ、定員オーバーを物ともせず一気に加速し、警察の車を振り切った。活動家たちは、勝ち鬨を上げるかのように独立のスローガンを叫んだ。私はといえば、予想だにしなかった取締りと、集会のたびにこんなことをしているのかという驚きで、鼓動が止まらなかった。

目的地であるプロワマの町には警官の姿はなかった。プロワマは六二万人を抱える郡の中心地で、警察署や役場などの行政機関やバザールのある大きな田舎町だ。ムスリムにとって安息日にあたる金曜日の昼下がり、砂埃りの多い通りを、ある者は買い物に、ある者は礼拝にと足早に通り過ぎる。モスクのスピーカーから礼拝の開始を告げるアザーンが流れ、人びとをモスクへと誘う。

分離独立派の政治集会は、ほとんどの場合、金曜礼拝に乗じてモスクで行われる。人が集まりやすいということもあるが、一番の理由は警察はモスクに踏み込んでこないからだ。

モスクのなかでは縦横にきれいに並んだ一〇〇人余りの男たちが、頭を垂れて目をつぶり、祈りの言葉をつぶやいている。そして、頭を抱えて立ち上がるという、礼拝の一連の動作を繰り返していた。場所が狭いため、人とぶつかったりもするが、気にせず一心に祈り続ける。

午後一時半、白のサルワル・カミーズを着たヤシン・マリクが現れたころには、モスクの一階、二階とも満杯となり、モスク周辺も入りきれない人びとで埋め尽くされた。

「親愛なるプロワマのみなさん、そしてすべてのカシミールのみなさん、我われは毎日インド政府の暴力的な仕打ちに直面し、安心して眠れるときはありません。親たちは娘が強姦されていないか心配し、息子たちが捕らえられて拷問を受けていないか、落ち着くときはありません。インド政府は人間の尊厳を踏みにじり、残虐な方法を使うことによってカシミール人の意志を曲げられると信じていま す。世界最大の民主主義国を名乗っておきながら、野蛮な方法でしか我われと接することができない のです。治安部隊によるテロリズムは彼らの目的の正当性を失わせています。カシミール人が独立に 向かって進むことをテロリズムで諦めさせることはできないのです」。ヤシン・マリクは大きな瞳を 見開いて語りかける。身ぶり手ぶりも交えるが、大げさなものではない。

「我われには、自分たちの未来を自ら決める権利、住民投票の権利があります。これはインド政府自 身が国際社会で訴えたことでした。しかし、不幸にも自らがなした約束をインド政府は忘れてしまっ ています。我われは声をあげ続け、世界の良心へと訴えかけねばなりません」

聴衆は長時間の演説にもかかわらず、身じろぎもせず耳を傾けている。ヤシン・マリクは彼らに対 し、いまこそがチャンスだと訴える。

「インドは自分たちの力を見せつけるため、核実験をしました。そのため全世界はインドに反対し、 制裁を求めています。そして、カシミールでの虐殺や人権侵害について注目しているのです。国際社 会は、経済制裁を与えないかぎり核実験の元凶となっているカシミール問題の解決はない、と決めた のです。私は、みなさんに分離独立運動を応援してもらうようにお願いします。なぜなら、一〇万人 もの命、財産、幾千万もの女性の純潔が犠牲となっているからです。歴史はあなたに、インドから自 由が欲しいということを表明する機会を与えてくれているのです。国際的な報道機関の特派員、外国 人記者、どんな組織の人びとがきてもいうのです（この集会では私の他にブラジルのテレビ局が取材し ていた）。インドの残虐行為を拒否し、インドからの完全なる自由を望んでいると。裏切り者は神の 前では赦されません。どうか、インドから自由になることに希望を持ってください」

演説が佳境に入ったころ、外に出てみた。モスク周辺は相変わらず、演説を聞きに集まった人びと

プロワマでのデモで拘束される男性。弾圧を受けてもあきらめないカシミールの男たちの気迫にはときおり驚かされる。

で溢れかえっていた。だが、その最前列には、棒と竹でできた盾と催涙弾を手に持ちヘルメットをかぶった警官隊が集結していた。ヤシン・マリクたちは集会後、闘争で殉教したミリタントが葬られている墓地まで行進する予定だが、それを阻止しようとしているのである。

粉砕されるデモ行進

礼拝と集会を終えたヤシン・マリクと五〇名ほどの活動家たちが、「ナラータクビール！　アッラーアクバル！」というシュプレヒコールとともに出てきた。それに応えて群衆が「ヒュー、ヒュー」といっせいに口笛を鳴らし、支持を表した。警官隊がヤシン・マリクたちのもとに駆け寄り、行く手を阻む。「ダン、ダン、ダン」と催涙弾が続けざまに撃たれ、応援する群集を蹴散らそうとする。

それでも「ハムキャーチャーテ、アザディ！（我われが望むのは、自由だ！）ハッカマラ、アザディ！（我われの権利は、独立だ！）」と活動家たちは声を枯らしながら叫ぶ。彼らはヤシン・マリクを守らんとして、彼を囲みながら突き進む。当のマリクは表情をまったく変えず、押し合い圧し合いのど真ん中で体を揺らしている。催涙ガスが立ちこめるなかで揉み合うことは、体の弱い彼にとって相当の負担になっているはずだ。あの華奢な体のいったいどこに、そんな力があるのだろうか。

警官たちは活動家たちの腕をつかみ、胸を押して方向を変えさせようとする。小魚の群れを飲み込もうとする巨大魚のように、開口部を大きく開けた護送車が前方からバックで近づいてきた。活動家たちも懸命に抵抗を続けるが、数の上では優位な警官隊がしだいに主導権を握りはじめる。警察署へ連行しようと、活動家たちの両腕を押さえて体を引きずった。

集会の前に活動家たちから「デモなんか、捕まってあっという間に終わってしまう」と聞いていた。

だが、プロワマの町の人びとに一度点いた火は消えなかった。そこには、普段は吐き出せない鬱屈した思いが詰まっていた。ヤシン・マリクたちが逮捕されたことに怒った町の人びとは、警官隊に投石の雨を浴びせたのだ。警官隊も負けじと催涙弾や空へ向けた威嚇射撃の連射で応じる。怒号と銃声、催涙ガスで騒乱状態となった。町の人びとは投石を続け、それを捕まえようとする警官隊から逃げては投げる、という行為を繰り返した。

モスクのスピーカーからは、抵抗を呼びかけるシュプレヒコールが絶え間なく流れていた。なかに入ると、四〜五〇人の男たちが逃げ込んで気勢を挙げていた。

「インドの犬ども出ていけ、カシミールの支配をやめろ！」

そのうちの一人の老人がカメラを向けた私に吼えた。

「私たちには住民投票の権利があるのに、インド政府は無視しています。それはかつてネルー首相自身が約束したものです。しかし、いまでは私たちの肉親を殺し、姉妹を強姦し、家を焼いています。私たちは誓います。自由を勝ち取るまで血を流し続けることを！」

モスクの外でも、催涙弾で目をぐしょぐしょにした男がハンカチを片手にいい放つ。

「民主主義があるというなら、自由にものがいえるはずじゃないか。だが、いったいどこに民主主義があるんだ」

私は弾圧の風景を眺めながら、映画「ガンディー」に出てくる〝ジャリアンワーラの虐殺（別名アムリッツァル事件）〟のシーンを思い出していた。

一九一九年四月一三日、パンジャーブ州アムリッツアルのジャリアンワーラ公園に、イギリスが発令した集会禁止令に反対する人びとが集まった。そこへイギリスのダイアー将軍が「土民に思い知らせるため」と水平射撃を命じたのである。行き場を失った人びとはつぎつぎと銃弾に倒れ、死者

三七九人、負傷者一二〇〇人余りを出した

かつてはイギリスの支配に苦しんだインドが、今度は抑圧する側に回る歴史の皮肉。インドが独立の過程で学んだのは、強権発動も厭わない統治政策だったのだろうか。この日のデモは四〇人の逮捕者と、一二人の負傷者を出して終わった。

私がヤシン・マリクに再び正式にインタビューできたのは、二〇〇三年のことだった。その後も何度か試みようとしたが、私が訪れる度に、彼が海外に行っていたり逮捕されたりとタイミングが合わなかったのである。

朝早く訪れたのは彼からの要望だった。私がインタビューを申し出ると、「カシミールの冬の伝統食ハリサをご馳走しながら」というのである。友人曰く、彼はそうしたムードを大切にするそうだ。

指定された一二月のある日の早朝にＪＫＬＦの事務所の隣にある彼の自宅に行くと、ヤシン・マリクはまだ寝ているという。母親が彼を起こすと、二階にある彼の部屋に呼ばれた。部屋に入ると、まだ布団を片づけている途中だった。部屋は四畳半くらいの大きさで、カシミールを訪れるＥＵやイギリス、アメリカの代表団と会うのもこの部屋である。新しく家を建てられないわけではないのだろうが、下手にそんなことをするとクリーンなイメージが壊れるのを恐れているのではないか、というのが周囲の声である。

彼はシャワーを浴びに階下に降りていった。部屋には扉窓つきの小さな本棚があり、ダライ・ラマの著書や九・一一以後の世界情勢、アフガニスタンに関する本などが置いてあった。バスタオルを片手に、下着姿のヤシン・マリクが戻ってきた。相変わらずガリガリの体だ。滴がついた髪を乱暴に拭き、暖房もなく冷え切った部屋で、大急ぎで服に着替えた。

ハリサが運ばれてきた。ハリサとは羊肉のペーストだ。レバーペーストよりもわずかにとろみがあり、重量感がある。栄養満点で温かいうえに、ペースト状で食べやすく、寒さの厳しいカシミールの朝にぴったりの食べ物である。ただ、手間がかかるので家で作られることはほとんどなく、冬の季節に午前中のみ肉屋で売られる。これをパンに塗って食べるのだ。なかなか旨いが、肉なので食べ過ぎると体が重くなってしまう。それでも、二人で皿に盛られた一キログラムぐらいのハリサを黙黙とたいらげた。そしてヤシン・マリクが「さあ、こい！」といい、濡れた髪がまだ乾きらないうちにインタビューがはじまった。

――闘争に参加したきっかけを教えてください。

「一四歳のとき、自分がインドの奴隷だということを思い知らされたからだ。一九八〇年七月のラマダン（断食月）のことだった。スリナガルの中心街でインド軍の兵士が酔っ払い運転で事故を起こし、商店に突っ込んだ。怒った人びとが兵士を車から引きずりだし、殴りつけた。我われからすれば、当然の仕打ちだった。その日の夜の八時ごろだった。家の近くのバドシャーチョークで何か騒ぎが起きているのに気づいた。殴られた兵士が何十台もの車と仲間の兵士を連れて、仕返しにやってきたのだ。兵士たちは店に火を点け、手当たりしだいに人びとを殴りつけ、逮捕していった。私はバスチケットのカウンターに隠れて見ていたが発見されず、兵士たちはカウンターだけを破壊して去っていった。火をつけられなかったのは奇跡に近かった」

このときの体験から彼はカシミールの解放闘争に加わる決意をした。独立カシミールの地図をデザインしたステッカーを作り、友人たちと町中に貼って回った。しかし、子どもながらも彼は逮捕され、拷問されながら尋問施設で三ヵ月収監された。それでも彼の決意は変らなかった。

大学に入学すると、カシミール全学生の解放運動組織の書記長に就任。同時期の一九八七年の州議会選挙では、地元色を強く打ち出したムスリム連合戦線（ＭＵＦ）の運動員として活動したため、繰り返し逮捕され、投獄された。彼によると、この拘留されたときに「獄中で食事に毒を盛られて血液の感染症に罹った」といい、そのため、後の釈放につながりはしたが、現在も心臓疾患に苦しめられている。

一九八八年ごろ、彼はパキスタン側のカシミールに渡り軍事訓練を受け、ミリタントとなった。「カシミールでは治安部隊による残虐行為が毎日のように起きていた。しかし、国際社会は関心を持ってくれず、私たちは銃を取るより他に道はなかった」と、武装闘争の正当性を訴える。

私の質問によどみなく答えるヤシン・マリクだったが、表情は落ち着かなかった。それは質問のせいではない。一九九〇年四月、隠れ家で会合をしていたときだった、そこを治安部隊に包囲され、逃げ場をなくした彼は、建物の五階から飛び降りた。顔面を打ちつけ、顎の骨が折れ、意識を失った。そのときの後遺症で顔面が麻痺し、いまでも両目が同時に瞬きできず、左耳の聴力もないままなのである。

治安部隊は意識を失った彼を発見したが、それがお尋ね者のＪＫＬＦ議長ヤシン・マリクだとは気づかなかった。彼らは逃走を試みたミリタントが死んだものと見て、州立病院に搬送してしまった。幸運なことに、病院の医師のなかにヤシン・マリクの友人がいた。医師たちは運ばれてきたミリタントが誰であるかすぐに気づいた。そして、命があることを知った医師たちは密かに彼を運び出し、懸命の治療のすえ生き延びた。

だが、彼は最終的にその年の八月に逮捕され、収監された。そのとき面会に訪れたＴ・ボースなどの非暴力運動家、人権活動家たちに、非暴力運動の思想を説かれた。彼らにとってみれば、カシミールでの反乱の最高指揮官であるヤシン・マリクが自分たちの運動に賛同してくれれば、大きな意味があった。それはヤシン・マリクにとっても、新たな視点を見開くきっかけとなった。

「私は彼らの話を聞いて、運動を新しく進めていくチャンスを授けられたと思いました。カシミールにはもともと仏陀の教えに基づいた非暴力の思想があり、非暴力運動こそがカシミール人の気質にふさわしい運動だということに気づいたのです」

それは獄中で心臓疾患に蝕まれて苦しんでいた彼にとって、福音として響いたのかもしれない。彼が非暴力主義へと転換したのは、自分たちの運動が住民による解放闘争だからだという。

「私は一九九四年に釈放されると、一方的に停戦を表明しました。非暴力の道に進むのは、状況を考えると実に難しい決断でした。しかし、それでも決断したのは、私たちの運動が銃に支えられたものではなく、大衆によって支えられた運動だということを世界に知って欲しかったからです」。そうヤシン・マリクは語るが、ＪＫＬＦにも事情があった。

一九九四年、彼らは危機的な状況に陥っていた。指導者であるＨＡＪＹグループ（次章参照）のうちハミッド・シェイク、アシュファク・マジッドといった組織を支えてきた歴戦の勇士がつぎつぎと亡くなり、組織は弱体化していた。また、〝独立〟路線を明確に打ち出していたために、パキスタン政府からの支援を打ち切られて戦線の縮小を余儀なくされていたからである。他の武装勢力もインド政府軍の大規模な掃討作戦を前に劣勢を強いられており、ヤシン・マリクも、武装闘争による軍事的勝利はありえないと悟らざるをえなかった。そして、どうせ武器を捨てるのならば、徹底的に非暴力で運動を進めることによって、むしろカシミール独立の正当性が認められるのではないかと考えたとしても不思議ではない。彼にとって大事なのは武装闘争か非暴力かなのではなく、カシミールの独立である。ヤシン・マリクが非暴力という道を選んだのには、そんな背景や計算もあったのだろう。

「停戦を宣言した後も、何百人もの我われの活動家が殺されています。しかし、それでも私たちは停戦を守っています」と彼は非難を込めていう。前述のデモでも明らかなように、彼は停戦後も何度も逮捕、拷問されている。印象に残っているのは、二〇〇〇年の夏、私がカシミールを訪れたときのことだった。ヤシン・マリクは手術のためアメリカに行っており不在だったが、一〇月のはじめに彼は戻ってきたので、日本に帰る間際にインタビューをしようと予定していた。しかし、帰ってきてすぐ、地方に遊説に行く途中で逮捕、拘留された。そこで肩が脱臼するほどの酷い拷問を警察で受けたため、病状が悪化し、緊急手術のため再渡米することとなってしまった。デモなどをして逮捕されることはあっても、国際的に知名度の高い彼に対していまさら拷問することなどはないだろうと思っていただけに、驚きは大きかった。

ＪＫＬＦの活動家が殺された事件では、二〇〇一年三月に起きたバラムラ地区の責任者ジャリル・アフムッド氏の殺害が、代表的な事件として挙げられる。その年の一月二六日、インドのグジャラートでマグニチュード七・八、死者一万六〇〇〇人を出したインド西部大地震が発生した。ＪＫＬＦはその支援活動の一環として、献血運動をカシミールで行った。ジャリル氏は責任者として献血キャンプを運営するとともに、自らも献血をした。

だが、そんな彼の献身的な活動はなにも省みられなかった。彼は三月九日に治安部隊に拘束され、そのまま殺されてしまったのである。彼の葬儀の列はそのまま抗議デモとなったが、治安部隊から銃撃を加えられ、ジャリル氏の叔父が重傷を負った。また、それに抗議してＪＫＬＦがデモをしたが、再び銃撃を受け、このときも活動家一人が死亡した。

武器を取っても取らなくても、分離独立を唱え続けるかぎりインドからは異分子として扱われ、弾圧されるのが現状だ。

ＪＫＬＦの署名運動に同行

二〇〇三年、ＪＫＬＦはカシミール問題の解決にカシミール人の参加を訴える「シグネチャーキャンペーン」という、文字通りの署名運動を開始した。この運動は、ＪＫＬＦの活動家たちがカシミールの町や村を回り、カシミール問題への国連介入を求める署名を集め、それを最終的には国連に提出する、というものである。

その年の九月、私はこのシグネチャーキャンペーンの様子を垣間見る機会があった。場所は、以前も集会に同行したプロワマ郡だが、今回はさらに奥に入った村々である。集会の前に、選挙宣伝車のように屋根に拡声器をつけた車が村のなかをゆっくりしたスピードで回り、ヤシン・マリクがやってきたことを知らせる。

「親愛なるみなさん、みなさんの村で私たちＪＫＬＦの議長ヤシン・マリクがお話をします。どうぞ参加してください。そして運動への連帯をお願いします。こちらに用紙がありますので、ぜひ署名してインドへ我われの意思を突きつけましょう。デモクラシーの観点から、カシミール人にも話し合いに参加させるようにと」

カシミールの人びとはよく〝インディアン・デモクラシー〟という言葉を使う。インドは世界最大の民主主義国であることを標榜しているが、人口ばかりが多いだけで質がまったく伴わないインドの民主主義への皮肉である。

前にも述べたように武装闘争の最盛期、ＪＫＬＦは最大の武装組織だった。当然ながらヤシン・マリクの知名度は抜群だ。もとより、独立運動の活動家が小さな村々を回るということなどほとんどないに等しい。そんな村にヤシン・マリクがやってくるのだ。娯楽も少ない村人にとっては、政治集会

署名運動で演説するヤシン・マリク。このような地方の小さな村々を回る分離独立派の政治家は、意外と珍しい。

に参加するというより、映画スターを見にくる感覚で集会にやってくる。

しばらくすると、村人たちが集まってきた。人数は、四～五〇人はいようか。演説場所は村の広場にある雑貨屋の軒先である。辻説法というか、日本でも駅前で見かける政治家の一人演説会の様相だ。

ヤシン・マリクは立ち上がって、ゆっくりと話しはじめた。

「この三ヵ月というもの、シグネチャーキャンペーンで村々を回り、人びとに会うのにとても忙しい日々を過ごしています。ここカシミールでは一五年にわたって一〇万もの人びとが殉教し、拷問され、殺され、いつも恐怖に覆われています。私は、なぜ村々を一つ一つ回るようなこのキャンペーンが必要なのか、自問自答しているところです。

それは、インド政府がカシミールで二つの武器を使っているから、といえるでしょう。その武器とは、一つは暴力で、もう一つは買収策です。インド政府は我われに暴行、拷問をして、闘争をやめさせようとし、またレネゲイド（カシミール人の政府側民兵）を使い、カシミール人を殺すのです。カシミール人の政治家はインドへ忠誠を誓っています。そのため、カシミールのムスリムはインドと共にあると世界にいうのを可能にしているのです。

私はインド政府に疑問を呈したい。インドはイギリスからの支配を脱却するために二〇〇年も闘争を諦めてこなかったのに、どうしてカシミールでやめさせることができるのか？　弾圧によって消えた解放闘争はないと、歴史の目撃者は語っています。弾圧が最高潮に達したとき、それは彼らにとって敗北への前兆を表しているのです。

犠牲を捧げた我われこそが、この紛争の多数派として直接的にかかわるべきなのです。話し合いはすぐに行われるべきです。そのため私はアメリカやイギリスなどを訪れて、たくさんの関係者と会談を重ねてきました。そしてカシミール問題は解決されるべきだという見解で一致し、国際社会は解決に向けて力を貸すといっています。

インドはこの五〇年にわたって、バジパイ首相や他のならず者によって世界を誤った方向に誘導しています。独立記念日にバジパイは、カシミールで選挙が行われ民主主義の秩序は回復したと演説しました。彼は人びとが（インド政府寄りの政治家である）ムフティやファルーク、オマル・アブドゥッラー（ファルークの息子）に投票したことを正当化しようとするのです。しかし、カシミールの人びとは、彼らとインドのかかわりが癒着であることをわかっています。

私たちはすでに、老いも若きも参加するこのような集会を四五〇回も開き、五万人分の署名を集めました。私はみなさんに署名をお願いしたい。このキャンペーンに参加することは国際社会の関心を呼ぶことができ、国益にかなうことだと約束します。カシミール人が集団で、このような形で意思表示をするのは印パ独立以来初めてのことです。

インドの民主主義を打ち負かすのです。私たちは物事を要求するのに平和的な方法で闘います。この用紙は世界の良心の前に突き出されるでしょう。これには何の隠しごともありません。このキャンペーンはカシミール人みなをヒーローにするのです。

我われはこの署名で世界に呼びかけるのです。どんな人でもアイデンティティを否定されることはできないと。これはカシミール人に対するインドの民主的な敗北であり、殉教者への最大の恩返しです。私たちには解放闘争に散っていった若い殉教者がたくさんいます。殉教者こそが我われの本当の代表なのです。

アッラーは殉教者を尊重した国を助け、その国は自由を獲得するのです。インドからの自由を与えてください、私たちの生命、財産、尊厳、身内の女性を守ってくださいと、私はアッラーに祈ります」

演説が終わると、運動員が用紙と指紋押捺用のインクのスタンプ台を持って聴衆のなかを回りはじめた。みな、素直に応じてはいるが、この運動の目的や狙いを理解して署名しているのは半分ぐらいだろう。残り半分は、せっかくきてくれたのだから名前を書くぐらいなら付き合おうか、という雰囲気だ。なかには指紋は自分で押すが字が上手く書けないので、運動員が代筆している光景も見られた。これは〝シグネチャーキャンペーン〟と銘打っている以上、事情があっても署名を他人が書くのは問題ではないだろうか。

その後二ヵ所ほど回って、スリナガルに戻るというＪＫＬＦの車で帰ろうとすると、明日もキャンペーンをやるので一緒に泊まっていくように、とヤシン・マリクが強く勧める。今日一緒に回った三ヵ所で様子はわかったので断ったのだが、押し切られてしまった。

宿泊場所は、地元の支持者の家だった。ここでは彼はずっと電話か側近たちと打ち合わせをしていて、傍目から見てもとにかく忙しそうだ。私は彼との個人的な会話を期待していたが、叶わなかった。

翌朝、朝食を終えると、ヤシン・マリクは私の目の前で着替えはじめた。さすがに元モデルだけあって服をきちんとコーディネイトしている。昨日の衣装はピンクのサルワル・カミーズにグレーのベストという組み合わせだったが、今日は濃いブルーのサルワル・カミーズにベージュのベストである。以前、冬に演説を見たときも、ニットキャップとマフラーの色を合わせていた。ちなみに、彼がモデルをしていたのは高校生のころだ。西ドイツのモデルエージェントがカシミールでスカウトをしていて、推薦されてオーディションを受けたのだそうだ。そして驚いたことに、日本の学生服のモデルをしていたこともあるという。彼の制服姿を思い浮かべると、日本との縁も含めて何ともいえない不思議さを感じた。

服を脱いだヤシン・マリクの裸身を見て、さらに驚かされた。体が傷だらけなのである。特に、かつて両足を折られたという脛や膝には一つや二つではきかない幾つもの傷痕があった。そして、胸には大きなヒトデを貼りつけたような心臓手術の痕が見えた。傷痕に包まれた彼の痩身の体を見ていると、どうやって厳しい拷問にこれまで耐えてきたのか茫然としてしまう。

あるとき、私は知人に髯面の青年が写った写真を見せられ、「この男は誰だと思う？」と訊ねられたことがある。それは私の知っている人物だというが、まったく思い浮かばなかった。すると知人は「ヤシン・マリクだよ」とつぶやいた。それは彼の学生時代の写真だった。いまの顔の面影がないとはいわないが、顔の形からして違っていた。いまの顔もハンサムだが表情がまったく違う。恐いくらい目に力があり、ずっと凄味がある。苛酷な拷問は、モデルも務めたスリナガルで評判の美少年の顔を、闘士の顔に変えてしまった。

ヤシン・マリクのジレンマ

ただ、取材をしていくうちに、彼に対する不満も聞こえてきた。その一つは、彼の主張するパキスタン側も含めた完全独立についてである。不可能に近いのに、大衆受けするから主張しているにすぎない、といった意見をよく聞いた。確かに、パキスタン側を現実的にどう統合していくのかについて、彼の意見はまだ聞いたことがない。

パキスタン側カシミールでも、現地に残ったＪＫＬＦの元ミリタントたちが、インド側に帰還したいとムザファラバードを訪れた彼に訴えたが、「その件については話はできない」とパキスタンとの交渉を一切してくれなかった、と憤っていた。パキスタンに幻滅した元ミリタントたちが帰ってくると、自分のパキスタンとの協力関係を損なうことになるからだ。

さらにつけ加えると、ヤシン・マリクはあるジレンマを抱えている。それは彼の活動家としての最大の長所であり弱点でもある、元ミリタントだということだ。彼が指導者として名を馳せているのは、前述したとおり、政府要人の娘を誘拐した〝元テロリスト〟が非暴力で運動をすすめているからだ。

ヤシン・マリク自身もそれを自覚しているのか、インタビューで八九年当時のＪＫＬＦの内部事情を聞くと「古い話はいいじゃないか。いまの話をしよう」と、途端に不機嫌になった。彼のどのインタビューを読んでも、「あの時代は銃を取るより他に方法がなかった」とか「弾圧により銃を取ることを強制された」と、簡単に自分たちの行動を正当化するコメントしか残していない。もちろん、大勢の仲間を失った武装闘争時代に対する気持ちは誰よりも持っているのは間違いない。だが、ミリタントだった時代のことを説明しきれない矛盾を抱えているのだ。

最後に、ヤシン・マリクから託された日本人へのメッセージで締めくくりたい。

「日本のみなさまへ、シンプルなメッセージを送ります。なぜなら日本のみなさんは仏教徒でその精神を理解してくれるはずだからです。仏陀のメッセージはアヒンサー（非暴力・不殺生）です。植物さえ殺しません。我われカシミール人はこれを支持します。印パ両国は核兵器を持ち、その被害にあう可能性に我われは常にさらされているからです。被爆国である日本の人たちならわかってくれるでしょう。私たちカシミール人は核保有国やインドの治安部隊から傷つけられた人びとなのです。これは仏陀の教えに反します。不幸なことに、核実験をしたときのインドのコードネームは仏教用語（シャクティ、力という意味）でした。なんと仏陀の教えは恥辱を与えられたことでしょう。

どうぞ、傷つけられたカシミールの人びとを助ける声をあげてください。私たちには国際社会からの助けが必要なのです」

第２章

カシミール問題の歴史——紛争の深淵へ

カシミールのイスラームであるスーフィズムを象徴する、聖者を祀ったシャーハマダン・モスクと、アフガニスタン人支配の時に建てられたハリ・パルバット城。

カシミール問題についての解説は、一九四七年のインドとパキスタンの独立時に起きた、ヒンドゥーの藩王（マハラジャ）とパキスタン帰属を望む住民の多数派を占めるムスリムとの対立という、宗教のねじれが原因であると説明されることがほとんどだ。そして、印パ間の戦争、外交の歴史の説明に続き、国際問題として語られる。だが、そこにはカシミール人（主にムスリム）が何を考え、なぜ武装闘争を起こしたのか、という説明が常に抜けている。カシミール問題を考えるとき、二つの側面を考えなければならない。それは印パの対立問題であるとともに、インド政府とカシミールの関係の問題、つまりムスリムによる分離独立の問題である。

また、印パ対立の発火点という観点から宗教紛争と描かれることも多いが、現地でムスリムとヒンドゥーの市民が殺し合いをしているわけではない。紛争地でイスラームというと、どうしても原理主義やアルカイダ、タリバンといったイメージがつきまとう。しかし、もともとカシミールのイスラームは、イランや中央アジアからやってきたイスラーム聖者が伝播した、イスラーム神秘主義（スーフィズム）系のイスラームだ。その聖者を祀った廟に詣でたり、聖者を称える賛歌を歌い踊るなどをしながら精神性を追求するという信仰形態は、原理主義とは対照的なイスラームである。スーフィズムの形態は土着の聖者信仰である部分が多く、偶像崇拝のヒンドゥー教からも理解されやすい。インドでは、ヒンドゥー教徒が「ご利益がある」とイスラーム聖者廟を詣でることも、珍しいことではない。

この章では、カシミールの歴史について、インド側のカシミールでの出来事を中心に説明してみたい。現在の騒乱の背景には、カシミールの中央集権支配を狙ってきたインド政府の長年の政策の失敗が多大な影響を与えていると筆者は考えるからだ。

九世紀にカシミールのアワティンポラに建てられた仏教寺院、太陽寺院遺跡。

現代に至るまで、カシミールには仏教、ヒンドゥー教、イスラーム教、シーク教と四つの宗教が通り過ぎていった。それについて『インドの現代政治』（斉藤吉史著、朝日新聞社、一九八八年）に書かれた解説がとても適切なので、それを引用、または加筆しながら説明していきたい。

①ヒンドゥー・仏教時代

総じて地方的な王の争いが一四世紀まで続く。そのあいだにインドのマウリヤ王朝のアショーカ王と、クシャン朝のカニシカ王の支配下に入ったことが特筆される。アショーカ王はカシミールに仏教を導入し、ダル湖のほとりにスリナガルを作った。またカニシカ王はカシミール結集と呼ばれる仏典の編集会議を開いた。カシミールは仏教の中心となり、その仏教は一方でカブールからシルクロードを通り、また一方ではカシミールからチベットを通って中国に伝わった。

②イスラーム時代

一四世紀の前半シャー・ミール王朝の成立以後、イスラーム教王国の支配が続く。ヒンドゥー寺院を破壊し、その石で回教寺院を建て、イスラーム教への改宗を強制したシカンダル王や、回印両教徒の融和を進めたアビディーン王など、ヒンドゥー圧迫期と融和期が目まぐるしく交代したが、一六世紀末にはインドのムガル王朝の支配下に入った。アクバル帝はハリ・パルバットの丘に城を築き、ジャハンギール帝はシャリマール、ニシャートなどの庭園をつくり、プラタナスの大樹をカシミール中に植えた。タージマハルで有名な次のシャージャハン帝も、ダル湖周辺にたくさんの庭園を設けた。

一八世紀中ごろには、アフガン人のアフマッド・シャー・ドゥラッニーがカシミールを占領。その後約七〇年間は、アフガン人の支配下に入った。この時代はカシミールの人びとには辛い時代だった。カブールから派遣されてくる代官たちは、任期中にいかに自分の私腹を肥やすかということしか関心がなく、苛酷な税をカシミールの人びとに課したからである。

あまりの圧政に人びとは、当時、隣接するパンジャーブで伸張してきたシーク王国に、カシミールを攻めるように嘆願する始末だった。

③シーク時代

パンジャーブに誕生したシーク教徒王国が、ランジット・シンに率いられて急速に勢力を拡大したのは、一八世紀も末のことであった。アフガン人を追い払って一八一九年にカシミールを支配下に治めた。だが、この新しい領主に代わっても苛政は変わらなかった。なぜならシーク王国は、それまでアフガン人やムガル朝などのイスラーム勢力と戦って勢力を伸ばしてきたからである。同じムスリムであるカシミールの人びとへの同情はなかった。

④ヒンドゥー時代

ドーグラー王朝は、もともとジャンムー周辺のドーグラー人出身の土侯で、シーク王国に仕えて武功をたてたグラーブ・シンがジャンムーの領主に任命されたときにはじまる。

一八四五年に第一次アングロ・シーク戦争が起きたとき、グラーブ・シンは時代の趨勢を読んでシーク王国を裏切り、イギリス側（東インド会社）についた。その論功行賞で東インド会社とアムリッツアル条約を結び、七万五〇〇〇ルピーでカシミールを購入した。以前から彼の領地であったジャンムーと合わせて藩王国を作ることが認められ、彼は藩王（マハラジャ）となった。グラーブ・シンはその後、ラダックやギルギットを征服し、ジャンムー・カシミール藩王国がかたち作られることになった。この後、ドーグラー人の支配は第一次印パ戦争までの一〇一年続くことになる。

ちなみに、ヒンドゥー教徒といってもカシミールのヒンドゥー教徒（パンディット）とドーグラー人は民族的、文化的背景がまったく異なり、同胞意識はない。

カシミールの人びとにとって、近隣とはいえドーグラー人は外部勢力であることに違いはなく、併合の際も抵抗したが、東インド会社の援軍もあって簡単に鎮圧されてしまった。

ドーグラー人が支配層で、続いて教育をうける機会があったパンディットが下級官吏を務め、ムスリムは被支配層という序列だった。

ドーグラー王朝下でもムスリムたちを取り巻く状況は、厳しいものだった。農民のほとんどは小作人で、低賃金のうえ重税が課せられた。例えばムスリムのみに、一族の誰かが結婚されると課せられる〝結婚税〟というものもあった。道路建設などのインフラ整備のために、一年のうち半年も強制労働に駆り出されることもあり、当時カシミールを訪れた外国人は人びとの姿を、「体を覆う布もないような状態」とその困窮ぶりを伝えている。

こうしたドーグラー王朝の圧政に対して反対する声はあったが、それが具体的な形となって表に出てきたのは一九三〇年代に入ってからだった。

反藩王闘争のはじまりとアブドゥッラーの出現

一九三一年六月二一日、スリナガルで開かれた反ドーグラー王朝の政治集会で、アブドゥル・カディールというパシュトゥーン人が、ヒンドゥーを皆殺しにするなどの過激発言をし、問題となった。彼は翌日に捕えられ、中央刑務所に収監された。裁判が行われる七月一三日に、アブドゥル・カディールの釈放や公開裁判を求める群衆が中央刑務所前に集まった。それを追い払おうとした警察が発砲し、二一人の死者を出した。カシミールでは、この事件は反藩王闘争が具体的にはじまったことを示す象徴として語られている。

一九三〇年代には、ムスリムのなかにも教育を受けた知識人層ができつつあった。後に〝カシミールのライオン〟とも呼ばれたシェイク・アブドゥッラーもその一人だった。

彼はスリナガル郊外のソウラ村のショール売りの息子として一九〇五年に生まれた。父親は彼が生まれる前に亡くなったが、アブドゥッラーの聡明さを理解した母親が進学させ、カシミールのSPカレッジ、ラホール（現パキスタン）のイスラミアカレッジで学び、そしてインドのウッタル・プラデーシュ州にあるアリーガル・ムスリム大学で化学の修士号を取得した。その後は留学も考えていたが、叶わず、カシミールに戻り化学教師の職を得た。そしてリーディング・ルーム・パーティという、いわばカシミールの憂国の士の集いの場を作り、仲間と共に活動をしていた。カディールの騒動が起きたのはそんなときであった。

一連の騒動でアブドゥッラーも捕まったが、仲間と獄中で討議して政治団体ムスリム・カンファレンス（MC）が設立された。活動の目的はマハラジャ支配からの脱却と独立、そして民主主義と世俗主義の確立だった。

一九三九年、MCは分裂し、アブドゥッラーの一派はヒンドゥーやシーク教徒などムスリム以外からの参加を促すためにナショナル・カンファレンス（NC）と名称を変えた。これにはアブドゥッラーが、後のインド首相で当時はイギリスからの植民地解放を進める国民会議派のリーダーだったJ・ネルーと、一九三七年に親交を持ったことに影響されていた。J・ネルーはアラハーバード出身だが、先祖の出自はカシミール・パンディットで、そのためにカシミールのインド帰属に執着したともいわれる。また、このネルーとの親交は、一九四七年の印パ戦争で帰属が揺れたさいアブドゥッラーがインド側につくことにも影響した。

アブドゥッラーはカリスマ性と指導力を備えた卓越した指導者であったが、裏を返せば独裁性が強く、独断専行で強引に物事をすすめることも多かったため、内部からも批判が多かった。

一九四六年、インドで植民地支配からの脱却を目指し行われた国民会議派の「Quit India（イギリスよ、インドから出て行け）」に倣って、アブドゥッラーは「Quit Kashmir（マハラジャよ、カシミールから出て行け）」運動をはじめた。この運動は、地元カシミールでは熱烈に支持され、アブドゥッラーはその基盤を確かなものとするが、ときの藩王ハリ・シンにより逮捕されてしまう。

印パ独立とカシミール

一九四七年はインドとパキスタンの独立が確定した年だった。英領インドといっても、広大なインド亜大陸をイギリスが単独で支配するのは不可能だった。実際は面積の五五％にあたる一一の直轄地を直接統治し、残り四五％は五六二の藩王国となっていて藩王たちに自治権を与えるとともに、駐劄官や政治顧問を派遣して間接統治していた。

イギリスが定めたインド独立法では、藩王国がインドとパキスタンのどちらに帰属するかは藩王が決めるものとしていた。また、独立という選択肢は存在しなかった。

印パの分離はムスリムが多い地域をパキスタン、ヒンドゥー教徒とシーク教徒が多い地域をインドとしていて、ほとんどの場合、齟齬なく藩王の選択で自動的に帰属は決まっていった。だが、ジューナガド、ハイデラバート、カシミールでは八月一五日までに帰属先が決まらなかった。

ジューナガドとハイデラバードは藩王がムスリムで、住民の大半はヒンドゥーだった。両藩王国はインドの内陸部に位置し、そのままでは飛び地国家ができてしまう可能性があった。この二つの藩王国はパキスタンへの加入を希望していたが、最終的にはインドによる武力侵攻を受けて併合された。

カシミールの場合は、藩王はヒンドゥーだったが、住民の七七％をムスリムで占めていた。しかも、印パ両国の狭間に位置していた。このことが、両国がカシミールの領有を争うなかで、国家理念の正当性を争うことの要因にもなっている。

インドは、ヒンドゥー教が圧倒的多数を占めるが、他にイスラーム教、シーク教、ジャイナ教、キリスト教、仏教徒なども多数の異なる宗教の信者を抱えている。そのため、国家としての宗教を持たず、特定の宗教だけを有利なようにしない「世俗主義（セキュラリズム）」を国家理念として掲げている。これは平たくいえば、異なる宗教の信者（または民族）が平和に共存できる国を目指すことである。

パキスタンは、英領インドのムスリムはヒンドゥーと宗教が違うだけでなく、社会、文化、歴史なども異なる別の民族であり独自の国家を持つことが必要、当然であると主張する「二民族論」を国家理念として建国された国である。

この両国の国家理念を照らし合わせると、インドにとっては、藩王がヒンドゥーで住民の多数がムスリムというねじれがあるからこそカシミールはインドに併合されなければならないし、パキスタンにとっては、パキスタン隣接のムスリムが多く住む地域の併合は当然のこととなるのだ。

第一次印パ戦争の勃発

一九四七年春、印パ独立に合わせて、ジャンムーの西側にあるプーンチ地方で藩王ハリ・シンへの反乱がはじまった。この地方はパキスタンに隣接しているだけでなく、藩王から長年重税を課せられていたため、もともと反藩王の感情が強かった。

この地方には、第二次世界大戦中に英領インド軍の兵士として戦った元ムスリム兵士が大勢いた（彼らは藩王軍兵士ではない。この時代はムスリムが武器を持つことは藩王によって禁止されていた）。彼らが中心となり重税を撤廃する運動を起こしたとき、藩王は刀狩りをして武器を取り上げた。しかし、その武器が地元のシークやヒンドゥーにわたったのを見て危険を感じたムスリムたちは、パキスタンに渡って新たな武器を仕入れ、パキスタンへの併合を訴えて武装蜂起した。

それでも藩王ハリ・シンはまだ事態を深刻なものとは受けとめていなかった。それどころか、自らの権益を保持しようと考えて独立を画策していた。彼は印パ両国に、独立後もカシミールの帰属をしばらく保留する〝現状維持協定〟の締結を提案した。パキスタンは、いずれ自国に加入することになるだろうと楽観的に考えて受け入れたが、インドはハリ・シンの真意を疑って締結しなかった。

印パ独立時、移動の混乱のなか異教徒間で虐殺が繰り返され、一五万人あまりが犠牲になったことはよく知られている。プーンチでも武装蜂起が大規模化、組織化されてくるとヒンドゥーやシーク教徒たちが殺されていった。返す刀で、ジャンムーでは藩王軍の助けを借りたシーク教徒やヒンドゥーたちに、ムスリムが殺されていった。だが、カシミール地方ではそういった衝突はほとんど起きず、ガンディーをして「暗闇の亜大陸でカシミールだけが希望の光だ」といわしめさせた。

このころアブドゥッラーは獄中にいたが、インド政府は民心を得ているアブドゥッラーを釈放して事態を打開するように、ハリ・シンに圧力をかけた。彼自身もハリ・シンへの忠誠を誓ったことから、九月二九日に釈放され、ジャンムー・カシミールの非常事態内閣の主席行政官に任命された。一方で、アブドゥッラーもこの混乱を好機と考えて、ハリ・シンとは違った意味の、つまりカシミールの民族主義者として独立も考えていた、ともいわれる。

カシミールでムスリムの住民とヒンドゥーの藩王が対立していたのは事実だが、そのことと印パへの帰属問題は、必ずしもつながっているわけではなかった。パキスタンに近いプーンチ地方では反藩王感情も手伝って、パキスタン帰属の意見が強かった。だが、スリナガルを含むカシミール地方では、印パ分離といっても自分たちがどうなるのか、人びとは皆目見当がつかなかった。政治リーダーであるアブドゥッラーがインド帰属派で、藩王ハリ・シンと綱引きをしているのは知ってはいた。だが、ただことの推移を見守るしかなく、具体的にどちらに帰属するか決めることなどできなかった。

パキスタンの侵攻

一九四七年一〇月二二日、タリク将軍を名乗るパキスタン軍のアクバル・カーン少佐率いる数千人のパシュトゥーン人の民兵が、ムザファラバードを占領。そして、ジェーラム川沿いにスリナガルへ進軍していった。

二四日になると、プーンチではパキスタン帰属に賛成するMCのメンバーを中心とした「アザード(自由)・カシミール臨時政府」樹立を宣言した。

続々と起こる内乱と侵攻に打つ手はなく、藩王ハリ・シンはインドへ軍事援助を要請した。だが、インド政府は軍事援助によって事態に介入するにはインドへの帰属が必要であると説明すると、ハリ・シンはインド総督マウントバッテン宛に帰属文書を送り、インド帰属を表明した。この帰属文書が、インドにとってカシミールの自国への帰属の重要な根拠となっている。また、この文書には、防衛、外交、通信についてはインドに任せると記載されていた。

これを受けて、インド政府はスリナガルの空港に軍隊を空輸した。このとき、パシュトゥーン民兵の侵攻軍は空港の手前七キロメートルまで迫っていた。彼らはカシミールに入っても、略奪にふけったため進軍が遅れたといわれる。もし彼らが空港を制圧していたら、その後のカシミール問題は違う様相を呈していたであろう。

インド軍は、すぐさま侵攻軍を空陸両方からの攻撃で押し返した。一九四八年五月には、ムザファラバードの手前三〇キロメートルのティトワールまで奪還した。ここから谷を越えてジェーラム川沿いに進めばパキスタン領まですぐだった。しかし、ここでネルーは戦闘停止命令を出した。

印パ戦争というものの、パキスタン正規軍の参戦は遅く、インド軍によるティトワールへの攻勢をうけてのことだった。パキスタン総督ジンナーは、インド軍の参戦当初から正規軍の参戦を命じたが、英人のパキスタン軍総司令官グレイシー将軍が印パ両国軍の総司令官であるオーキンレックの指示を仰ぐべきだとして、命令を受け入れなかったからである。その後、戦闘は膠着状態となり、一九四八年元旦にインドが国連へパキスタンの侵略行為停止と軍隊の撤退を求める提訴を行った。

国連による仲介と住民投票

この提訴を受けて、国連安保理は提訴の内容を精査、報告、調停するための委員会設置を決定した。この委員会はチェコ、アルゼンチン、ベルギー、アメリカ、コロンビアの五ヵ国の代表で構成され、国連インド・パキスタン委員会(UNCIP)と呼ばれた。

八月一三日、UNCIPは①印パ両国が軍に対し停戦を命令すること、②印パ両軍がカシミールから撤退し、休戦を協定すること、③帰属は人びとの意志、つまり住民投票によって決めること、の三点を骨子とした採択を決議した。この決議に基づいた提案を受け入れ、印パ両国は四九年元旦に停戦をした。七月二六日にはカラチで停戦ラインを画定する協定を結び、印パ両国が批准した。このときの停戦ラインはその後に多少の変化はあるものの、現在の実効支配戦(LOC)とほぼ同じである。

だが、このとき国連決議で定められた住民投票が行われることはなかった。印パ両国軍の撤退の問題やさまざまな思惑が絡んで、印パ両国からの協力が得られなかったからだ。

停戦後は、インド側ではカシミールの帰属既成事実化が着々と進められていった。

一九四八年三月、藩王ハリ・シンは民主憲法制定の布告を出し、シェイク・アブドゥッラーを総理大臣とする州政府が立ち上げられた。翌年一〇月には制憲議会の選挙が行われたが、NCが七七議席すべてを独占した。もっともこの選挙は、最大反対勢力でジャンムーに基盤を置くヒンドゥーの宗教政党であるプラジャ・パリシャドからの立候補をアブドゥッラーが受けつけず、彼らが投票をボイコットした、という背景もあった。

インド憲法三七〇条とデリー合意

一九五〇年一月二六日には、カシミールの特権的な地位を認めたインド憲法三七〇条が発布された。この三七〇条ではジャンムー・カシミール（J&K）州がインド連邦の一部であること、制憲議会の設置と州憲法の制定をすること、帰属文書で特記された防衛、外交、通信以外はカシミールの自治を認めることが記されていた。

三七〇条は暫定規定と題目に付記されている。これはJ&K州が憲法上はインドの一部となっているが、実際は国連の調停が入っている国際紛争地であったため、大幅に特権を認めておいて、統合したのちに見直せばよいと考えたといわれる。

この三七〇条をもとにJ&K州と連邦政府との関係を具体的に取り決めたのが、一九五二年七月二四日に成立したデリー合意で、要点は以下のとおりである。

①J＆Kの州民はインドの市民権を有するが、州外人や第一次印パ戦争でパキスタンへと渡ったカシミール人がカシミールの市民権を得るかは州議会が定める。
②インド国旗とは別に独自の州旗の使用を認める。
③州元首は州議会が選出し、インド連邦の大統領が承認を与える。ちなみに、他州ではインド連邦が指名した知事（元首よりもちろん格下である）が派遣されて、この地位に就任する。また首相も、他州が州首席大臣（Chief minister）なのに対しJ＆K州では総理大臣（Prime minister）の呼称が使われていた。
④J＆Kには上級審として司法諮問委員会があることから、インド最高裁の裁判管轄権が制限される。
⑤インド連邦大統領による非常事態宣言はJ＆K州政府の要請、同意があった場合に限って発動される。

アブドゥッラー、逮捕される

だが、このころからアブドゥッラーの周囲に波紋が広がりはじめていた。デリー合意に先だって、制憲議会は土地改革を無償で行うことを決めた。J＆K州の土地は藩王やその臣下たちが所有している大地主制であり、その土地を借りて農業を営む小作人たちは、搾取されて貧困に喘いでいた。その土地を地主から小作人たちへ無償で譲りわたすことにしたのだ。ムスリムの地位向上のために藩王と闘ってきたアブドゥッラーにとって、土地改革は長年の夢だった。

当然、土地をタダで取られることになるドーグラー人の地主たちは抵抗をはじめた。藩王制が廃止となり藩王ハリ・シンが州外に追放され、ただでさえジャンムーでは不満が募っていた。これに、デリー合意でムスリムが多数派のカシミールに特権が与えられるのをおもしろく思っていなかったジャン・サン党やヒンドゥー・マハーサーバなどのヒンドゥー右翼の全国政党が加わって、一九五二年一一月ごろから反アブドゥッラーの抵抗運動が高まった。

アブドゥッラーはこうした抵抗に手加減せず、これらの指導者たちをいっせいに逮捕した。さらに抗議しようとカシミールに入ったジャン・サン党の党首S・P・ムケルジー総裁を、入域許可（当時カシミールは戦時中扱いだったので、州外人の入域には許可証が必要だった）を取らなかったとして逮捕した。不運なことに、彼が翌年六月にスリナガルの獄中で病死してしまい、アブドゥッラーへの批判はさらに厳しいものとなった。

デリー協定によるカシミールへのあまりにも大きな権限委譲には、連邦政府内でも不満が漏れ出していた。協定はネルーとアブドゥッラーの関係から生まれた部分も大きく、ネルー・アブドゥッラー協定とも陰口を叩かれていた。

身内のNCからも、バクシ副首相やドーグラー内相、サラフ厚相、D・P・ダールといった幹部たちは、このままではカシミールがインド内部から孤立してしまうと危機感を覚え、よりインドへ統合していこうという姿勢を見せはじめていた。自治や独立を主張するアブドゥッラーの味方は、閣内でもアフザル・ベグ蔵相のみだった。

アブドゥッラーは、ジャンムーやインドからだけでなく身内からも批判にさらされて苛立ちはじめた。そのせいか、帰属文書を見直して独立を匂わせるような発言をし、連邦政府をさらに怒らせた。

事態が収まる兆しは見えず、一九五三年八月、アブドゥッラーがスリナガルの西五二キロメートルにあるリゾート地グルマルクに休暇で滞在しているすきを突いて、NCのインド統合派の幹部や閣僚と連邦政府、州元首カラン・シンが協議して、アブドゥッラーの解任を決めた。

一九五三年八月八日深夜から九日の未明にかけて、アブドゥッラーはパキスタンと通じてカシミールのパキスタン帰属を画策した謀議を図ったとして逮捕された。そして即日、スリナガルから南二〇〇キロメートルにあるウダンプールの刑務所に入れられた。この後アブドゥッラーは、一九五八年に四ヵ月間釈放されるのを除いて、一九六四年まで拘束され続けることになる。

バクシの台頭

代わって州総理大臣となったのは副首相のバクシだった。バクシは、大した学歴はなかったものの、記憶力や頭の回転が速く、抜け目ない性格の人物だったといわれる。

バクシが州総理大臣になれたのは、インド政府の後押しがあったからだった。その後押しに応えて、彼の任期中である一九五六年にJ&K州憲法が発布され、J&K州はインドの不可分の一部としてインドへの統合を認めた。

政治的手法については、反対勢力には選挙で立候補をさせないなど、独裁的な手法はバクシはアブドゥッラーと変わらなかった。公務員のポストも賄賂によって左右されることも珍しくなかった。

バクシの独裁と汚職に満ちたやりかたに内部からも批判は多く、アブドゥッラーの解任に同調したNCの幹部であるG・M・サディク、ミール・カシムなどのインド統合派がNCを離れて民主民族会議（DNC）を結成した。彼らはカシミールのインド統合以外の点では、バクシとは相容れなかった。DNCは、バクシに対抗するにはアブドゥッラーの復帰が必要だと考えて、ネルーと交渉し、一九五八年一月に釈放をさせた。

しかし誤算だったのは、インドへの帰属は一時的なもので、最終的には国連による住民投票が解決手段であるとアブドゥッラーがいい出したことだった。彼の腹心であるアフザル・ベグも一九五五年に出所して住民投票戦線を結成し、外からアブドゥッラーを支えていた。結局、住民投票などいい出すのはパキスタンから金をもらっているからに違いないとされて、僅か四ヵ月たらずで再逮捕されてしまった。

アブドゥッラーの再逮捕で、バクシはインド政府にとって自分が不可欠な存在であることを確認し、さらに権勢をふるった。人びとはバクシの悪政を恨んだが、それ以上に、バクシを支えるインド政府を非難した。カシミールは、住民投票だけでなく民主主義さえも奪われた、と評された。

しかし、バクシの悪評をインド政府も気にしていないわけではなかった。ネルーは、インド政府の閣僚のポストまで用意して総理大臣を辞めるようにバクシを説得したが、バクシは一蹴した。

当時、国民会議派は党勢が弱まっており、各州の州首相は辞職して党務につくべきだというクマラジ・プランという党再編がはじまっていた。バクシは国民会議派の党員ではなかったが、そのクマラジ・プランの流れで州総理大臣を辞職した。ネルーをはじめとするインド政府はサディクを後任として望んでいたが、バクシは自分の息のかかったシャムス・ウドゥ・ディンを後任に据えた。バクシは院政を敷き、シャムス・ウドゥ・ディンを操って実権を握ることにしたのである。だが、このときはまだ南アジアのイスラーム世界とバクシ自身を揺るがす大事件が起きようとは、誰も想像していなかった。

ハズラトバル寺院、聖髪失踪事件

ダル湖のほとりに、タージマハルを模した石造りの白亜のドームを持つハズラトバル寺院という名のイスラーム寺院がある。この寺院にはムガル帝国時代のアウラングゼーブ帝がもたらしたという預言者ムハンマドの髪の毛（聖髪）が祀られており、現在でもムハンマドの誕生日など宗教行事の折々に公開されている。この聖髪が一九六三年一二月二六日の夜に盗まれるという事件が起きた。

ニュースは燎原の火の如く人びとのあいだに伝わり、二七日の朝には州政府に聖髪を見つけ出すように要求するデモがはじまった。そして、バクシ前州総理大臣が、危篤の母親に見せるために聖髪を持ち出したという噂が広まり、バクシ一族が所有する映画館が焼き討ちにされた。

二八日夜、ネルーは「事件を適切に調査し、犯人を見つけ出して厳罰に処する」とラジオで声明を出したが、騒ぎは収まらなかった。人びとは、昼夜を問わずストライキをして抗議行動を続けていた。一九六四年一月二日、この抗議行動を指導するためにミールワーイズ（最高宗教指導者の称号）・モルヴィ・ファルーク、モラナ・マスーディを幹部とした行動委員会が作られ、そこに住民投票戦線も加わった。

一月四日、聖髪が見つかったというニュースがラジオを通して伝えられた。問題はこの聖髪が本物であるかどうかであった。記者会見でそのことについて問われると、捜査の指揮をとっていたインド政府の内務官僚ヴィシュワンタンは「聖髪の真偽を問うものは、パキスタンの手先だ！」と激高し、それ以上の質問を受け付けなかったといわれる。それだけでなく、誰が聖髪を盗み、どのように戻ってきたのか、何の説明もなかった。当然人びとは、騙されているのではないかと感じた。この聖髪失踪事件が原因で、カシミールのみならず、東パキスタン（現在のバングラデシュ）やコルカタでは、ヒンドゥーとムスリム間の宗教暴動に発展し、二〇〇〇人余りが死んだといわれる。

パキスタンは国連の安全保障理事会に提訴し、この機会にカシミール問題の解決を狙った。しかし、六二年の中印国境紛争でインドが敗退したため、中国に対抗してインドにテコ入れをしたいソ連とアメリカの思惑があり、うまくいかなかった。ちなみにこの中印国境紛争では、カシミールのアクサイチン地方を中国に占領されている。

事態を収拾しようと、L・B・シャストリ無任所大臣が送り込まれ、行動委員会と対話を持った。そして、聖髪が本物であるという宗教指導者のお墨つきをそえて公開することで話はまとまった。二月五日に聖髪は公開されたもの、人びとは半信半疑のままだった。

行動委員会は、その後、人民行動委員会と名を変えて、モルヴィ・ファルークが統率する政治集団となった。そして、聖髪の公開とともにシャムス・ウドゥ・ディンは更迭され、代わってサディクが州総理大臣となった。

アブドゥッラー、パキスタンを訪問する

一九六四年四月には、アブドゥッラーやアフザル・ベグといった住民投票戦線の幹部たちが釈放された。これには、すでに病床にあったネルーの希望もあった。印パ両国は一九六二年一二月から翌年の五月までカシミール問題について六回にわたる協議を行っていたが、何の進展もみられなかった。ネルーは病床で、カシミール問題の解決を通じての印パの和解を考え、アブドゥッラーを特使としてパキスタンへ送り込んだのである。

印パ分離時にインド側についたアブドゥッラーを、パキスタンは裏切り者と見なしたが、一九五三年に逮捕されたときは、インドのカシミール統合策の犠牲になったとして支持をしていた。ラワルピンディでは〝カシミールのライオン〟として五〇万人もの群衆から熱烈な歓迎を受けた。

しかし、肝心の会談のほうは思わしくなく、解決案の一つとしてアブドゥッラーはインド・パキスタン・カシミールの連邦国家の設立などを提案したが、当時の大統領アユーブ・カーンからの同意は得られなかった。ポジティブな面といえば、アユーブ・カーンが七月にデリーを訪れてネルーと会談すると決めたことぐらいだった。だが、この訪問のさなかの五月二七日にネルーが急死し、アブドゥッラーはパキスタンのブットー外務大臣を伴い、葬儀に出席するためデリーへ戻った。

一九六五年、ネルーという後ろ盾を失ったアブドゥッラーは、メッカへの巡礼の旅に出た。ヨーロッパを回ったあと、第二回アジア・アフリカ会議の開催が目前だったアルジェリアに立ち寄った。そこで四月一日に中国の周恩来とカシミール問題について話し合い、北京へ招待されることになった。当時、中国はインドと緊張関係にありパキスタンとも友好国だった。会談の一週間後には、第二次印パ戦争の前哨戦となる、グジャラートのカッチ湿原の国境で印パ両軍の小競り合いがはじまっていた。そのような緊迫した状況下での会談だったので、アブドゥッラーはパキスタン、中国と謀議を図っていると疑われて、インドに帰国するなり空港で逮捕されてしまった。そして、タミル・ナドゥ州のウッタカムンドにアフザル・ベグらと共に幽閉された。

第二次印パ戦争

聖髪失踪事件の騒動を見て、パキスタンはカシミールでの武装革命の可能性が高まったと考え、これまでと違う戦略を取ることにした。それは武装した兵士、民兵をカシミール内部に送り込んでカシミールの人びとの武装蜂起を誘発するというもので、「ジブラルタル作戦」と名づけられた。

前述のカッチ湿原や東パキスタンの国境線で印パ両軍の小競り合いが一九六五年四月からはじまっ

ていたが、それは注意をそらすためであり、本当の狙いはカシミールにあった。

スリナガルでは、潜入していたパキスタン兵や民兵により橋が爆破されたり、警察署が攻撃されたりした。八月八日には〝カシミールの声〟なる地下ラジオ放送が流れ、「インドの抑圧と戦う解放戦争を指揮するために革命評議会が設置された」という声明が出された。

現在は私の友人が多く住むスリナガル市内のバトマルーの町にも多くの兵士や民兵が潜み、八月一四日にはインド軍と戦闘となってバトマルーの町は全焼した。友人によると「この町は下町に比べれば道幅も広いし、整備されているだろ？　戦争で焼けて再開発されたからだ。でも、そのせいで町の人びとは政治に関心を持ち、よく新聞を読むようになった」という。そして、後年の一九八〇年代後半の武装闘争の時代には、バトマルーは地元のミリタントの強力な支配地域と変わり、多くの分離独立派を輩出することとなった。

パキスタンにとって誤算の一つは、カシミールの住民が蜂起しなかったことだった。人びとは聖髪失踪事件で確かに投石などの行動はしたが、銃などは使ったことがなく、ましてやプロの軍隊相手に戦うなどできない話だった。

八月一五日、インド軍は第一次印パ戦争で進撃を止めたＬＯＣ沿いに位置するティトワールから、パキスタンへ攻勢を強めた。九月二日、このティトワールとプーンチ地方を遮断しようと、ジャンムーに近いチャンブ地区にパキスタン軍が機甲師団を使って大攻勢をかけてきた。そして地上戦だけでなく、空爆や戦闘機同士のドッグファイトもはじまった。

九月五日、インド軍はチャンブ地区でパキスタン軍を押し返して、国境を越えてラホールへと進撃をはじめた。山岳地帯であるカシミールと違って、障害物のない平原のパンジャーブでは進撃スピードは格段に速い。また、ラジャスタンでも、インド軍がパキスタンのハイデラバードに向けて進撃してきた。パキスタンのアユーブ・カーン大統領は緊急事態宣言を全土に発令してインドと全面戦争に入ったことを伝えた。

このような事態が起きたのはパキスタンのもう一つの誤算だった。戦う場所を第一次印パ戦争同様にカシミールのみで想定しており、インドが平野部から攻撃してくることは予想していなかった。

戦闘が広がっていくと、国際社会も黙ってはおれず、停戦に向けた働きかけをはじめた。九月四日、国連安全保障理事会では印パ両国へ即時停戦を要求する決議を出し、九日からは、ウ・タント国連事務総長自らがイスラマバードとニューデリーに飛んで調停工作を進めた。

九月一六日、中国はインドに対して書簡を送った。その内容は、シッキムの中国領内にあるインド軍の基地の撤去を三日以内に求め、それが成されない場合、結果には責任が持てない、というものだった。周恩来は、二〇日に北京を訪れたアユーブ・カーン大統領に、無条件の援助を申し出ていた。だが、陸軍大将でもあったアユーブ・カーン大統領は長期戦をするだけの武器・弾薬の備蓄はないのを知っており、パキスタンに帰国しても申し出を隠していた。その一方、同じパキスタンのブットー外相は二二日に国連で「和解の余地はなく、長期戦も覚悟する」という演説をしていた。将来に起きる二人の対立は、ここからはじまったといわれる。

それに対し、イギリスとアメリカは「もし中国が介入すれば、インドを援助する」という声明を出し、ソ連も印パ両国に仲介の申し出をして、ソ連領内での首脳会談の開催を呼びかけた。こうした国際社会の呼びかけに印パ両国は応じ、二三日、国連決議に基づいて停戦が行われた。

この調停工作は冷戦構造のなかでの米中ソの思惑が絡んでいた。米ソにとっては、この戦争への中国の介入は阻止しなければならなかった。当時、アメリカとパキスタンの関係は冷え込んでいた。アメリカが中印国境紛争でインドを支援したり、一九六〇年五月にU２偵察機事件（パキスタンのペシャワールから離陸したのがわかり、民衆の対米感情が悪化した）が発覚したからである。アメリカ自身もヴェトナム戦争で忙殺されており、紛争に介入する余裕はなかった。

そうなると、仲介者はインドの友好国でもあるソ連しかなかった。ソ連としても、中国を牽制できるし、パキスタンに対して存在感を増すこともできると、得られるメリットは大きかった。

タシュケント宣言

一九六六年一月四日、ソ連のウズベキスタン共和国の首都タシュケントで、ソ連のコスイギン首相の調停で、印パの首脳会談が行われた。インドからはシャストリ首相、パキスタンからはアユーブ・カーン大統領が出席した。一〇日間にわたる会議のすえにタシュケント宣言が採択され、両国の軍隊が一九六五年八月五日の開戦地点まで撤退することを同意した。カシミール問題の解決に向けて具体的に取り決められたものは何もなく、この戦争で両国に得られたものは、ほとんどなかったのである。

インドでは、宣言が採択された翌日にシャストリ首相が現地で病没したため、結果として宣言の中身まで問われることはなかった。

パキスタンでは、戦争で経済が疲弊したにもかかわらず、勝てる戦争に国際社会の圧力に屈服したという、日本での日露戦争後のポーツマス条約に対する反応に似た国民世論が湧き出た。こうした世論に同調してブットーは翌年には外相を辞任するなど、それまで協調してきたアユーブ・カーン大統領と対立することになった。アユーブ・カーンに対する批判は東西パキスタンで反体制運動となり、東パキスタンのバングラデシュ独立へとつながっていく。

カシミール人による武装闘争、はじまる

第二次印パ戦争では銃を取って立ち上がることはなかったが、一九六〇年代後半からカシミール人によるインドからの分離・独立を求める武装闘争がはじまりだした。

一九七一年一月三〇日、スリナガルからジャンムーへ向かう小型旅客機がハイジャックされ、パキスタンのラホールに着陸した。犯人たちはジャンムー・カシミール国民解放戦線（ＪＫＮＬＦ）を名乗り、三六人のカシミール人政治犯の釈放を要求した。犯人たちは、空港で飛行機を爆破したあと、パキスタン当局に逮捕された。

この釈放要求で挙げられたカシミール人政治犯のなかにマクブール・バットという男がいた。彼は独立を目指す武装闘争のパイオニアとして、現在でもカシミールの国民的英雄である。バットはインド側のカシミール出身で、カシミールの印パ両方からの独立を目指すＪＫＮＬＦを、パキスタン側の活動家であるアマヌッラ・カーンらとパキスタンで結成していた。この組織は後にイギリスでＪＫＬＦへと発展していく。

バットは、一九三八年にカシミール北部のクプワラ郡に生まれた。小作人の息子だったせいか、幼いころから封建主義や社会の平等に敏感だったといわれている。一九五八年にＬＯＣを越えてパキスタンへ入り、ペシャワール大学でウルドゥー語の詩の勉強や、新聞記者などをして暮らしていた。一九六五年にパキスタンがインドとの戦争に負けたことの失望や、アルジェリアの解放運動やヴェトナム戦争などを見て、カシミール人自身が闘うことによって独立を達成するべきだと考えはじめた。翌年、カシミールに戻って組織作りをしていたが、情報機関に気づかれて逮捕され、死刑判決を受けた。一九六八年、スリナガルの刑務所から脱獄に成功してパキスタンへと再度渡った。しかし、パキ

スタンでもインドのスパイではないかと疑われ、二年間拘留された。

パキスタン政府は、インド政府からのバットの身柄の引渡し要求を拒否したものの、バットの独立運動が反パキスタン的でもあったため、その後に再逮捕し、一九七四年まで拘留した。一九七六年、周囲の反対を押し切って、組織を再編成するため秘密裏にカシミールに戻るが、やはり当局に察知され、逮捕されてしまった。その後、死刑判決を受け、インドやカシミールの刑務所を転々としていた。

一九八四年、ＪＫＬＦはバットを含む仲間の奪還と身代金目的で、イギリスのバーミンガムでインドの外交官ラビンドラ・マトレを誘拐した。ところが、ＪＫＬＦはインド政府の対応を待たずにラビンドラ・マトレを殺してしまった。そのため、二月一一日、バットはデリーのティハール刑務所で絞首刑に処せられた。執行前、インドの独立闘争の武装活動家で処刑されたバガット・シンにならって、自らを吊るすロープにキスをしたという。遺体は刑務所の敷地に埋められ、いまだにカシミールに帰還していない。

カシミールのインドへの統合が進む

第二次印パ戦争に先だち、カシミールでは、シャムス・ウドゥ・ディン州総理大臣が更迭され、一九六四年にサディクが州総理大臣となった。

サディクはインドへの統合を積極的に進めた。一二月にインドの最高裁、選挙管理委員会の権限を受け入れ、州内でのインド大統領による非常事態宣言の発動を認めた。翌年には州元首が知事に、総理大臣が首席大臣と格下げになり、知事はインド政府から指名されることになるなど、憲法三七〇条は死文化してしまった。またＮＣも国民会議派に吸収されてしまった。

アブドゥッラーは一九六七年にウッタカムンドからデリーに移され、一九六八年に正式に釈放されると、腹心のベグが作った住民投票戦線を足がかりに活動をはじめた。アブドゥッラーは表舞台に再び立つため、選挙に出馬しようと考えていた。だが、住民投票でカシミールの帰属を決めると訴えている彼は、住民投票を否定しているインド政府が行う選挙に参加が認められないというジレンマがあった。交渉の末、インド帰属へ異議を唱えないが住民投票の訴えも取り下げないという玉虫色の立場を取ることになって、選挙参加が認められることになった。だが、この姿勢に当時のインド首相だったインディラ・ガンディーは否定的で、論争の的となった。

そんな最中に、アル・ファタという名のカシミールのインドからの解放を目的とした武装組織が摘発された。森林に秘密訓練所を作り、カシミール学生連盟や青年同盟の若者たちをパキスタン軍の軍人たちが訓練していたといわれる。そして、住民投票戦線もこれに関与していたとして、住民投票戦線の活動家はいっせいに逮捕。アブドゥッラーやベグらはカシミールへの立ち入りを禁止され、住民投票戦線も非合法化されてしまった。

第三次印パ戦争

バングラデシュはかつて東パキスタンと呼ばれ、東ベンガル州としてパキスタンの一部を構成していた。その独立を生んだのが、この第三次印パ戦争（バングラデシュ戦争）である。

パキスタンは成立からして、インドの両翼にできた不自然な飛び地国家だった。インドのなかの東西のムスリム多住地域を分割して構成しており、東西パキスタンは互いに一八〇〇キロメートルも離れていた。一致するのはムスリムというだけで、文化的、民族的背景はまったく異なっていた。

東西パキスタンの対立は、ベンガル語公用語化をめぐって独立当初からはじまっていた。パキスタンは建国理念からムスリムの言葉としてウルドゥー語を公用語としたが、東パキスタンではなじみのない言葉だった。当時、ベンガル語使用人口は五六％だったが、多民族国家統合の必要性から初代パキスタン総督ジンナーは公用語として認めなかったのである。

ベンガル語公用語化運動は、民族アイデンティティの問題も絡まって自治権拡大要求運動に変化していった。一九五六年の憲法制定で、東パキスタンの地域政党であるアワミ連盟と西パキスタンのムスリム連盟のとの間で合意が交わされ、ベンガル語公用語化は認められた。だが、政治の中心は西パキスタンに置かれ、州都ダッカにおいても行政や裁判所、軍隊などは西から赴任してくる官僚に牛耳られていた。政治、行政、経済といった社会の主要分野を西パキスタンに支配され、東パキスタンの人びとの不満は変わることはなかった。

経済分野では、東パキスタンの特産であるジュートはパキスタンの全輸出総額の半分を占め、パキスタン経済を支えていた。しかし工業化が遅れていて、工業製品は西パキスタンから割高な値段で買わねばならなかった。しかも、ジュート輸出のビジネス自体も西の資本家に握られていた。

東パキスタンにおいて西パキスタンへの不信が決定的になったのは、第二次印パ戦争で防衛の主力は西パキスタンに重点的に集められ、インドからの攻撃にさらされたからだった。

一九六六年二月、アワミ連盟は東パキスタンの自治を要求する六項目綱領を発表した。だが、中央政府はこれを「インドが背後にいる分離主義的策動」だとして、アワミ連盟のムジブル・ラーマン総裁を逮捕して事態を収拾しようとしたが、西パキスタンでの反アユーブ・カーン運動に連動して、アユーブ・カーン大統領の退陣につながった。

一九七〇年二月、アユーブの後を継いだヤヒヤー・カーン陸軍総司令官の下で、民政移管を見越した総選挙が行われた。結果はアワミ連盟が三〇〇議席中一六〇議席の過半数を獲得して、パキスタン議会の第一党となった。第二党はパンジャーブとシンドを基盤とするブットー率いる人民党だった。

与党となったアワミ連盟は六項目綱領の実現に向けて連邦議会を召集しようとしたが、東パキスタンの自治権の拡大がパキスタンの分裂につながると危惧したブットーとヤヒヤー・カーンは、議会の召集を先延ばしした。そして、盛り上がる東パキスタンでの自治権拡大要求に対し、武力弾圧をすることに決め、パキスタン軍が行動を開始するとともに、ムジブル・ラーマン総裁は逮捕され、内戦がはじまった。

三月二六日、ラジオ放送で、ラーマンの声明としてバングラデシュの独立を宣言し、徹底抗戦を呼びかけた。パキスタン軍七万人に対し、解放軍である東ベンガル部隊は約一万人と劣勢だったが、インド軍の支援を受け、インド領から出撃してゲリラ戦を展開した。

一〇月ごろから東部の国境において印パ正規軍の衝突が激しくなり、一二月三日、パキスタン空軍機が西部のインド空軍基地を爆撃すると、両国は全面戦争に突入した。

一二月一六日に、ダッカをインド軍が陥落させ、東パキスタンのパキスタン軍が無条件降伏をすると、一七日にインド軍は西部方面でも一方的な停戦をして、第三次印パ戦争は終わった。この戦争でパキスタンは東パキスタンを失い、南アジア世界でのインドの地位は揺ぎないものになった。

戦争の終結に関する取り決めをする会議が、一九七二年六月二八日からインド北部の避暑地シムラで行われた。このときの取り決めをシムラ協定と呼ぶ。特筆されるのが、それまでの停戦ラインが僅かであるが改定されて、実効支配線（ＬＯＣ）と呼び名を変えられたことだ。停戦という暫定的なものから、支配という境界線としての意味合いがより強くなった。

カシミール合意とアブドゥッラーの変心

第三次印パ戦争の結果がカシミールへ与えた影響は大きかった。カシミールの人びとにとってショックだったのは、イスラーム同胞の民族文化が、公用語化問題を通じてパキスタンによって否定されたことや、自治権を得ようとして武力弾圧されたことだった。そして決定的だったのは、三度の戦争に負け、パキスタンがインドよりも弱く、もはや頼りになる存在ではないことが明らかになったことだった。

一九七二年になると、アブドゥッラーたちはカシミールに戻ることを許され、住民投票戦線も非合法化を解かれた。すると、アブドゥッラーやベグたちはデリー詣でをするようになり、インディラ・ガンディーと頻繁に会うようになった。インディラもカシミールにおけるアブドゥッラーの影響力を理解しており、中央とカシミールの関係を安定化させるには彼との和解が不可欠だと考えて、話し合いを続けた。

七月、インディラは元国連大使でジャワハル・ネルー大学の副学長（インドでは学長は名誉職なので実質的に学長）だったパルタサラチを特使に指名して、ベグと交渉させた。そして、一九七五年二月、三年にわたる話し合いのすえ最終的な合意（カシミール合意）に達し、インディラはインド国会で発表した。翌日にはインディラの指示で、S・M・カシムが身を引いてアブドゥッラーが州首席大臣に復帰することになった。

当時、議会では国民会議派が与党なのに、一議席もない他党の人間に州首席大臣の座を譲るのである。この異常な出来事が異議もなく行われるところが、いかにインディラの権力が強かったかを示していた。ただ、S・M・カシムがアブドゥッラーの復帰の必要性をよく理解していたのが幸運だった。

合意の内容は六項目あるが、憲法三七〇条の規定に従って統治されることが改めて確認されているだけで、取り立てて新しいことはなく、アブドゥッラーの復帰自体が目玉であるといっても過言ではなかった。そして、住民投票戦線は住民投票の主張を放棄することになったので、組織をそのまま衣替えをして、ナショナル・カンファレンス党（NC）を復活させた。

アブドゥッラーもただ従順だったわけではない。デリー協定で認められたような、州旗や州元首、総理大臣という名称の使用、州知事（州元首）の選出権を州が持つこと、インド最高裁の裁判管轄権の制限、インド連邦大統領による非常事態宣言の発動はJ&K州政府の要請、同意があった場合に限られること、基本的権利に関する条項を州憲法に移管することなどを求めたが、認められなかった。

アブドゥッラーのこの一連の行動は、カシミールを売ったとして人びとから非難され、あからさまなインド政府の州政治への介入は反インドの感情を増大させた。

ジャナタ党時代

一九七七年になると、国民会議派とアブドゥッラーのあいだの軋轢は増し、三月、国民会議派の総裁M・サイードは、議会において国民会議派がアブドゥッラーの支持を取り下げることを州知事に告げ、M・サイード自身が首席大臣に就任することを伝えた。このことは、インディラは了承済みだった。このとき、長年の独裁政治がたたって同じ三月の総選挙でインディラは敗退し、政権は新興勢力のジャナタ党に奪われていた。

州知事L・K・ジャーはインド首相のデサイーと相談し、州議会を解散させ選挙によって次の内閣が決まるまで、J&K州に州知事統治を敷くことを決定した。当然、国民会議派は不満だったが、アブドゥッラーは賛成し、ジャナタ党との協力関係を結ぶことになった。

ジャナタ党はリーダーであったG・フェルナンデスとA・B・バジパイ外相の二人をスリナガルへ送り、選挙協力について話し合った。二人が会談した相手には、アブドゥッラーやアフザル・ベグだけでなく、現地のジャナタ党のリーダーであるK・G・M・カラや、反アブドゥッラー勢力のリーダーなども含まれていた。

その結果、二人はアブドゥッラーの予想以上の不人気ぶりに、NCが過半数を取るのは難しい、と感じた。そこでJ&K州にジャナタ党の支部を立ち上げ、単独で過半数を取るように方針を変えた。そして、ジャナタ党にはP・N・バザズ、バルラージ・プリ、モラナ・マスーディ、モルヴィ・ファルークなど新旧のアブドゥッラーの政敵が参加していった。彼らが反対したこともあって、ジャナタ党とNCとの選挙協力は立ち消えとなった。

支部設立の過程で、ジャナタ党設立の大立者であるJ・P・ナラヤンからK・G・M・カラに送られてきた手紙が意外な波紋を呼ぶことになった。その内容は「支部設立で、ジャナタ党がインドとカシミールのあいだにある、政治的に深い割れ目に架かる橋になることを希望します」という、いわば祝電だった。インドとカシミールの距離を近くするという表現が、ジャナタ党は憲法三七〇条を取り払い、カシミールのインドへの完全な併合を狙っている、とカシミールでは受け取られたのである。

ジャナタ党は反インディラ・ガンディー勢力が結集した寄せ集め政党で、そのなかでも後にインド人民党となるヒンドゥー右翼政党であるジャン・サン党の占める役割は大きかった。ジャン・サン党は、以前から憲法三七〇条の廃止を求めてきた政党であった。ジャナタ党の総裁チャンドラ・シェカールやジャン・サン党のリーダーたちは、憲法三七〇条を侵す意志はなく、存続を保証する旨の発言をしたが、カシミールの人びとは信用していなかった。

逆にアブドゥッラーは憲法三七〇条の存続問題を選挙運動で徹底的に利用した。「帰属文書により防衛、外交、通信の分野のみニューデリーが掌握し、他の分野に関してはカシミールが独立性を保つことになっています。これは憲法三七〇条で保障されたことなのです。インドのなかで我われの特権が守れないのなら、分離独立することも辞しません。どんな外来勢力でも我われの運命を決めることはできないのです。きたる選挙はカシミールの運命を決めるものになるでしょう」と、自分が住民投票を放棄して権力を得たことなど忘れたかのように、カシミール人の持つナショナリズム感情に触れる訴えをして回った。


選挙期間中の六月の初め、アブドゥッラーは心臓発作で倒れ、死線をさまよった。倒れた直後から、人びとはモスクで祈り、羊を殺して神に捧げ、カシミールのライオンの回復を祈った。インディラやジャナタ党のデサイー首相も見舞いのメッセージを送り、バジパイ外相は滞在先のロンドンから回復を祈る言葉を伝えた。さらにチャラン・シン内相は、デリーから心臓外科の専門医を二人送り込んで治療に当たらせた。

しかし、ジャナタ党のリーダーたちの態度は、選挙応援でカシミール入りすると一変した。チャラン・シン内相はアブドゥッラーの見舞いに行かなかったばかりか、アブドゥッラーの自宅近くで催された選挙集会で、州政府の役人にジャナタ党に協力するよう求める発言をしたため、インド政府のカシミールへの内政干渉を想起させ、人びとは不快な気分となった。

デサイー首相もまた、カシミールでアブドゥッラーを見舞うことはなかった。彼はアブドゥッラーのいままでの独裁政治、特に縁故者を重用することや政敵を襲わせたりしたことに言及し、「選挙後に、アブドゥッラーについて真相究明委員会を指名するつもりだ」と述べ、「NCが選挙で勝つことなどありえない」といい切った。ジャナタ党は、NCが伝家の宝刀である住民投票を捨てていたため、求心力はなくなっていると踏んでいたのである。だが、選挙結果が出る前に選挙後のことを発言したことで、再び選挙で自分たちの代表を選ぶことができないのか、と人びとは不信感を募らせた。

一方で、ジャナタ党の読みどおりNCの人気の凋落は激しかったのも確かだった。また、ジャナタ党だけでなく国民会議派や独立系の候補とも闘わなければならなかったので、NCの幹部でさえも結果は厳しいことになるだろうと予測していた。

情勢が変化したのは投票二日前のことだった。アブドゥッラーの具合は悪化し、選挙活動はできなかった。六月三〇日、アブドゥッラーの息子ファルークは「アブドゥッラー氏は死線をさまよって闘い、明日ともわからない命。皆さんはジャナタ党と闘ってください」と演説し、聴衆の心を動かした。翌日の集会では、病床のアブドゥッラーから「カシミール人の利益を守るためにNCに投票して欲しい」という、テープに吹き込んだ演説が流された。演説の内容は翌日の新聞にも掲載され、同情を呼ぶこととなった。

七月二日、三日と議席数七八の椅子をめぐって投票が行われた。結果はNCが四七、ジャナタ党が一三、国民会議派が一一、独立系候補が四、宗教政党イスラーム協会が一と、予想を大幅に覆してNCが圧勝して過半数を勝ちとった。

NCが大逆転で勝利した理由を挙げると、

①前述のように憲法三七〇条の問題はカシミール人のアイデンティティと直結しており、その心理をNCがうまく衝いた。

②人びとが中央政府に支配されるのを嫌っており、ジャナタ党はその政権与党だったため、嫌悪感

があった。また、ジャナタ党の中枢ジャン・サン党は、憲法三七〇条の廃止を求めていた。③ジャナタ党カシミール支部は、指導者は多かったが、NCのように実際に選挙活動をする組織や人員がいなかった。また、ジャナタ党本部からのサポートも手薄だった。④ジャナタ党リーダーたちの病身のアブドゥッラーへの冷たい態度は、ジャナタ党を好意的に見ていた有権者でさえも落胆させた。最後に、NCにではなく、アブドゥッラーへの同情票が一気に後押しした。

選挙そのものは、政権与党による政敵の立候補受け付けの妨害や、投票箱の強奪、有権者名簿の水増し、偽造などもなく、これまで行われた選挙のなかでもっとも公正だったとされる。それは州知事統治を敷いていたからだといわれる。

アブドゥッラーが没し、ファルークが後継へ

三度目の権力に就いたアブドゥッラーだったが、晩年を迎えて、政治生活の総仕上げに入った。まず、治安法を制定して、ジャナタ党や国民会議派などの活動家を数千人規模で逮捕させた。この治安法は、州政府が新聞の発行禁止や州外の新聞の販売を禁止できる権利をもっていった。州政府の要職は、NCの息のかかった者たちに取って換わられた

驚いたのは、NCのナンバー二で、四〇年余りもアブドゥッラーに仕えてきた腹心のアフザル・ベグが切られたことだった。ベグは闘争を通じて何度もアブドゥッラーと共に獄中につながれていた。一九五三年以降、アブドゥッラーが獄中にいるときも住民投票戦線を設立して、留守を守ってきた。アブドゥッラーの独裁的なやり方に嫌気がさしてかつての仲間がつぎつぎと去るなかで、唯一残って

いた男だった。

アフザル・ベグが追い出された理由には諸説あるが、アブドゥッラーの目的は自身の後継者にあったと見てよい。ベグがNCを去った後、娘婿のG・M・シャーが後釜についたが、彼はつなぎに過ぎなかった。一九八一年一月に息子のファルークをNCの総裁に指名し、アブドゥッラー一族による支配の先鞭がつけられた。

翌年の一九八二年九月八日、アブドゥッラーは七七歳で生涯を閉じた。植民地時代は藩王の圧政と闘い、印パ独立後はカシミールの独立を求めてインド政府と渡り合った姿は、カシミールのライオンの名にふさわしかったが、晩年はインド政府と妥協したためその評価を下げた。しかしコーランを諳んじるスーフィズムの熱心な信奉者という一面は人びとに印象深く、それと民族主義者の面が重なり、カシミール・アイデンティティを具現化する人物と捉えられた。一政治家の立場を超えて聖者のように崇められた、不世出の人物であった。

アブドゥッラーの死後、かねてからの予定通りファルークが州首席大臣に就任した。ファルークは長らくイギリスのロンドンで医者として暮らしていた。このロンドン時代にはJKLFのアマヌッラ・カーンと交流があった。インドに帰る前、パキスタン側カシミールのミルプールで催されたJKLFの集会に参加し「父がなんといおうと独立を訴える」と演説したが、スリナガルに帰ってアブドゥッラーに怒鳴りつけられるや、その意志を引っ込めてしまった。また、帰国しても映画女優や人妻とのゴシップで話題となり、その軽さからディスコ首相、プレイボーイなどと揶揄されている人物であった。

ダル湖畔に置かれたシェイク・アブドゥッラーの墓所。カシミールのライオンは死後もカシミールを見守りつづける。

二人のファルークの選挙協力

一九八〇年の総選挙で、インディラ・ガンディーは政権に復帰していた。ジャナタ党は寄せ集め政党の宿命か、簡単に瓦解していた。一九八三年の州議会選挙でインディラはファルークに選挙協力を求めたが、「操り人形にはなりたくない」と彼は選挙協力を断り、父のアブドゥッラー時代からの長年の宿敵である、モルヴィ・ファルークの人民行動委員会と選挙協力を結んだのである。

モルヴィ・ファルークは、MCのM・ユースフ・シャーの甥で、代々カシミールのイスラーム教の最高指導者の称号である〝ミールワーイズ〟を戴く聖職者の家系である。印パ独立後はパキスタンへ渡ったが、バクシ時代にアブドゥッラー勢力を削ぐためにカシミールに戻ってきた。聖髪紛失事件のときは行動委員会を指揮し、人民行動委員会はそれが発展したものだった。モルヴィ・ファルークの一族とアブドゥッラー(NC)は藩王国時代から対立しており、両方の支持者は選挙のたびに互いを攻撃して暴力沙汰をおこしていた。この二つの集団の対立はシェール(ライオン)とバクラ(山羊、顎鬚を伸ばしている者が多かったことから)の争いと呼ばれていた。モルヴィ・ファルークは、住民投票を主張する立場だった。ファルークは一九七七年の選挙の経験から、カシミール人のアイデンティティに訴えたほうが得策だと考え、この親の代からの仇と手を結んだのである。

NCは大勝した一九七七年の選挙でさえ、ジャンムー割り当ての三二議席中七議席しか獲得できず、ジャンムーやラダックではカシミール人支配の州政治に強い反発があった。それでも、アブドゥッラーが亡くなった香典票のおかげで、前回より一議席減らしただけの四六議席を獲得した。

ファルーク、反中央に

この選挙結果に自信を持ったのか、ファルークは反中央、反インディラの旗色を明確にした。そして、同じように州の自治権拡大を訴えていたアンドラ・プラデシュ州のラマ・ラオ、西ベンガル州のジョディ・バス、カルナータカ州のラムクリシュナ・ヘッジ、タミルナドゥ州のラマチャンドランなどの各州首相を呼んで、一九八三年一〇月に反中央会議をスリナガルで三日間催した。

同じ一九八三年一〇月にはスリナガルでインド対西インド諸島によるクリケットの国際親善試合が行われた。インドではないはずのカシミールでインドの代表チームが試合を行うことに、カシミールの人びとの反発も強かった。当時、私の友人は西インド諸島を応援するために、西インド諸島国旗をせっせと作って配ったという。また別の政治活動家の友人は、試合途中に乱入して、パキスタンの旗に似たイスラムを象徴する緑の旗を振ったという。ボールが観客席に飛び込むと、西インド諸島の球はすぐに返され、インドの球は返されなかった。西インド諸島のキャプテンは、自分たちが熱狂的に応援されるのを見て、「まるで自国で試合をしているようだ」と評した。

先の会議と、クリケットの試合の全国放送でパキスタン国旗似の緑の旗がスタンドにはためくのが大写しになったのを見て、インディラは大激怒した。自分の従兄弟だった州知事B・K・ネルーを更迭し、デリー特別州の副知事だったジャグモハンを州知事に任命した。

ジャグモハンは有能で賄賂などに惑わされない高潔な官僚ではあったが、カシミールに関しては憲法三七〇条の廃止を主張し、少数民族のアイデンティティよりも国民統合が優先されるべきという考えの持ち主で、ヒンドゥー至上主義を掲げる民族義勇団の支持者だった。後に彼は、一九九〇年に州知事として再任されるが、同年一月二〇日に市民三五人が虐殺された〝ゴウ橋の虐殺〟を命令し、パンディットの大量脱出を仕向けてムスリムを殺しやすい状況を作ったと信じられており、ジャグモハンの名はカシミールでは抑圧の象徴として知られている。

一九八四年七月二日、ファルークの義兄G・M・シャーは一三人の州議会議員とともにジャグモハン知事を訪れ、NCの内部にG・M・シャー派の結成を届け、ファルーク州首席大臣への不支持を表明した。また、国民会議派もG・M・シャーへの支持を表明した。ジャグモハンはファルークを呼び出して、議会内での支持が得られていないとして、免職を告げた。ファルークは州憲法に違反していると抵抗したが、ジャグモハンはそれを無視してG・M・シャーを州首席大臣に任命した。

このえげつない政変劇は、カシミール内外から批判は強かった。カシミールでは「インドの民主主義は信じられない」とデモが頻発し、たびたび外出禁止令が出された。シャー政権は不人気で、一三人の議員全員が閣僚となったため、議会では国民会議派が支持しているだけなので、少数与党で身動きが取れなかった。

一九八六年になると、アヨーディヤー・モスクのヒンドゥー教徒への開放の問題がカシミールにも波及してヒンドゥー寺院が破壊されるなど宗教問題が加熱し、連日外出禁止令を出さなければならない状況だった。このような目に見えるような形でのヒンドゥーとムスリムの対立は、カシミールではこれまで見られないものだった。シャー政権はこの騒動をコントロールできなかったうえ、国民会議派もその不人気振りを持て余していたので、一九八六年三月に解任されてしまった。

自分たちの都合で政権を作り、上手くいかないと潰すという長年のインド政府の身勝手なやり方に、人びとは怒り心頭だった。カシミールではデモが大規模化し、スリナガルだけでなく周辺の地域にも広がっていった。州政府の役所が襲われたり、爆破されたりした。外出禁止令を出しても、それを破ってデモは続けられた。銃撃や深夜の家宅捜索が常になり、大勢の学生が逮捕された。

ファルークの復帰とラジブとの選挙協力へ

この間、インディラはパンジャーブ紛争への強硬策から、一九八四年にシーク教徒のボディーガードに暗殺され、長男のラジブが後継者としてインド首相となっていた。

一九八六年一〇月、話し合いのすえ、ファルークが州首席大臣に復帰した。ファルークもまた、連邦政府との良好な関係なしに権力が握れないことを理解していた。ラジブとファルークは両家の交流で幼少のころから知り合いで、政治家一家に生まれ、妻も外国人という共通点もあり、インディラよりも二人の関係はよかった。一一月には、翌年の三月二三日に州議会選挙を行い国民会議派とNCで選挙協力をするという、ラジブ・ファルーク合意が結ばれたことが発表された。

思えば、一九五三年にアブドゥッラーは権力を手に入れると中央と対立して解任され、従順になることで再び権力についた。息子のファルークも同じように一九八三年に連邦政府と対立して解任され、中央の意向を受け入れることでまた権力を握ることになった。

このころ勢力を伸ばしてきたのが、イスラーム協会を中心としたムスリム統一戦線（MUF）だった。MUFの当初の目的は「カシミール人のアイデンティティを守ること」だった。だが、世俗主義を標榜する国民会議派とNCが連邦政府と結託してカシミール人の代弁者でなくなってしまった結果、MUFに支持が集まることになった。また、イスラーム教徒が多数派であるカシミールでMUFに支持が集まるのは自然なことだった。MUFには人民行動委員会や人民会議、イスラーム学生連盟などの地域政党や団体も外部からサポートしていた。

武装闘争大規模化のきっかけ

一九八七年の州議会選挙では、NCと国民会議派はMUFの人気を警戒し、MUFの一部の候補者の立候補を受け付けなかったり、候補者の家族を逮捕、または拷問を加えるなど、各種の選挙妨害を行っていた。国営テレビやラジオではMUFの主張を放映することが禁じられ、選挙集会だけがなんとか許された。そして、これらの弾圧は、かえってMUFへの支持を集めることになった。

選挙の投票率は七五%近く、過去最高だった。そのなかでもMUFの得票率は三〇%を超えており、四〇議席を獲得することが予想されていた。

だが、開票結果は七三議席中NCが四〇、国民会議派が二六議席で圧勝し、MUFは四議席にとどまった。この選挙では投票所の占拠や投票箱の強奪などが報告されており、開票結果に不正があったのは明らかだった。

ここからカシミールでの、新たな抵抗の歴史がはじまった。

開票結果が発表されると、不正に憤った人びとがデモを繰り返した。大学では学生が授業をボイコットしてデモに参加した。デモには警察や治安部隊による殴打や銃撃が加えられた。参加者の多くが逮捕され、留置された。だが、皮肉にもこのことは参加者を一同に集め、留置所内で次の戦略を練る機会を与えることにもなった。代表的なのは、インド側カシミールでのJKLFの再興だった。イスラーム学生連盟に所属し、MUFの選挙運動員だったハミッド・シェイク、アシュファク・マジッド、ジャビッド・ミール、ヤシン・マリクの四人は、その頭文字からHAJYグループと呼ばれ、カシミールの独立を目指すために武装闘争をはじめることを決意した。彼らは釈放後、パキスタン側カシミールに渡ってＪＫＬＦのアマヌッラ・カーンの支援で軍事訓練を受け、ＪＫＬＦとしてインド政府軍と武力で闘いはじめた。

紙幅に限りがあるので個々の事件に関しては記さないが、一九八九年から一九九四年まではデモが行われると銃撃され、死者が出て、また再び抗議のデモを行い、外出禁止令が出される、という繰り返しだった。

一九九〇年ごろになると、パキスタン側カシミールに越境して軍事訓練を受けてきた若者たちが続々と帰還し、インド政府軍と銃撃戦を繰り広げるようになって、武装闘争が本格化した。武装組織はＪＫＬＦだけでなく、パキスタン帰属派でパキスタン軍情報部（ＩＳＩ）の肝いりで作られたヒズブル・ムジャヒディン（ＨＭ）や、ムスリム・ジャバズ・フォース、アル・ウマルなどが続々と産声を上げた。

彼らは、捕らえられた仲間の釈放を求めて、誘拐事件を頻発させた。代表的なのは、一九八九年一二月に起きた、カシミール出身のインド内務相であるＭ・サイードの娘ルバイヤ・サイードの誘拐だった。事件を起こしたＪＫＬＦは幹部五人の釈放を求め、インド政府が合意すると、彼らは英雄のように迎えられた。この成功を見て、他の組織もカシミール大学の副学長や、国営企業ＨＭＴ社の幹部などを誘拐したが、ジャグモハンは要求に応じず、彼らは殺されてしまった。

ゴウ橋の虐殺と武装闘争の悪化、衰退

一九九〇年一月一九日の夜、スリナガルでは各所で治安部隊による無差別の家宅捜索が続いた。翌朝、それに憤った人びとが抗議デモを行い、スリナガルの中心地にあるゴウ橋に差しかかったとき

だった。待ち構えていたＣＲＰＦが群集に向かって水平射撃をし、少なくとも三五名が死亡し、負傷者は数百名に上った。この事件は「ゴウ橋の虐殺」と呼ばれ、一九九三年一〇月二二日に起きたビジビハラの虐殺、一九九三年一月六日のソーポルの虐殺と並んでカシミールの三大虐殺事件の一つと数えられている。

五月にモルヴィ・ファルークがミリタントによって暗殺されたが、その葬儀の行進にも治安部隊からの銃撃が加えられ、五〇人以上が死亡した。これらの強硬策は内外からの批判を受け、ジャグモハンは五月二四日に更迭され、代わって軍の情報機関のトップであったグリシュ・サクセナが知事となった。

武装闘争の激化とともに、土着のヒンドゥー教徒であるパンディットがミリタントの標的となっていった。一般市民同士ではムスリムと対立することなどなかったが、ヒンドゥー教徒のパンディットはインドのスパイではないかと疑う雰囲気が醸し出されてきたのも事実だった。例えば、一九九〇年に国営放送スリナガル支局のディレクターのパンディットであったナス・カウルが「インドのプロパガンダに協力している」として暗殺されたが、大規模の虐殺事件があったわけではなく、殺された数も多かったわけではない。しかし、カシミールから出て行くよう脅迫状が投げ込まれるなど、恐怖心を煽るには十分で、約一四万人のパンディットがジャンムーやデリーへと逃げていった。

ミリタントには、必ずしも政治的な動機からなるわけではない。当時は若年層の失業者が大勢いて、社会問題となっていた。そんな彼らが、「時間もあるし、少ないが金ももらえるので」と参加した例も少なくない。私の友人の元ミリタントたち数人も、上記の理由の他に「パキスタンに行けるし、闘うのもかっこいい」と冒険心丸出しで、まるで暴走族に参加するようにミリタントとなった者もいた。そのような者のなかには、銃を持つことによって、罪を犯す者もいた。私が常宿しているホテルのオーナーは、喉元に銃を突きつけられて車を盗られたため、ミリタントを忌み嫌っていた。また、「軍の内通者」ということをでっち上げて、私怨で殺人をする者もいた。

一九九二年ごろになると、インド政府軍が攻勢を強めだした。軍は兵力を増強するだけでなく、捕まえたミリタントを拷問にかけ、仲間のアジトや武器の集積場所を聞き出して攻撃した。また、彼らを金で釣ってインド寄りの民兵組織を作り、ミリタントと闘わせた。これらの作戦が功を奏し、武装闘争は少しずつ勢いを失っていった。

ＪＫＬＦが停戦したことも相まって、武装闘争は一九九四年あたりからカシミール人主体からパキスタン人やアフガン人主体のものへと変わっていった。彼らが主体となったのは、アフガニスタンの情勢が落ち着いてきたことも、無縁ではなかった。カシミール人主体のグループで大規模のものはＨＭだけになり、ハラカト・ウル・アンサールなど、パキスタン系のグループに取って代わられていった。

一九九六年には、治安が安定してきていることを強調するために、一九八七年以来の選挙が強行された。この年にはインド下院選挙、州議会選挙、上院補欠選挙と三度の選挙が行われたが、投票率を上げて治安の安定化の成功を証明するために、農村部では治安部隊が人びとに銃を突きつけて投票を強制した。

そして、一九九八年に中央政府与党となったインド人民党政権によって核実験が行われ、それに対抗する形でパキスタンも核実験を行い、カシミール問題は久しぶりに国際社会で思い出されることになったのである。

第3章

広がる人権侵害――ゲリラ掃討の名の下に

2004年1月ある日の朝7時、スリナガルで抜き打ちの家宅捜索で集められる男たち。
疑われて、そのまま拘束され、拷問されたり行方不明となることも多い。

カシミールで取材をはじめて、一番衝撃を受けたのは人権侵害の事実だった。取材の下調べの過程でそのようなことが行われていることは薄々わかってはいたものの、実際に被害者から聞き取りをすると、信じられない思いが何度もいっぱいになった。

カシミールでは治安部隊による令状なき逮捕、暴行、拷問、強姦、デモへの銃撃、裁判なしの処刑、行方不明、窃盗、家屋の占拠などが白日の下に行われている。そして犯罪を犯した兵士が罰せられることはない。いくら紛争地とはいえ、無辜の市民を殺しても罪を問われないのは信じられなかった。

もし日本で警察や自衛隊が、活動中に一般市民を殺してしまったらどうなるだろうか。「テロ組織と戦うには多少の犠牲も仕方がない」と思うだろうか。当然「やり過ぎ」が非難されるであろうし、実際には本人が罰せられるだけでは済まないだろう。監督官庁の上層部の責任が問われるだろう。例えば、海外の紛争地に派遣された自衛隊のＰＫＯ要員が、民衆のデモに慄いて発砲し、殺傷してしまったとする。それは恐怖感に煽られたためであって、〝戦地〟では仕方がないことなのだろうか？

人権侵害に対する怨嗟の声は強い。人びとは口を開けば、治安部隊特権法（ＡＦＳＰＡ）に守られたインドの軍隊がいかに酷いことをしているかを訴えてくる。何度もそんな場面に直面した私は、人権侵害の問題の解決こそがカシミール問題の鍵を握っている、と考えざるをえなかった。

国内外の政治の大きな流れや失策、失政が武装闘争を起こすきっかけになったことは第二章でも書いた。だが、現実にカシミールの住民のインド政府に対する憎悪を駆り立てているのは、こうした人権侵害が毎日のように起きているからだ。投獄体験を重ね、拷問を受け、国家によって親、兄弟、友人などが殺されれば、たとえ無謀な試みだとわかってはいても、銃を取って闘う道を選ぶ者が出てく

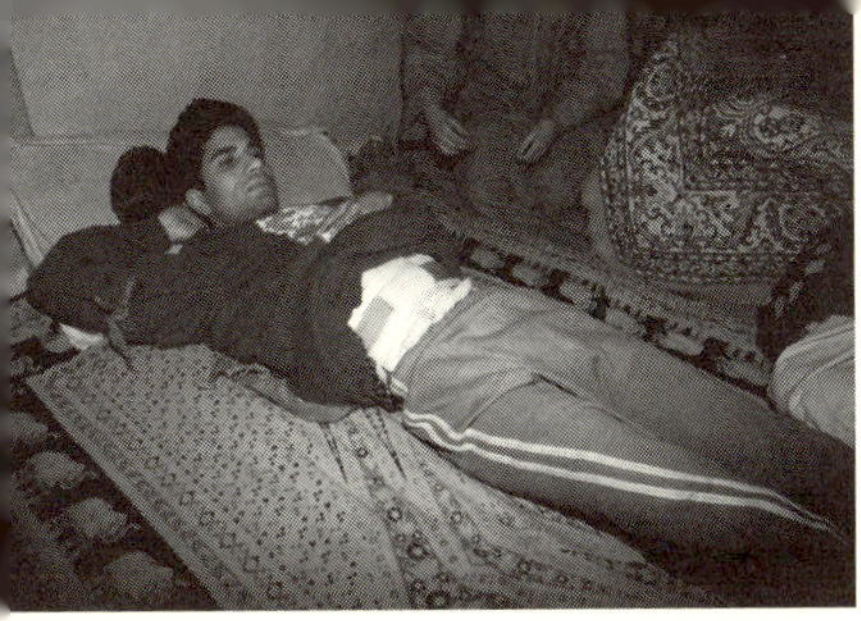

拷問を受けたユースフ君。カシミールの男たちはすべて取り締まりの対象であり、「次は自分の番かもしれない」と秘かに思っている。

るのも当然だろう。

人権侵害が起きる原因や許容されている雰囲気を取材することに、私は自然に足が向いていった。そして、それは既存の報道のなかで空白となっているカシミールの人びとの声を伝えることにもなっていった。

この章では、私が取材した人権侵害の事件の数々を報告していきたい。

繰り返される拷問

取材をしていて痛々しい気持ちにさせられたのが、拷問である。話を聞こうと病院や自宅を訪れると、重傷にあえぐ被害者の姿を真っ先に見ることになる。そのたびに、もう何度同じ光景を見て、これから何度同じ光景を見なければならないのだろうか、と感じる。

一九九九年一月三〇日、スリナガル市内の中心部にあるジャハンギール広場近くにある家を訪れた。そこには包帯を腹部に巻いた若い男が横たわっていた。ムハマド・ユースフ君（一七歳）という少年だった。彼は、カシミールは危険だからという父親の配慮で、普段はジャンムーの学校に通っていた。だが、事件の三日前、断食月明けの犠牲祭（イード）を実家で祝うため帰省していた。

そのイードを三日後に控えた一月一七日のことだった。夜の九時半ごろ、三台の国境警備隊（BSF）の防弾パトカーがユースフ君の家を急襲した。そして、おまえはミリタントだろう、というお決まりの文句が発せられると、彼を拘束して車に押し込んだ。彼を逮捕したのは、バトマルー地区のバスターミナルの近くにあるタトーグラウンドに駐留するBSF第一二二旅団という部隊だった。

「取調室に連れて行かれると『武器を持っているだろう、隠し場所をいえ』といわれましたが、自分はミリタントではないし、否定すると拷問がはじまりました」

極寒のなか服が剥ぎ取られ、冷水のなかに体ごと落とされた。そして、それがしばらく続くと、男性器に電気ショックが一五、六回与えられた。肛門には棒を突っ込まれた。また、逆さに吊るされ、六、七人の兵士から代わる代わる棒で殴られた。

「拷問のあいだじゅう武器を出せといわれましたが、本当に持っていないので否認し続けました」

ユースフ君が拘留されているあいだ、家族には彼の居所がわからず行方不明の状態だった。不安に駆られた家族は警察へ届け出たが何もしてくれなかった。「警察だって連中の一部なのよ」とユースフ君の叔母はいい放つ。

苛酷な拷問を課しても容疑を否認するユースフ君の態度にあきらめたのか、BSFは三日目になって彼を釈放し、シャヒード・ガンジ警察署に引き渡した。それはまさにイードの日だった。瀕死の重傷を受けていた彼は州立病院に担ぎ込まれ、手術を受けた。病院の診断書を見せてもらったが、そこには受傷の原因を〝拷問によるもの〟とはっきり書かれていた。怪我が酷いため、明日から外科専門の病院に転院するのだという。

ユースフ君へのインタビューのあいだ、母親は憤りを隠さなかった。

「インドはカシミールの若者をこうやって虐げているのよ。私たちの国で何をしているのか！　カシミールから出て行け！」と罵詈雑言は止まらない。

反対に、「無実の人間を捕まえて傷つけるようなことはやめて欲しい。カシミールがインドの一部だというならば、それはインドという国の恥ずべきことです」とユースフ君の言葉は弱々しかった。

治安部隊がユースフ君のような若い男を標的にするのは、ミリタント予備軍である若者に恐怖を植えつけるという心理的効果を狙ってのことだ（ときにはそのまま殺されてしまうが）。ユースフ君のよ

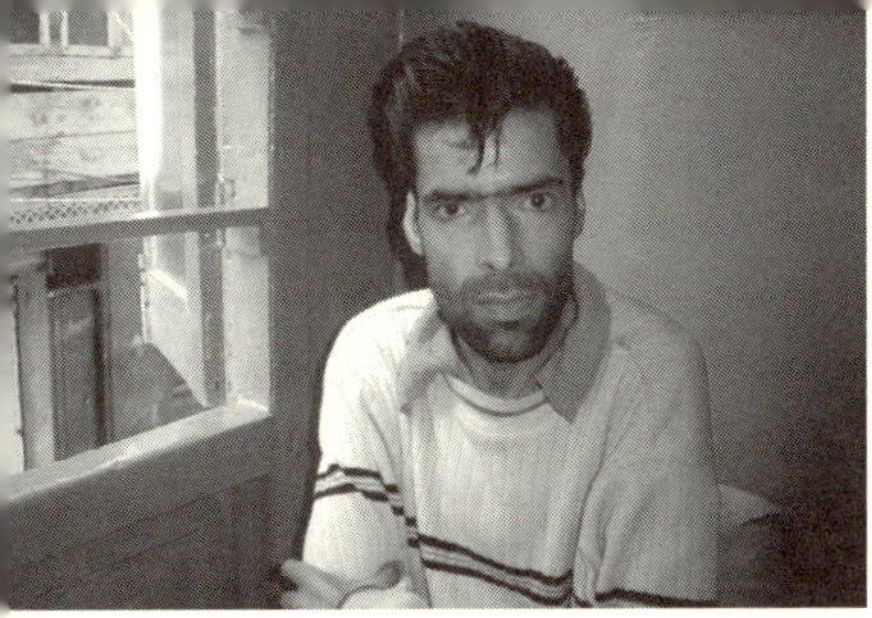

拷問を繰り返された末、精神異常をきたしたバシールさん（32歳）。それでも「自分が負けたわけではない」という台詞が無意識に出てくる。

うに萎縮してしまえば、作戦は成功なのだが、実際は、母親のように怒りが反発に変わり、武装闘争を支持、参加する者を増やしているのが現実だ。人権侵害が続くかぎり、この憎しみの連鎖が断ち切られることはない。

心も体も破壊させられる

第一章で、マリクさんという男性が拷問の後遺症でいまだ薬を飲み、兵士を見るたびにトラウマに襲われると語っていたが、拷問は生還しただけでは終わらず、その後も被害者の精神を支配し続ける。

二〇〇四年一〇月、スリナガル市内シャヒード・ガンジで一人の男に出会った。その男は瞬きもせず、どこか茫然した表情のまま私を見据え、何度も同じ言葉を繰り返した。

「俺はパキスタンで訓練を受けたミリタントなんだ、独立を勝ち取るんだよ。俺はまだ負けていない。でも、ヤシン・マリクがインディラ・ガンディーに降参してしまったんだ」

男の名はバシールさん（仮名・三二歳）といい、一九九〇年三月にパキスタンに渡りミリタントとして訓練を受けた。そしてＪＫＬＦのメンバーとして活動し、一九九〇年の八月に逮捕された。ジャンムーの刑務所での二年半にわたる拘留のあと釈放され、その後はオートリキシャの運転手として働きはじめた。しかし、以前ミリタントだった彼は疑われて、二〇〇〇年までに何度も逮捕と拘留が繰り返された。そのあいだに、殴打、電気ショック、指と爪のあいだに釘を差し込む、眼を焼くランプを長時間当てられるなどの拷問が行われ、とうとう統合失調症に罹ってしまったのだ。途中、その苦しさから逃れるために麻薬に手を出したことも、精神のバランスを崩すことを助長した。

家族によると、ずっと笑い続けたり、大量の水を飲み続けたり、階段の昇り降りをし続けるなど、奇矯な行動ばかりするという。私が訪れたときはイスラーム僧がきていて、コーランを唱え、バシールさんに治療のための説教をしていた。

被害に遭っているのは彼だけではない。父親と弟も、彼がゲリラだったことから、同じように拘束されて拷問を受け、父親もまた精神を病み、弟の手の指は曲がらなくなってしまっていた。「インド政府は、体が不具になるか、心が壊れるまで俺たちを痛めつけるのをやめないんですよ」と彼の叔父がいうと、その場にいた男たちはみな頷いた。

裁判なしで、拘束下で殺される

二〇〇三年にカシミール大学法学部のフセイン教授と話したとき、「拷問されて傷つけられても、生きて帰ってこられればいまのカシミールではお祝いですよ」と皮肉たっぷりに彼が答えたのを、私はなんともいえない気持ちで聞いていた。拷問をされてお祝いとは自虐的だが、カシミールの人権状況の異常さをよく表した逆説的な言葉だ。

この拘束下で拷問の末に殺されることを、現地の英字新聞では「custodial killing」と呼んでいる。日本語では〝拘束死〟〝監禁死〟とでも訳せばいいだろうか。いい換えれば、裁判のない、拷問現場での処刑である。正式には法律用語で「extra judicial killing」（超法規的処刑）という。この言葉を私はカシミールで初めて知り、その後、数えきれないほど目にし、耳にするようになった。

一枚の写真を見せられた。一瞬なにが写っているのかわからなかったが、理解すると吐き気を憶えた。それは下半身だけの人間の肉塊だった。毛むくじゃらの二本の足に、丸出しの男性器。その姿は

夫が殺され、女性だけになってしまったハジラさん一家。働き手がいなくなった後、生活をどうするかは、残された遺族たちの共通の問題だ。

てしまったのか。

人間というよりも、屠殺された家畜に近かった。しかし、この人物はなぜこんな醜悪な姿に変えられてしまったのか。

一九九八年五月三〇日、私は当時JKLFの事務総長をしていたシャキール・バクシに連れられて、スリナガル市内のカニャール地区にある家を訪れた。彼によると、ここに住むモハマド・サディキ・カハンディさん（三五歳）が三月二二日にBSFに逮捕されたまま、殺されてしまったのだという。写真の人物がカハンディさんだったのである。

訪ねた家は湿地の上にあり、誰も住まないようなところに強引に建てたのは明らかだった。家そのものも、寄せ集めの材木で作られていて、あまりいい暮らし向きではないことがうかがえる。だが家のなかは、外観とは裏腹に食器や生活用品が狭いながらも整然と並べられて清潔だった。

その家でカハンディさんの妻ハジラさんが、二人の娘とともに暗い顔をして私を待っていた。彼女は私にチャイをすすめながら、事件のあらましを静かに語ってくれた。

「あの日の夜一一時ごろ、BSFがやってきて夫を逮捕しました。彼らは夫を外に連れ出すと暴行を加えました。私はどうか夫を連れていかないでくださいと懇願したのですが、駄目でした。次の月曜日の午後一二時ごろ、BSFは夫を連れて再び現れました。夫の体には傷があり、拷問をすでに受けていました」

BSFは家に武器を隠していないか確かめるために、カハンディさんを連れて実況見分にきたらしかった。その場でも彼は暴行を加えられ、ハジラさんも釈放を嘆願したが、また連れられて行ってしまった。

「夕方五時に再びBSFがやってきました。今度はなんと上の娘をレイプしようとしたのです。しかし、娘はなんとか逃げおおせました。すると、一二時ごろ、もう一度きたのです。彼らは夜だったら邪魔するものは誰もいない、と思ったのでしょう。でも、娘たちは兵士たちがくるのを恐れて、すでに家を離れていました」

BSFが何度もやってくるなかで、兵士たちの会話から彼らがメトロホテルに駐屯する部隊だということがわかった（治安部隊が建物を接収して基地にすることはよくあることである）。ハジラさんは警察に行き、メトロホテルから夫を救出するように要請したが、警察は動いてくれなかった。そこで彼女は、直接メトロホテルを訪れた。

「そこにはBSFを私の家に案内したヤシンという政府側の民兵もいたのですが、彼らは、知らないの一点張りでした」。私と同行したシャキールによると、その部隊にはR・K・ダヤという乱暴なことで悪名高い将校がいるという。

翌日の午後、ハジラさんはカニャール警察署から呼び出された。彼女が行くと「男の兄弟を連れてくるように」といわれた。男兄弟がいない彼女は、近所の人びとに同行してもらった。午後九時半ごろ、下半身だけの遺体を引き渡された。足首にある傷跡と遺留品の洋服や靴で、その遺体がカハンディさんであることを確認した。

ハジラさんによると、カハンディさんは二年前にも逮捕され石灰水を飲まされる拷問を受けたそうである。石灰水を飲むと内蔵が焼けたようになり、その治療のため一〇〇〇ルピーを借りたという。

カハンディさんの職業は村々を回って服の生地を売る行商人だった。ハジラさんも「夫は家族想いで、よく働くいい夫だった」という。彼の生前の写真を見ると、カシミール人らしい天然パーマとがっしりとした体格で頼もしさは十分だった。家に残された彼が愛用していた裁ち鋏みは、よく使い込んであって、懸命に家族を支える様子が透けて見えた。その貧しい暮らし振りを見ても、彼が家族を養うほかにミリタントとして活動する余裕があるとは思えなかった。

カハンディさんが拘束され、殺されたメトロホテル。治安部隊がホテルをそのまま接収して駐屯地とするのは、カシミールではよく見られる。

「私には何もなくなってしまいました。娘たちを結婚させたいですが、そんな望みもありません。夫だけが私たちを養うことができたのです。親戚もいますがそんなに多くは頼れません。すべては壊されてしまいました。死んだのも同然です。ＢＳＦが私たちを滅茶苦茶にしてしまったのです」とハジラさんは涙ながらに語る。

私は、カハンディさんが拘束下で殺害されたメトロホテルの前まで行ってみた。あたりには人通りがなく、灰色のコンクリート造りの建物にも人の気配が感じられなかった。カハンディさんが死んだ場所ということを抜きにしても、冷たさばかりが感じられる場所だった。ホテルの前にはトーチカのような歩哨所が作られ、濃いグリーンに塗られた防弾パトカーとトラックが何台も停められていた。

目の前に建つこの建物に一歩でも足を踏み入れれば、そこは人知れず拷問や処刑が行われている闇の世界なのだ。この建物の扉が地獄への入口かと思うと、ゾッとした。このなかでカハンディさんはどんな苦しみを受けながら死に、兵士たちは何を考えながら人間の上半身と下半身を切り離すようなおぞましい行為を働いたのか。

「この際、ＢＳＦにお願いしたいです。私たち三人を撃ち殺して欲しい。そうすれば、もうこれ以上苦しまなくて済みます。さあ、どうぞ存分に私たちに銃弾を打ち込んでください、家ごとガソリンをかけて焼き殺してください。そうすれば苦しみも何もなくなります」と、普段は出すことはないであろう大声でハジラさんが叫んだのを思い出した。

私は近くにいた子どもを呼び、彼らを撮る振りをしてビデオと写真でメトロホテルの外観を撮影した。時間にして三〇秒ほどだった。人気がないなか、唯一うす暗い歩哨所のなかから鋭い眼光が飛んできた。それ以上は危険だった。真夏の太陽の下、冷たいものを感じながら足早にその場を去った。

結婚式の最中の虐殺

秋は、カシミールでは結婚の季節である。町を歩けばここそこで宴席のテントが張られ、人びとは深夜まで饗宴にふける。カシミール北部の町ソポール郊外、トゥジェール・シャリフ村も例外ではなかった。二〇〇三年の九月一一日、タヒール・フセイン・シャーさん（二〇歳）とアフローザさんの若き夫婦の結婚を祝って遅くまで宴が行われていた。事件が起きたのは、夜が明けようとしていた午前五時ごろのことだった。近隣に駐屯するインド軍の第二二RRがその宴を包囲したのだ。

「部隊の隊長はラジブ少佐という男でした。彼は家のなかにいる男性全員に外に出るよう指示しました。そして、私の息子タヒールを見つけるとキャンプまでくるように命じました」と父親であるグラムさんは細々とした声で語りはじめた。

「もちろん、私たちは抵抗しました。尋問ならここですればいいし、なにも結婚一日目の新郎を連れていくことはないだろうと。しかし、聞き入れてはもらえませんでした」

タヒールさんを拘束したラジブ少佐は、グラムさんに八時にキャンプにくるようにいい残していった。グラムさんが数人の村人と指示どおり八時にキャンプにいくと、ラジブ少佐はまだ尋問が終わっていないといい、午後五時にくるようにいうので再び訪れたが、またしても同じだった。翌朝、またキャンプに行くとラジブ少佐はグラムさんに一方的に話した。

「おまえの息子をすぐに釈放することはできない。釈放するときは連絡をするからそれまで待て」

しかし、グラムさんはこの言葉に満足することはできず、再びキャンプを訪れたが少佐への面会は拒絶された。

事件後三日目の朝だった。ラジブ少佐が部隊を率いて村にやってきて、グラムさんに告げた。実は

事件について説明するグラムさん。隣に座るのが新婦のアフローザさん。

タヒールさんは軍の内通者で、ゲリラが武器を隠している場所を案内し、そこで仕掛けられた爆弾が爆発して彼が死んだというのだ。

「私は正気を失ってしまいました。私は軍人たちにわめき散らしたあと、警察と一緒に息子が死んだという場所に行ってみました。そこには左足が残っているだけでした」

タヒールさんが、体に爆薬を巻きつけられて殺されたのは明らかだった。

結婚式当日に新郎が虐殺されるという事件は、こうしたことに慣れたカシミールでも大きな衝撃をもって伝えられた。死体が見つかった三日後、当時の州首席大臣ムフティ・サイードもグラムさんのもとを訪れ、州政府として真相究明について乗り出すことを約束した。

「しかし、その後なにも起きていません。警察でさえ最初は事件を受理することを拒否していました。けれど、町中でデモやストライキが繰り返されたため、やっと受けつけられたのです」

グラムさんの無念は納まらず、さらに興奮した口調で続けた。

「何日かたって、私の弟がラジブ少佐に呼ばれてキャンプを訪れました。彼は間違いを認め、金銭補償をするから許して欲しいと握手を求めてきたそうです。だが弟は、『犯罪者となんか握手することはできない。俺たちが望むのはお前が当然の報いを受けることだ。もしタヒールを返すことができないなら、自分のこめかみに引き金を引け』といったそうです」

それ以来、ラジブ少佐は他の部隊へと異動となり姿を消した。それが彼に対してなされた処罰のすべてだった。

「軍は、息子は密告者として自分たちのために働いていたといいます。それならば、なぜ息子は逮捕されなければならなかったのでしょう。そして、爆発が起きたときなぜ一人の兵士も怪我さえしなかったのでしょうか。タヒールは大学生で、もうすぐ卒業する予定でした。だから結婚させたんです」

憤懣やるかたないグラムさんの横で、たった一日で未亡人となってしまったアフローザさんが静かに座っていた。彼女は、何を話したところで変わりはしないというような醒めた顔で口を開いた。

「私の人生は終わってしまいました。傷ついた気持ちをどうやって表していいかわかりません。私は夫が連行されるのを見ているだけで、何もできなかった。不安のなかで夫の安否を待ち、殺されたと聞いたときのことを忘れることはできません。私は一日だけの花嫁で終わってしまったわ」

残された家族たちが、誰も埋めることのできない悲しみの淵に茫然と立ちつくしているのは明らかだった。

私はタヒールさんの殺され方を聞いて、子どもがカエルの尻に爆竹を突っ込んで殺すのを思い出した。軍人たちにとって、タヒールさんはカエルと同じような慰み者だったのだ。そしてそれはインド政府のカシミールに対する姿勢そのものだった。

弾除けに使われる子どもたち

治安部隊に拘束されて死ぬことは、何も拷問によるものだけとは限らない。

二〇〇三年一〇月五日、スリナガル郊外のバドガン郡ダッファルポラ村では、イスラーム教シーア派が殉教者として崇めるフセインの名を連呼しながら、男たちが涙を流し、頬や胸を叩いて悲嘆にくれていた。その前日、治安部隊とミリタントの銃撃戦のさい、村の少年ザフール・アフマッド君(一二歳)が盾として使われ死亡したのだ。

一〇月四日の朝五時のことだった。村のモスクからは朝の礼拝のアザーンが流れる代わりに、男たちは村の広場に集まるようにという治安部隊からの命令が流れた。

ザフール君が殺されたダサル・ポーラ村の現場。治安部隊はミリタントを殺すだけでなく、家を破壊し、無関係な子どもまでも殺した。

「部隊は厳寒のなか、男たちに服を脱ぐように命令しました。しかし、私の息子を含む四人が拒否したため、殴られ、連れていかれました」

治安部隊はザフール君を含む四人を一・五キロメートル離れた別の村へ連れていき、一軒ずつなかを調べるように命令した。そして二人ずつに分かれて四軒目の家のドアを開けたときだった。なかにいたミリタントが驚いて発砲し、表のドアを開けたアブドゥル・アハッド・ダールさん（二五歳）の手の甲を撃ちぬいた。アブドゥルさんがカシミール語で悲鳴を上げたため、ミリタントは撃つのをやめた。しかし、家を包囲していた治安部隊は容赦なく銃撃をはじめた。

そのころザフール君と同い年のタヒール君の二人は家の裏手にいた。包囲する治安部隊と応戦するミリタントのあいだの真っただなかに取り残され、タヒール君は腹部に銃弾を浴びてその場に倒れてしまった。

「ザフールは僕を助けようと、水道から水を汲んで飲ませようとしたんです。その最中に彼は頭に銃弾を受けてしまったのです」とタヒール君は腹部を包帯でグルグル巻きにされた格好で話す。その表情と声には、自分を助けようとした友の死への無念さと後ろめたさ、口惜しさがない交ぜになって見えた。

人間の盾とは、紛争地で抑圧を受ける人びとを守るための平和活動だと思っていた。だがカシミールでは、卑怯にも治安部隊が市民を自分たちの弾除けとして使うことなのだ。

ザフール君が通っていた学校の校長は「カシミールの子どもたちは常に緊張を強いられています。道を歩けば軍用車両が猛スピードで走り、家に帰ってもいつ治安部隊がくるかわかりません」という。

生徒の一人カシム君も「学校に行くのが恐いです。軍隊を見るたびにザフールが殺されたことを思い出してしまいます」と小声で語った。

彼らが殺された場所に行ってみた。そこはダサル・ポーラという隣村の、ミリタントが隠れていた家だった。家は二度と使えないぐらい破壊されていた。いや、ミリタントを匿ったという見せしめのため、二度と使えないよう戦闘後にも破壊されたのだ。そこには家の主が座り込んでいた。

「事件が起きたとき、私は不在でした。ミリタントが匿って欲しいとやってきたとき、娘たちは断ったらしいのですが、押し切られてしまいました。娘たちは逃げ出しました。銃撃戦が終わって戻ってみると、家にあった現金や、四日後の結婚式に備えた息子の金の装飾品がなくなっていました。

誰が盗ったかって？　わかりませんよ。ただいえるのは、あのとき治安部隊しかいなかったということです」と、その家の主である男性は涙を懸命に堪えながら私の質問に答えた。

二〇〇三年にバラムラ郡で銃撃戦の取材をしたときも、同じような話を聞いた。治安部隊が封鎖していた村の家々からは金品が消えていた。また、村人になぜミリタントを匿ったのかと訊くと、「奴らは銃を持っているんですよ。どうしろというんですか」という答えが返ってきた。カシミールの村では、常に治安部隊とミリタントの両方の脅威にさらされているのだ。

彼の話を聞いていると、さらに別の中年の女性が話しかけてきた。彼女によると、治安部隊は、その男性がミリタントに隠れ家を提供したとして、彼の体に地雷を巻きつけて爆殺しようとしたのだという。しかし、それを見かねた地元のバドガン警察署の署長がやめさせて、なんとか助かったというのだ。男性がうっすら浮かべていた涙は、この死の恐怖から生還したからでもあった。また、やってきた部隊は第三〇RRとバドガン警察署所属の対テロ特殊部隊（SOG）だったという。

事件から三日後、再びダッファルポラ村を訪れた。村では、まだザフール君の死を弔う宗教儀式が行われていた。

シーア派には、紀元六八〇年に預言者ムハンマドの孫イマーム・フセインを擁立しようとしながら、

ザフール君の写真を見せる父親のアフマドさんと母親。アフマドさんは涙を浮かべながら、しっかりとカメラを見据えた。

見殺しにした歴史がある。その後悔と自責の念から、追悼のため胸を叩いたり頬を殴ったり、ときにはナイフで傷つけるという自傷行為をする習慣があるのである。ダッファルポラ村の人びとも、ザフール君を殺してしまったのは自分の責任かのように、涙を流しながら激しく体を打ちつける。儀式が佳境に入るとトランス状態となり、ザフール君の父親であるアフマドさんも車座になって座る男たちのなかから突然立ち上がって一心腐乱に頬を打ちつけ、勢いあまって倒れそうになり隣の老人が彼を抱きかかえるほどだった。

儀式が終わるとアフマドさんが、家に案内してくれた。家は土壁造り（レンガ造りや木造に比べて冬は暖かい）で古かった。「ザフールはとても自立していました。ウチはお金がないので期待しないでくれというと、家業であるショールに刺繍をする仕事をして自分の学費を稼いでいました」。そういうと、アフマドさんはザフール君が刺繍を施した赤と黒の二枚のカシミールの伝統的なショールを見せてくれた。刺繍は非常に細かく、とても一二歳の少年の仕事とは思えなかった。「これを一枚仕上げるのに、だいたい三ヵ月かかります。ザフールは勉強の合間に一生懸命縫っていました。もっとも、完成する前に死んでしまいましたがね」と、九割方の仕事を終えた布を見せながら説明してくれた。素材がパシュミナであることも手伝って、値段は一万五〇〇〇ルピーするという。部屋の壁にはピンク、オレンジ、ウグイス色など刺繍用の様々な色の糸がぶら下がっていた。通訳氏が布を手に取って「見ろ、これ全部が手仕事で、針で縫っているんだ」と改めて仕事の細かさを強調した。刺繍にはまだ針のついた糸がついており、ザフール君の温もりの痕跡を感じた。

次にアフマドさんが取り出したのは、ザフール君が愛用していた学用品だった。カバンにはノートや教科書がぎっしりと詰まっていた。そのなかに英語のノートがあった。英作文の課題だったのだろうか、ノートには〝お父さんへの手紙〟と題した文章が書かれていた。「僕はお父さんに、進級試験に合格したことを喜んでお知らせします。そこでお願いなのですが、進級して新しい本と制服が必要です。どうかお金を出してもらえないでしょうか。新しい本に一〇〇ルピーと制服に五〇〇ルピーが必要です。お願いします。あなたの愛する息子より」と書かれていた。

葬儀の後、村人が私に訴えた言葉が木霊する。

「カシミールの若者を殺すというのは、インド政府の政策なんです。ミリタントはこの村にいたのではなく、別の村にいたのですよ。それにミリタントと治安部隊の戦闘でどう一般市民がかかわればよいのでしょうか。インドは自国を世界最大の民主主義国だといいますが、小さな子どもを殺すのが民主主義なのでしょうか？」

違法な弾圧がミリタントを生み出す

「彼こそがこの紛争の本当の犠牲者なのよ。他の生き方なんて選べなかったのよ」

ミリタントの夫を持った未亡人はそう叫んだ。

二〇〇一年の八月一八日、午後の早い時間のことだった。

「また、『custodial killing』が起きたよ」

スリナガルにある英字新聞の編集部に入るや、知り合いの記者が苦々しそうな顔をしていい放った。記者の説明によれば、殺されたのは丸腰で逮捕されたミリタントらしかった。ＢＳＦがスリナガル郊外で偽の銃撃戦（現地ではフェイク・エンカウンターと呼ばれる）をでっちあげ、殺したらしい。

このフェイク・エンカウンターは逮捕しても屈服しないミリタントや、無実の人間を捕まえ拷問し

銃を見せつけるSOG隊員。平服である者もいることからわかるとおり、正規の部隊ではない。

すぎて生きて帰すにはいかなくなったときに使われる常套手段だ。

殺されたのなら、葬式があるはずだ。イスラーム教の慣習では死亡した一両日中に埋葬することになっている。しかも、死んだのは祖国解放のために不法に殺され、殉教したミリタントである。葬式は一大デモに発展する可能性があった。私は記者にそのミリタントの家の住所を聞いて、取材に向かった。

その場所はは中心街から車で二〇分ほどの住宅地にあった。すでに家の周囲は棺が到着するのを待つ人びとで溢れていた。一時間ほど待つと、夕陽を背に二つの棺をかついで行進してくる男たちの姿が見えてきた。

男たちは口々にスローガンを叫ぶ。「俺たちカシミールは独立するんだ！」「俺たちには国連決議で決められた権利がある！」という独立志向のものもあれば、「チベ、チベ、パキスタン！（パキスタンよ、永遠なれ！）」「ヒズブル・ムジャヒディン（カシミール人主体の武装組織）に祝福を！」と声を上げる者もいる。そして行進はなんとBSFのバンカーに近づいてきた。スローガンは「インドの犬ども、カシミールから出ていけ！」というものに変わり、ここぞとばかりに繰り返し叫ぶ。普段は表にはだせない抑圧の不満をぶちまけていた。BSFの兵士は明らかに形勢の不利を悟って微動だにせず、硬直したままだった。

家に近づくにつれて、葬儀の列を囲む人も増えてきた。男たちは我先にと棺をかつごうとしていた。イスラーム教徒にとって殉教者の棺をかつぐことは栄誉とされ、仏教でいう徳を積む行為に近い。

棺は家の中庭に入り、家族は最後の別れをしようとしていた。特に女性はこの後行われる礼拝には立ち入れないので、姉妹かと思われる女性が狂わんばかりに遺体にしがみついていた。棺を中心に人でびっしりと埋まり、ほとんど身動きができない。声は叫びから涙声と嗚咽に変わり、別れが近いことを感じさせた。

日没がいよいよ迫り、遺体を前にして最後の礼拝をはじめようとしたときだった。ここで一波瀾がおきた。このミリタントの妻だと名乗る若い女性が、最後の別れを告げさせて欲しいと入ってきたのだ。

「私は彼の妻よ。彼の顔を見せてちょうだい。たった六ヵ月で未亡人になってしまったの。結婚の証である、手の紋様さえ描けなかったのよ」

全身に黒いチャドルをまとったこの女性は、日本人の私にしてみれば葬式という場に誰よりもふさわしい格好をしていた。だが、礼拝の場に女性が入り込むという非常識に、男たちは驚きと戸惑いを隠せなかった。しかし、彼女の真摯な訴えが認められたのか、亡き夫と言葉を交わすことを許された。

彼女は地面に横たわる夫のかたわらに座り、上半身を抱きかかえて彼にいい聞かせるように話しかけはじめた。

「やっと結婚の証の紋様（マハンディ）が手に描けたわ。でも、あなたは昨日の朝九時半に家を出たきり戻ってこなかった。この半年、あなたを見ることはつらいことだったわ。私はあなたが天国に行けるよう祈るわ。私もそのうちそこにいくからね」

女性は赤い紋様が描かれた手のひらを夫に見せながらさらに言葉を続けた。

「あなた、私のいうことがわかるわよね。だって魂はまだ生きているはずよ。あなたは逝ってしまったけれど、私はあなたと共にあるわ」

そういい終ると、彼女は夫の頬にキスをした。それを見た周りの男たちが、これが限界といわんばかりに、彼女を夫から引き離した。

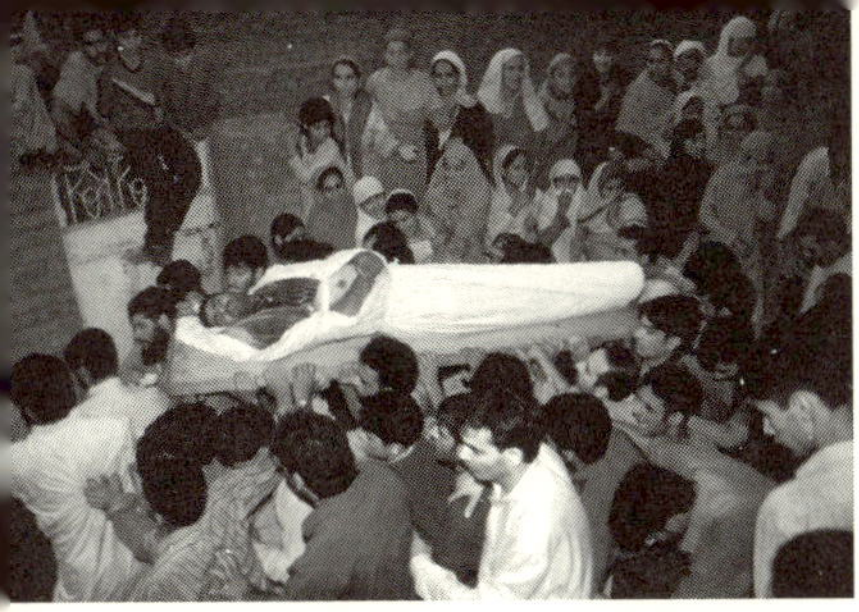

カシミールでは、西部劇のような処刑が罷り通っている。それが世界最大の民主主義国インドの現実だ。

その後、何ごともなかったように礼拝がはじまったが、嵐のようにきて嵐のように去ったこの女性のことが私の頭から離れなかった。

葬儀の数日後、私はこの殺されたミリタントの家を再び訪ねた。あらためて家を見てみると三階建ての大邸宅だった。玄関に現われた女性は母親で、上品そうな感じの良い女性だった。私が来意を告げると、躊躇なく一〇畳ほどはあると思われる居間へ通された。父親は礼拝の導師としてモスクへ出かけているが、三〇分ほどで戻ってくるという。しばらく待つと、白髪、白髭の落ち着いた風情の父親が帰ってきた。父親の名前はシャフィさんといって教師をしていた。偶然にも私の友人も彼の教え子だった。友人によると、悪さをすればすぐビンタが飛んでくるとても厳しい先生だったという。

シャフィさんによると、ミリタントだった息子の名はロシ・カニョール・サンギーンさんといい、普段はビラールというニックネームで呼ばれていたそうである。ロシさんは二二、三歳のころ一度ミリタントとなったが、すぐに逮捕され半年ほど勾留されたのち釈放された。その後は〝まっとうな道〟を歩もうとコンピュータの学校に通いはじめたという。だが、平穏な生活も長くは続かなかった。

「週に三日は軍やSOGが家に嫌がらせにやってきました。そして、我われと仕事をしようと息子と私に何度もいってきました。どうやら、彼らの目的は息子を軍のスパイにすることのようでした」

現地では、軍のスパイとしてミリタントの情報を流すカシミール人を〝キャット〟と呼ぶ。〝キャット〟は、検問などで頭巾をかぶって顔を隠しながら誰がゲリラなのかチェックしたり、潜伏しているゲリラの居場所を通報することなどが仕事である。だが、そのことがミリタント側に知られれば刺客を送られて暗殺されることになる。そんな仕事をするわけにはいかなかった。

また、私はロシさんに圧力をかけていた軍人の名を聞いて驚いた。それは軍の広報を担当していたプロシュート少佐という人物だったからだ。一九九八年ごろ、軍の総司令部にあるオフィスで、私はこのプロシュート少佐に二度会ったことがあった。私は彼に、当時は外国人が訪れるのが難しかったクプワラ郡への通行許可を求めていた。結局、許可は下りなかったが、そのことについて「私が怒っていた」（そんなことはないのだが）ということを、彼は知り合いの記者に話していた。それを聞いて私は、彼について表と裏のある人物という印象を持っていた。

彼は、一九九九年に軍総司令部がミリタントの特攻攻撃を受けたとき、内部まで侵入してきたミリタントに応戦して殺されたことでも有名な人物だった。軍の広報を務めていたプロシュート少佐が、なぜロシさんに嫌がらせをするようなことをしていたのだろうか。

「あまりに危険なので、当然、私たちは拒否しました。そして一月二二日に軍がやってきて以来、息子は家を出たのです。息子が再びミリタントになったかどうかはわかりません。家を出てからなんの連絡もありませんでしたから」

父親の口調は終始しっかりしたもので、けっして感傷的になることはなかった。その堂々としたさまは、ある種の秘めた覚悟を感じさせた。そして、さらにつけ加えた。

「カシミールにいる若者はどこにいても安全ではありません。軍の脅威により銃を取らざるをえないのです」

私はさらに、葬式のときに目撃したロシさんの妻の住所を教えてくれるように頼んだ。だが、返ってきた返事は予想外のものだった。ロシさんは結婚などしていないし、そんな女のことなど聞いたことがないというのだった。私は父親だけでなく、そこに居合わせた母親や姉にも私がビデオ撮影した葬式の様子を見せて確認をしてみたが、みな首を横に降った。

いったいどういうことなのだろうか。葬式に現われたあの女性の行動をみると、二人がただならぬ関係であったことは疑いようがない。かといってロシさんの家族がうそをいっているようにも思えなかった。考えられるのは、地下生活のなかで二人は極秘に結婚していたのではないか、という可能性だった。映像を見た私のカシミール人の友人も「彼女の発言からいって、二人は結婚していた。間違いない」という。この謎を探るため、友人は彼女を探してみることを約束してくれた。

友人から、彼女が見つかったと連絡が入ったのはそれから一ヵ月半後のことだった。スリナガル郊外の住宅地にあるその家は、なんの因縁か警察署の裏手にあった。

友人とその家を訪ねると、出てきたのは四〇代後半の女性と二〇代前半の青年だった。二人は女性の母親と弟だった。二人に確認をすると彼女の名はナジラさんといって、確かに私が探している女性だった。彼女はあいにく不在だった。私が明日もう一度訪れたい旨を伝えると、弟は、姉はロシさんが死亡して以来精神的に不安定で、話を聞くのは難しいかもしれないという。しかし姉をなんとか説得してみると、彼は誠実そうに約束してくれた。

翌朝、出会った彼女はあの葬式で見た女性に間違いなかった。けれど、葬儀のときは黒衣の姿で周囲に異彩を力強く放ったのにくらべ、ベージュの服に身を包んだいまの彼女は、そのくすんだ色のように疲れ果てているように見えた。そして、自己紹介をして取材の目的を伝えても、鋭い眼光を向けていらだちを隠そうとはしなかった。

「どうして私たちみたいな取材しやすい相手ばかりを選ぶの？　私の夫は戦闘で殺されたっていわれているのよ。だったら、どうしてＢＳＦやＳＯＧのところに行かないの？　そんなやりかたはちっとも効果的ではないわ」

メディアなど役に立たないといわんばかりだ。実際、耳の痛い話だった。だが、治安部隊のところに行って「ミリタントを虐殺しましたね？」などと、聞けるはずもなかった。

質問を重ねても生返事しか返ってこなかった。二人の馴れ初めを聞いても「出会ってただ結婚しただけよ」と素っ気ない。

見かねた友人が「僕たちは自由の戦士（ムジャヒッド）として死んだあなたの夫を尊重している。そのことを記録に残したいんだ」というと、「じゃあ、どうして彼が生きているあいだに助けてくれなかったの？　いま、ムジャヒッドたちが祖国解放のために闘っているのに誰ひとり助けようとしない。活動家たちは独立と口でいうだけでなんら有効な手段をとろうとしないのよ」と返された。

カシミールの現状を的確に表わす発言だった。以前は、隠れ場所や食糧を求めるミリタントを人びとはサポートしていた。しかし、いまはそれが治安部隊に知れると命取りになりかねない。そのため、ミリタントが助けを求めても断わる家が多いのである。また政治家にしても、独立という主張はあっても、それをどう達成するかというビジョンは示せる人物は皆無に近い。なんといっても、インド政府にまともに交渉相手と認めてもらっている者さえいないのだ。

だが、友人とナジラさんが丁々発止の会話をするなかで意外なことがわかってきた。もともと二人は幼馴染みで、ロシさんの家族は結婚のことを知っていた、というのである。

「ロシが家を出るとき、家族に自分はまたミリタントになるといいました。すると彼の父がミリタントになるのなら縁を切るといい、一切の援助を拒否したのです。そのとき私は彼の困難を知って、いまこそ私が彼を助けるときだと思って結婚しました。結婚すれば夫婦ということで家も借りられるし、誰からも怪しまれないからです。この結婚は双方の家から反対されました。私の家族もミリタントと結婚するなんてとんでもないと反対し、私も家を出たのです」

ナジラさんの父ファルークさんは、ロシさんの父の教え子だった。そしてファルークさんも教職の道を選んだことから、二つの家は家族ぐるみの付き合いをしていたという。

「彼と知り合うようになったのは一四歳ぐらいのときかしら。そのころは二人ともまだ子どもで、寄ると触ると喧嘩をしていて、まるで犬と猫のようだったわ。けれど、二年くらい前からよく話すようになって彼が敬虔なムスリムであることを知り、好意を持つようになったの。でも、彼はずっと私を怖がっていて、私が結婚を申し込むときも何をいわれるのかびくびくしていたわ」

こうして二人の結婚生活がはじまった。彼は朝早く家を出て、夕方に戻ってくる生活だったという。ロシさんとはいったいどんな人だったろう。そうたずねると、このときばかりはナジラさんは相好を崩し、少女の顔となってはにかみながら答えた。

「彼はやさしい人で、よい人で、よいムスリムだったわ。ダブルスタンダードというものが嫌いで、なによりも行動の人だった。そしてこういうの。『僕は死というものを恐れてはいなかったけれど、君と結婚してからは少しでも生きていたいと思った』ってね」

しかし、ナジラさんは夫が死ぬときがいつかくると考えてはいなかったのだろうか。彼女はしばらく考えて、こういった。

「そうね、未亡人になるだろうことも考えていたわ。彼が死んだ後、取調べに来た特殊部隊の将校からどうして結婚したのか、と聞かれたの。私はただ結婚しただけよ、と答えたわ。そしたら、彼がそんなに長く生きられないのがわかっていただろうに、というの。ミリタントだから？　どうして特殊部隊だと死なないの？　どうしてミリタントだけが死ぬの？　誰だって死ぬのよ」。刹那に生きる覚悟を選んだ人にしかいえない言葉だと思った。

ナジラさんによると、ロシさんはアフガニスタンのアル・バダルⅡというキャンプで訓練を受けた、爆発物のスペシャリストだった。そして彼はミリタントとして、大規模な爆弾テロ事件にかかわっていた。

二〇〇〇年六月一〇日、スリナガルにあるインド国立銀行前で、ヒンドゥスタン・タイムズのカメラマンも含む一五人が死亡する爆弾テロが起きた。

彼女によれば「最初に手榴弾を投げて、爆発させて気を引き、その後、爆発場所に兵士や警察官が集まってきたところで、さらに仕掛けた爆弾を遠隔操作で爆発させた」とロシさんが犯行の様子を語っていたという。

偶然にも、私はこの事件の前後の様子を撮影したビデオテープを見る機会があった。テープには、彼女の証言どおり爆発場所に兵士や警官たちが集まり、状況を調べている様子が映し出されていた。かたわらには、公用車としてよく使われる、一台の白いヒンドゥスタンモーター製のアンバサダーノバが駐車していた。そのうち兵士たちは、この車は誰のものだと疑念を抱いて騒ぎはじめた。しかし、持ち主は現れなかった。兵士たちは車のドアを開け車内を調べはじめたが、後ろのトランクがどうしても開かない。

それでもう何も起こらないと思ったのか、カメラマンはカメラを回しながら現場を背にして離れはじめた。一〇歩も歩いただろうか。突然、彼が宙に飛び、カメラは地面に叩きつけられた。映像は横倒しで少し画像が乱れたが、カメラは動いていた。倒れてから三〇秒ほどすると、カメラマンがよろよろと起き上がり、ノイズが入ったままのカメラを手に取り、背後を写しはじめた。カメラに写ったのは、先ほどの白い車の車体がひしゃげ、周りにはガラスや部品、そして幾体もの死体が散乱している光景だった。

事件が起きたところは市中心地に近く、私が毎日のように通っていた場所である。もし、このとき私がスリナガルにいたら、ヒンドゥスタン・タイムズのカメラマンのように巻き込まれていた可能性は決して低くないだろう。このエピソードを聞いて、ロシさんが仕掛けた爆弾で殺されていたかもしれないかと思うと身震いがした。

二人の運命の日がやってきたのは結婚して約半年後のことだった。八月一七日、スリナガルを環状に走るバイパス道路をスクーターで移動しているところを、ロシさんは捕まったのだ。彼が捕まったのは、彼がなることを拒否した〝キャット〟の密告のせいだろう。

彼は尋問所に連行され、数時間にわたる取り調べと拷問の後、午後一〇時過ぎ、すでに先に逮捕されていたパキスタン人と見られる男性とともに、スリナガル郊外のバドガム郡ナウガン・ナティポラにある廃屋に連れていかれ射殺された。現場近くに住んでいる私の友人も、彼らを処刑する銃声音を聞いていた。「あの日の夜一一時ごろ、ものすごい爆発音がしたかと思うと、激しい銃撃戦がはじまった。翌朝外に出ると、現場を見てきた近所の人たちが、夕べの戦闘はフェイク・エンカウンターだって噂をしていたよ」と語る。

その日、いつもなら帰ってくるはずの時間になっても戻ってこないロシさんを待って、ナジラさんは不安な気持ちになった。こんなことは初めてだった。心配になって、縁を切られていた彼の自宅にさえ電話した。夜遅くなって弟のタンビールさんがやってきて、ロシさんが殺されたことを告げた。

翌日の朝、ナジラさんはロシさんの遺体が安置されているカシミール警察の本部を訪れた。

「夫の顔はとてもきれいで、やすらかに眠っているように見えたわ。もう一度見ると、今度は涙を流しているように見えたの。まわりにいた警察官も、あなたのために泣いているようだ、といってくれたわ」

ロシさんの体を観察すると三発の弾痕が胸に残っていた。かたわらにはもう一つの死体があった。顔は潰され誰かは判別できなかった。肌が黒く、体格がよかったので外国人（たぶんパキスタン人）だろうと思った。手にはロープできつく縛られた跡がのこっていたという。彼はロシさんよりも前に逮捕されてさんざん拷問をされたあげく、一緒に殺されたに違いなかった。

彼女が次に向かった先はロシさんの殺害現場だった。そこで彼女は、私が葬式のとき彼女の手のひらに描いてあるのを見たマハンディを、ロシさんの血を採集して描いたのである。愛する人の血で描いた結婚の証し。それは私には、知られざる自分たちの結婚生活を刺青のように体に刻む行為のように思えた。

そして、彼女は葬式に向かった。しかし、なぜ彼女は女子禁制である礼拝に入り込むという狼藉を働いたのであろうか。

「私にとってあの場にいくことは必要じゃなかったわ。夫の遺体もすでに確認していたし。でも、なぜそうしたかというと、私があそこに行くことによって、自分がロシの妻であることを公衆の面前で知らしめておきかったのよ。彼の家族は否定するだろうけど、皆が知り、否定できないようにしたのよ」。彼女の行動は冷淡な態度をとる夫の家族への復讐であり、夫を受け入れなかった社会への、せめてもの抵抗でもあった。

インタビュー中、彼女の話題の大部分はロシさんの家族についてだった。特に義父のシャフィさんに対する恨み辛みは激しかった。しかし否定をしたかと思えば、「彼の父を憎むことは夫を傷つけることになる」「父親が息子を愛していないはずはない」と一転して肯定をする言葉を何度もはさんだ。

そこには憤りと、ゲリラになるしか道がなかった夫の選択を受け入れて欲しいという願い、愛する人を失った悲しみを分かち合いたいというかすかな希望のなかで揺れる、彼女の気持ちが読み取れた。最後に私は、亡くなったロシさんに何かメッセージはありますか、と訊いた。すると彼女は一拍間を置いたあと、振り絞るような声で「一緒に連れていって欲しかった」といい、両手で目を覆った。

帰国間際、約束をした葬儀の様子を写したビデオテープのコピーを渡しに、私はナジラさんの家を訪れた。運悪く彼女は外出するところで、言葉を交わせる時間は少なかった。しかし、その対応は、以前とは雲泥の差があった。私に笑顔をふりまき、何かもっと自分に協力できることはないかと聞き、今度くるときは自分の家に泊まって欲しいとさえいうのだ。最後には、持っていたボールペンを記念にといって渡してくれた。私は、あまりの彼女の豹変振りに驚きを隠せなかった。

インタビューに同席した友人にこの話をすると、「彼女は確かに僕たちの訪問にフラストレーションを感じていた。でも、結果として、彼女は僕たちに話すことによって、誰も理解はしてくれないという閉塞感から抜け出せたたからじゃないかな」

私が彼女と思いを共有できたとしたなら、それは望外の喜びだが、それで彼女の悲しみが解消できるはずもない。私にできることは、〝イスラーム武装勢力〟〝テロリスト〟と名指しされるカシミールの人びとが、なぜ生命を賭して闘うのか、なぜロシさんのように、銃を捨てたものが再び銃を取らざるをえないのかを問うていくことである。

第４章

If they are dead, please declare it.
――行方不明者たち

行方不明となった息子の写真を掲げる行方不明者家族の会の会長パルヴィーナ・アハンガーさん。彼女の行動は他の家族たちに大きな勇気を与えた。

パルヴィーナ・アハンガーさんとの出会い

二〇〇三年八月一八日、スリナガル市内を貫流するジェーラム川のほとりにテントが設営されていた。なかでは肖像写真と火が点いたロウソクを手にした老若男女約八〇人が集まり、記者会見が行われていた。

「昨年一一月、州首席大臣ムフティ・サイードは行方不明を含めた治安部隊による人権侵害の撲滅を公約しました。しかし、状況はまったく変っていません。州政府は、一九八〇年代後半からの行方不明者の数は約三九〇人だと主張します。しかし、私たちは八〇〇〇人以上と推定しています。いま私の手元には、昨年の一一月にムフティ州首席大臣が政権に着いて以来の八四人の行方不明者リストがあります。もっとも、このリストに挙げられたものがすべてではありません。田舎では事件が起きても表面化するのに時間がかかるし、闇のなかに葬り去られてしまうものもあるからです。我われはこの五年間、州人権委員会や州政府、州法務大臣のムザッファル・ベイグなどに働きかけてきました。彼らは、同情はしてくれましたが、具体的には何の行動も取ってくれません。いま、ここに灯されている八四のロウソクの炎は行方不明者たちが存命しているという希望であり、また、残された家族の苦悩と痛みの象徴なのです。今日このキャンドル・プロテストにみなさんに集まってもらったのは、カシミールでの行方不明の問題にメディアを通して注目してもらうためです。残された家族に問題を解決する手立てはないため、世界中の人びとにこの問題を知ってもらい、解決に向けて圧力をかけてもらうためです」

行方不明者家族の会（ＡＰＤＰ）の顧問である弁護士パルヴェーズ・イムローズ氏は冷静だが力強い調子で語った。ＡＰＤＰは、一九九五年に結成された行方不明者たちの家族の組織である。家族た

記者会見を開くAPDPの幹部たち。彼らの声は、なかなか届くことはない。だが、家族を行方不明にされて、誰が諦めることができようか？

ちの訴訟支援や相互扶助を目的とした連帯組織で、約五〇〇家族が所属している。

次にマイクを手にしたのがＡＰＤＰの会長であり、結成のきっかけになったパルヴィーナ・アハンガーさん（五二歳）という中年の女性だった。

「私たちＡＰＤＰは州政府に行方不明について調査をする委員会の設置を求めましたが、何も動きはありません。それどころか、行方不明は増え続けています。この集会にはたくさんの母親がきています。私もその一人ですが、今日で私の息子がいなくなって丸一三年、明日から一四年目になります。一三年間共に闘い続けたハビーブさんは、途中で妻を亡くし、彼自身も子どもに会うことなく無念にも先日亡くなりました。政治家たちは会うたびに違うことをいい、人によってはアポイントメントさえくれません」

発言をするパルヴィーナさんの前で、ロウソクの火は陽炎のように熱く揺らめいていた。風でときおり炎が揺れるさまは、行方不明者たちの魂がムンクの叫びのような顔に変化して「俺はここにいるぞ！　早く探し出してくれ！」と訴えかけているように錯覚した。

カシミールでの深刻な人権侵害の一つは、この行方不明の問題だ。治安部隊によって逮捕、拘束されたあと、そのまま行方知れずとなってしまうのだ。

行方不明の問題に関心を持つようになったのは、一九九八年に訪れたとき出会ったアムネスティ・インターナショナルの活動家から、パルヴィーナ・アハンガーさんを紹介されてからだった。パルヴィーナさんが、自分の息子が行方不明になった事件について、治安部隊を相手に裁判を起こしていると聞いて驚かされた。なぜなら、そんなことをすれば治安部隊から報復されるのは間違いなく、それ故に人びとは泣き寝入りをしていたからである。

一九九八年一一月、彼女に興味を持った私は、人を介してパルヴェーズ氏の事務所でパルヴィーナさんと会った。現れた彼女はぽっちゃりとした、どこにでもいそうな小柄なおばさんだった。言葉も、英語どころかウルドゥー語の読み書きも十分ではないらしい。そんなおばさんに、治安部隊を訴えるという急進的なことをする執念や行動力があるとは思えなかった。強いていえば、時おり張り上げる甲高い声と、鋭くなる瞳にその片鱗が見えるぐらいだろうか。

パルヴィーナさんは、スリナガルの中心地からほど近いバトマルー地区に住んでいた。バトマルー地区は一九九〇年代初期の武装闘争最盛期、ミリタントの強力な支配地域だったところで、私の友人も多い場所である。彼女の家は、そのバトマルーのメインストリートから路地を奥深く入った場所にあった。路地の脇には雨どいを少し深くしたくらいの下水溝が設置されていて、蓋で覆っていないため糞尿は丸見えで臭いもひどく、鼻腔を刺激した。

家は借家の平屋一戸建てで、八畳間くらいの部屋が三つと台所に狭い風呂場がある。トイレはなんと外にあり、大便は据えつけられた浅い桶に落として、溜まると下水溝に捨てにいく仕組みだった。この後にも先にも何軒もカシミールの人の家を訪れたが、このようなトイレはここだけだった。

通された家のなかは家財道具も少なく、がらんとした印象である。居間兼食堂にはベッドが置かれ、夫のアクタールさんが寝ていた。背骨の痛みがひどく、治療のために近く手術をするそうだ。

パルヴィーナさんはスリナガルで鉄工所を営む両親のもとに生まれ、一八歳年上のアクタールさんと一二歳のときに結婚した。当時はまだ早婚の習慣が残っており、子どものような年齢で結婚するのはそう珍しいことではなかったという。

二人のあいだには長男のターリクさんを筆頭に、行方不明のジャビッドさんを含む四男一女の子どもがいる。一家の収入は、近くのバスターミナルで夫が営むドライブシャフトやブレーキディスクなどの自動車部品を修理する工場から得ている。ひと月の収入は約二〇〇〇〇ルピーほど。物価の安いインドでも、一家六人の暮らしを支えるには決して楽ではない金額だ。

パルヴィーナさんは、チャイとカシミール・ブレッドというナンを硬くしたようなパンを私にすすめながら、一九九〇年に行方不明となったジャビッドさんの事件について説明してくれた。

一九九〇年八月一八日のことだった。自宅から三〇メートルほど離れた近所の友人の家でテスト勉強のために泊りこんでいたところを、治安部隊の家宅捜索に遭った。このとき、怖くなったジャビッドさんは逃亡を試み、家の壁を乗り越えようとしたらしい。この行為が、無実だった彼に対する治安部隊の疑惑を深めてしまったといわれている。だが、その友人のお姉さんによると「自宅にいたわけでもないのに、治安部隊がなぜわざわざ彼を標的に捕まえにきたのかわからない」という。

私は一つの噂を聞いた。当時その近所には、パルヴィーナさんの息子を含む三人のジャビッドがいた。そのうちの一人は、隣に住むＪＫＬＦのミリタントでジャビッド・アフマッドという男だった。治安部隊はこの男とジャビッドさんを間違えたのではないか、というのだ。

私は、隣家に住んでいたミリタントだったジャビッドの現住所を手に入れ、当時何をしていたのか、またパルヴィーナさんの息子の事件について聞こうと訪ねてみた。

彼はスリナガル郊外に住んでおり、家はそこそこの一軒家で、暮らし向きも順調そうだった。しかし元ミリタントのジャビッド氏曰く「自分がミリタントをしていたのは昔のことで、話したくない。アハンガーさんの息子のことは気の毒だが、自分には責任はない」といい、それ以上の話を聞くことは拒否されてしまった。同行してくれた友人によると、彼はいま州政府の公務員として働いているため、過去の経歴に触れて欲しくないのだろう、ということだった。

話を事件に戻すと、翌早朝、事件を聞いた母親のパルヴィーナさんは地元のシェルガリ警察署に駆け込み、息子の行方を糾した。警察では管轄外としながらも、怪我をして軍の総司令部にある病院にいるらしいことを教えてくれた。特別に許可を取ってこの軍の病院を訪れたが、病床に横たわるのはぎらついた眼のインド兵ばかりで、ジャビッドさんを見つけることはできなかった。

それでも彼女は、ジャビッドさんを探しにカシミール中の刑務所、収容所を訪ねまわり、ときには遠く一二〇〇キロメートル離れたヴァナラシまで出かけた。しかし、見つからなかった。

一九九一年、諦めきれないパルヴィーナさんは軍を提訴した。起訴はなかなか審理に持ち込まれることがなかったが、弁護士会の助力もあり、一九九四年、カシミール高裁はとうとうJ＆K州警察に事件の調査を命じた。警察の調査団はビハール州のプネーへと飛び、当時内務省直属の特殊部隊（NSG）の将校だったグプタ少佐、コトーチ大尉、シャルマ（階位不明）の三人を、ジャビッドさんを逮捕した犯人と特定し、癌を患っていたシャルマを除き、二人をカシミールへ連行した。

しかし、彼らはスリナガルの軍司令部に留め置かれ、裁判所に出頭することはなかった。その代わりに、なぜか中央調査局の将校が非公式にパルヴィーナさんのもとにやってきた。

「彼らは、金銭補償をするので訴えを取り下げて欲しいと求めてきました。提示金額は二〇万ルピー（日本円で約五〇万円。パルヴィーナ家の約三年分の年収にあたる）でした。私は将校にいってやりました。では私は三〇万ルピー払いますから、あなたの息子を売ってください、と。すると将校は黙ってしまいました。お金でなんてこの問題を解決することはできません。私は自分の子どもを売ることなんかできないし、私が求めているのは真実を明らかにすることなのです」

政府側の金で解決しようという甘い考えは、パルヴィーナさんには通じなかった。彼女が求めているのは、本来は政府側が見せなければならないはずの、容疑者を逮捕し、裁判にかけ、刑罰を受けさせるという、法による「適正手続」だった。それはカシミールで、いかに多くの人びとが「適正手続」

なしで〝処分〟されているかの裏返しだった。

勇気ある証言者の登場

証拠集めの審議途中で、有力な証人が出てきた。先述した三人の将校にジャビッドさんが拘束されていたのを収容所で見たという人物が現れたのである。目撃者の名はショウカット・カーンさん（三五歳）といい、彼自身JKLFのミリタントとして逮捕され、尋問所として使われていたホテルグランドパレス・オベロイに拘置されていた。彼は偶然にも、私が一九九八年に滞在したとき友人の結婚式で会ったことのある人物だった。現在はインド南部カルナータカ州の州都ベンガルールで、カシミールの工芸品を扱う商売をしている。私は二〇〇四年一月にベンガルールを訪問し、彼から直接証言を聞くことができた。

「当時、私も同じ年の八月七日に逮捕され、国家保安警備隊（NSG）の拘束下にありました。私がジャビッドを見たのはそれから一〇日から二週間後のことで、ホテルグランドパレスの門のところでした。彼は例の三人の将校に捕らえられていました。地面に寝転がされ、将校たちから殴られて泣いていました。将校たちは私に、彼がミリタントかどうか聞いてきました。彼がバスターミナルにある家業の自動車修理工場で働いていたのを見たことがあったので、私は将校たちに、彼はミリタントではないと断言しました。彼の家は貧しく、その日の糧を得るので精一杯でミリタントになる余裕などなかったはずです。翌日、私は将校たちにジャビッドをどうしたのか聞きました。彼らはすでに釈放したといっていました。その二、三日後、私もチェシマシャーヒ（ムガル帝国時代に造られた庭園）にあるNSGの本部からジャビッドのいたハリ・ニワーズ尋問所に移送されました。そこにはジャビッドの近所の男がいて、彼にジャビッドについて聞くと、まだこの尋問所にいるといっていました。その二〇日後ぐらいには、私もジャンムーの中央刑務所に移されたので後のことはわかりません」

だが、ジャビッドさんが釈放されることがなかったのは周知の事実である。そして、実はショウカットさん自身も危うく行方不明となるところだった。逮捕直後から約三ヵ月間、行方不明状態が続き、家族の誰もその間ショウカットさんの行方を知る者はいなかったのである。

「カシミールでは、治安部隊に逮捕されたら何の手がかりも得ることはできません。インド政府は何でもできるのです。こんな証言をしていたら、私だって明日には消されてしまいますよ」と笑えない冗談をいう。

では、行方不明が頻発する尋問所とはどのようなところなのか。

「尋問所から出るとき、お前は運がよかった、と軍人たちからいわれました。拷問をされたものの、死に至らなかったからです。尋問所での扱いは最悪です。罵声を浴びせられ、電気ショックを与えられたり、水を三リットルも四リットルも飲まされたり、逆さに吊るされて殴られるのは当たり前です。それが二四時間、昼夜問わず行われます。食事もろくに与えられないし、トイレに行くにも目隠しをされドアは開け放たれたままです。こんな恥辱があるでしょうか」

私は、ショウカットさんがジャビッドさんを見たというホテルの門へ行ってみた。ここは各尋問所のほかに、ファルーク・アブドゥッラー元州首席大臣や警視監アショク・バーンの自宅、警察の対テロ専門の諜報組織ＣＩＫの事務所なども並ぶ厳重警戒地域である。私はこの場所に、人を介してやっと入ることができた。高台で、藩王の夏の宮殿だったホテルグランドパレス・オベロイや、濃い芝生で緑の絨毯を敷き詰めたような美しいチェシマシャーヒ庭園があり、ダル湖を一望できる好立地だ。ホテルの門はヨーロッパ風の白亜の瀟洒な造りで、このような場所で拷問などが行われていたとは想

座り込みをするAPDPのメンバーたち。のっぺらぼうの顔は行方不明になったことの象徴だ。その顔に目、鼻、口が描かれるのは、いつの日になるのか。

像がつかなかった。ただ、私は元ミリタントたちから、〝拷問のキツイ場所〟としてこの地域に点在するPAPAⅡ、ハリ・ニワーズ、JIC、エアポート・ジェイルなどの尋問所について聞いていただけに、感慨深かった。

それにしても、どうしてショウカットさんは武装闘争に参加したのだろうか。

「一九八四年にJKLFのリーダーだったマクブール・バットが絞首刑に処せられたとき、大人たちは騒いでいましたが、私には理解できませんでした。しかし、ファルーク・アブドゥッラーをはじめとする政治家たちが、自分とインド政府の利益のためにしか働いていないことがわかってきました。それで人民の代表を出したかったのですが妨害され、武装闘争をはじめたのです。分離・独立を求めるカシミール人は、インドから見たらみなミリタントです。だから、一般市民も殺されるんですよ」といい、「家族のために稼がなければならないからミリタントを辞めたけど、ベンガルールにいてもあのときと自由を求める気持ちは変わっていない。私たちはまだ負けてはいない」と意思を持った目で私に語った。

阻む法の壁

ショウカットさんの証言もあって証拠固めは順調に進み、三人の将校たちが犯人であるのはほぼ間違いなかった。だが、彼らが起訴されることはなかった。皮肉なことに法の壁が大きく立ち塞がったのである。第三章でも触れた治安部隊特権法（AFSPA）という治安維持法があり、軍人を起訴するには所轄の官庁の許可が必要なのである。この法律は、分離独立運動が目立つカシミールやインド北東部など騒乱地域と指定された地域のみに施行される特別法だ。AFSPAはイギリスが植民地時代に制定し、予防拘禁や令状なしの逮捕、裁判なしの投獄を認めたローラット法が元となっている。

カシミール高裁は内務省へ三人の起訴を要求したが、内務省は調査に誤りがあり起訴するには値しないと、この法律を根拠に拒否をしたのだ。

「これは暴虐的な法です。この法律によって治安部隊は何でもできるのです。拷問をしようと殺人を犯そうと、すべての不法行為は処罰されることなく済まされてしまうのです」と弁護士のパルヴェーズ氏は説明する。

そもそも、身内を処罰するような命令を出すわけがない。それに、一つでも前例を作れば他の何千もの人権侵害の事件を訴追するきっかけになってしまう。つまり、この法律がある限り、カシミールで治安部隊は何をしようと罪を問われない「殺人許可証」を与えられているといっていい。

この審議のさなかで、パルヴィーナさんは他の多くの行方不明者家族たちと出会った。彼らが自分と同じように警察や尋問所、裁判所を回って右往左往しながら、知識も資金もないためどこへ行っても相手にされず途方に暮れているさまを目の当たりにした。パルヴィーナさん自身も、一人での活動に限界を感じていたときだった。そこで、パルヴェーズさんの後押しもあって、一九九五年に他の家族に呼びかけてＡＰＤＰを結成することになったのである。

ＡＰＤＰは会員を動員し、高等裁判所や州警察本部前で座り込みやハンガーストライキなどを行い組織的な抗議活動をはじめた。しかし、警察や政府関係者の反応は冷ややかだった。

「無学な貧乏人に何ができるんだ、という態度でした」とパルヴィーナさんは悔しさをにじませながらいう。しかし、パルヴィーナさんが国連人権委員会で発言をしたり、海外で行方不明者家族の国際会議に出席するなどＡＰＤＰの名が国内外に知れ渡るようになると、当局はＡＰＤＰの活動を恐れるようになってきた。それが露わとなったのが、一九九八年と二〇〇三年に起きたメンバーの殺害だっ

ハリマさんの家の壁に残った弾痕。真実を追究しようとする者には刺客が送り込まれる。

た。二つの事件とも、事前に活動をやめるようにと警告された上での殺害だった。

暗殺対象となる家族たち

一九九八年の事件の犠牲者はハリマ・ベガンさんという女性だった。一九九〇年に彼女の息子がBSFに逮捕されて行方不明になっており、APDPでの活動に奔走していた。事件が起きる三ヵ月前、私は彼女に会ったことがあった。第一章で触れたA記者が以前に彼女を取材しており、紹介してもらったのである。とりあえず彼女がどのような状況なのか知ろうと、通訳もつけず単身で訪ねたので深い話はできなかったが、精神病を患った夫と息子、娘二人を抱えて活動に奔走していた。

一九九八年一二月、殺されたハリマさんの家に行くと、扉には錠が下り、誰も住んでいる気配はなかった。ほんの少し割れた窓ガラスから家のなかを覗くと、壁に大きな弾痕がいくつも残っているのが見え、事件当時の凄惨な様子を思わせた。

近所の人に聞くと、生き残った娘たちは近所の親戚の家に身を寄せていた。長女は腰を撃たれてギブスで下半身が固定され、寝たきりだった。姪にあたる四歳の少女も、上腕部を撃たれ三角巾で腕を吊るしていた。

「あの日の午後七時ごろ、食事と宿を求めて四人のミリタントがやってきました。でも、うちは貧しくてそんな余裕もないので、母は断ったのです。でも、彼らは強引に居座りました」。当時、カシミールではミリタントが一般家庭を訪れるのは珍しいことではなかった。住民はそれぞれの家庭の経済状況によって、ミリタントの求めに応じる。

「ミリタントのリーダーは、この内の二人はアフガン人だといっていました。そして突然、私たちに向けて銃を撃ちはじめたのです」

母と兄は即死だった。ミリタントたちは足早に立ち去った。銃声を聞きつけた近所の住民がやってきたとき、長女は血の海と化した部屋のなかで重傷を負って喘いでいた。

事件を報じた英字紙グリーターカシミール（GK）によると、ハリマさんはBSFから息子の捜索をやめるよう警告されていたという。パルヴィーナさんも、ハリマさんはそのことについて恐れていた、と証言していた。長女は、その警告については知らないという一方で、やはりBSFの仕業ではないかと疑っていた。長女によれば、事件後BSFが安全のためキャンプに避難するよう呼びかけてきたという。普段好意を見せることのないBSFが、わざわざそんな親切心を出すのはおかしい。BSFは、自分たちが刺客を放ったことをカモフラージュするために誘ってきたのではないか、というのが長女の意見である。証拠はないが、状況から考えてBSFの手先である政府側の民兵の犯行というのが、地元での一致した見方である。


二〇〇三年一〇月、その年の七月一四日に殺されたディルシャダ（二八歳）さんの家を訪れた。彼女の家はスリナガルから五〇キロメートルほど離れたクプワラ郡ハンドワラにあった。家の敷地では、ディルシャダさんのお母さんと、ディルシャダさんの子どものターリク君（三歳）が庭で日向ぼっこをしていた。ターリク君の腹部と左下半身は石膏でできた硬いギブスで覆われ、動けずにいた。暗殺者に襲われたとき、ディルシャダさんの隣に寝ていた彼は巻き添えを食って、二発の銃弾を浴びたからである。私が彼にカメラを向けると、途端に彼の顔は恐怖でゆがみ、お婆さんにすがった。カメラのレンズが銃口を思い起こさせるようだった。

母親によると、ディルシャダさんの夫はスリナガルの州立病院で働いており、毎日バスで長距離を

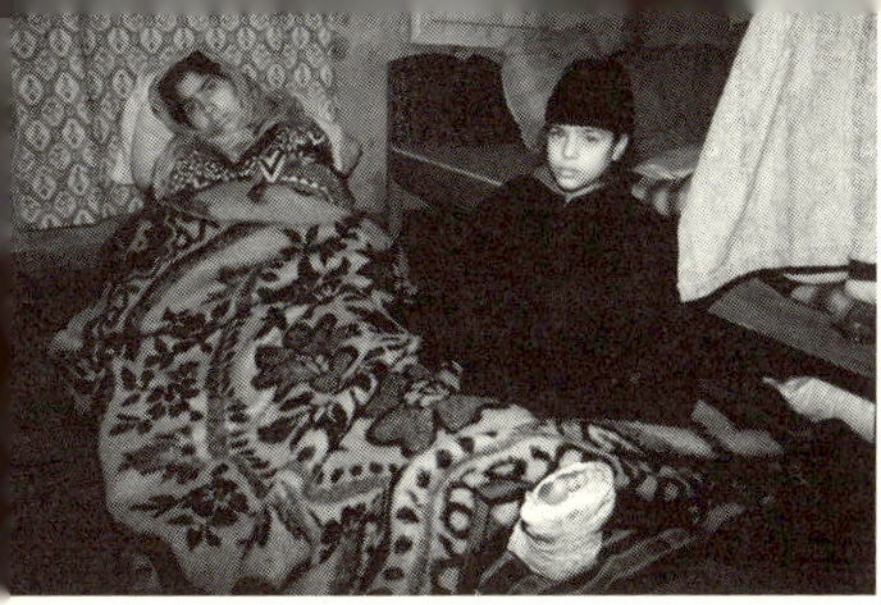

重傷を負ったハリマさんの娘たち。5年後に再訪したが、いくら取材を受けても自分たちの状況は変わらない、と取材を拒否された。

通っていた。二〇〇〇年にスリナガルのバスターミナルでＳＴＦ（警察の特殊部隊でＳＯＧとほぼ同じ）に拘束されたあと行方不明になったという。

ディルシャダさんが殺害される半年前、ＡＰＤＰは行方不明についてのドキュメンタリービデオ『捜索』を製作していた。そのなかに彼女のの生前の姿があり、こう述べていた。

「一九九七年六月（これは彼女の記憶違い）私と夫はバスターミナルで二、三人の男たちに囲まれました。夫は連れて行かれ、その後戻ってきません。翌日、警察に告訴しましたが、後日調べたところ告訴状は受理されていませんでした。男たちはＳＯＧに違いありません。当時、彼らはどこであっても勢力を誇示していましたから」

黒のブルカから顔を出して喋る彼女の姿は、肌の色の白さをかえって際ださせ、聡明そうな印象を与えた。

「捜索の協力を得るため州議会議員に接触を試みましたが、ことごとく無視をされました。夫の男兄弟は事件後に亡くなり、夫の家族は子どもと老人と女性ばかりです。私は持っていた貴金属類をすべて売り払い、なんとか活動をしているのです」

他のＡＰＤＰのメンバーによると、ディルシャダさんはメンバーのなかでもひときわ活動的で、他のメンバーが落ち込んでいたりしても、話を聞いて励ますような一面があったという。だが、そんな活発さが彼女を暗殺へと追い込んでいった。田舎に住む夫のいない女性が頻繁に家を空け町に出かけるのは、とかく目立ったらしい。

「近所の人のなかには、娘が町で『不道徳なこと（売春）』をしているのでは、と噂する人もいました。ミリタントも、レネゲイド（政府側民兵）も夜中にやってきて、何をしているのかと問いただしました。ミリタントは娘の活動を知ると、パキスタンへ行方不明についての資料を持ち帰りたいといってきました。娘は準備していたのですが、彼らは治安部隊との交戦で殺されてしまいました。一方レネゲイドは、直接はこないのですが、使い走りを何度も送ってきて活動をやめるようにと警告を発し続けていました。一年前には彼らに放火もされたんです」と黒い焼け跡が見え隠れする壁を指しながら母親は証言する。

事件の三ヵ月前、APDPは活動の一環として、一週間のハンガーストライキをした。しかし、ディルシャダさんは参加しなかった。活動に精力的なディルシャダさんがこないことをメンバーたちは不思議に思ったが、それはレネゲイドからの脅しが原因だったのである。

一九九八年にハリマさんが殺される事件がおきた直後、パルヴィーナさんはパニックに陥った。今度は自分のところに刺客が送り込まれてくるのでは、と恐怖が全身を襲った。そのため事件後三日間身を隠した。

「でも、逃げたからといって逃げ切れるわけではありません。それに、ここで諦めたら私の人生の価値とは何なのでしょうか。そう自問して活動を続けることにしました」と彼女は語る。

しかし、二〇〇三年の事件については、「活動とは無関係に起きたことなので怖くない」という。殺されたディルシャダさんは民兵から結婚を申し込まれていて、それを断ったから殺されたのだ、とパルヴィーナさんはいうのだ。彼女だけでなく他のメンバーたちも異口同音にそう答える。

だが、彼女たちがそんなことをいうのは、自分たちが狙われていることとの恐怖を払拭したいからなのは明らかだった。行方不明者の家族たちは、自分たちの息子や夫がいなくなるだけでなく、当局の卑劣な妨害と命懸けで闘わなければならないのだ。

また、ディルシャダさんが、近所の人から「売春しているのでは？」と疑われたことにも注目して

ディルシャダさんの写真を手にとって眺める息子のターリク君。母親が亡くなったことは、まだ理解していないようだった。

欲しい。女性が外で働くことがまだ一般的ではないカシミールの地方社会では、男手を失えば独立して収入を確保する手段はほぼない。夫がいなくなれば夫の実家から出されてしまう場合がほとんどで、自分の実家に余裕がなければ頼ることはできない。ディルシャダさんの場合は夫の家を出なくて済んだが、半未亡人になった場合、生活への不安や周囲の偏見とも闘わなければならないのである。

警察の反論

二〇〇三年一〇月、J&K州警察は、APDPなど人権団体が主張する行方不明者の数は誤っており、誇大なプロパガンダだと非難する発表を行った。九月、この章の冒頭の発言に倣って、APDPはムフティ政権後の行方不明を一一六件と発表していた。しかし警察の調査によると、APDPなどが主張する行方不明者には、すでに家に戻っている者やミリタントとなるためにパキスタンへ越境した者、もしくはその過程で殺されてしまった者が半分以上含まれている、というのだ。

APDPが主張する数字の根拠となっているのは、基本は新聞で「行方不明」と報道されたものと、APDPにやってくる被害者家族自身からの情報からだ。新聞報道によるものを一つ一つ確認したり、たとえ事件が本当でも追跡調査をしているわけではない。そのため警察が批判するようなことが起きてしまうのだ。

この警察からの批判を受けて、APDP及びパルヴェーズ氏は自らの発表内容を調査し直すことにした。APDPの幹部が自分で行けるところは自分で調査し、それ以外はAPDPの支援組織であり パルヴェーズ氏が主宰するNGO、JKCCS（市民社会のための連合）が担当することになった。

私もこの調査には二度同行したが、警察の指摘が正しいケースもあったし、そうでないものもあった。そのことについてパルヴェーズ氏に訊いてみた。

「もし警察が我われの出した行方不明者の数が間違っているというのなら、最高裁の判事などをメンバーに加えた、第三者による調査委員会を設置すべきです。それによって行方不明者が少なくなるのなら、私たちは幸せです。政府も行方不明についての数字は出しますが、それだって正しいか疑わしいものです。政府で調査委員会を設置しないなら、国際的な調査委員会を認めるべきなのです。世界には行方不明について働いている機関が多数ありますから、彼らに調べてもらえばいいのです。まあ政府は調査を好まないから、やりたがらないのは明白ですが。

もちろん私たちは調査をしようとしましたが、バラムラ郡の三九八名の行方不明者について調べたところで、予算不足で頓挫してしまいました。全カシミールの行方不明者の数を調べるのは、在野の一介のNGOだけではできないのです。

カシミールには一二の郡がありますから、どれだけ労力がかかるのかわかるでしょう？

確かに私たちの数字が間違っていた部分もあったかもしれませんが、それによって政府が公式に行方不明の存在を認めたことのほうが成果です。例えば、私たちで六人の行方不明者がいると声明を出したとします。それに対し政府が一人しかいない、といったとしましょう。私たちにとっては、その一人でさえ認められたことは成果なのです」

シャヒーナさんの闘い

スリナガルでの調査のとき、私はJKCCSのイドリース君と、APDPの事務局長であるシャヒーナさん（四五歳）に同行した。シャヒーナさんは小学校の教師をしており、APDPのメンバー

APDP で実務を取り仕切るシャヒーナさんは、団体では誰からも頼りにされている。

のなかでは珍しく英語が話すことができる。彼女は支援団体であるJKCCSと当事者団体であるAPDPのあいだで意思疎通をまとめあげていて、その柔らかい人柄と知性から、誰からも好印象を持たれていた。調査のときもその人柄が発揮され、彼女自身も弟が行方不明になっていることも手伝って、人びとの警戒心を解き調査がスムーズに進むのを私はよく目にしていた。

シャヒーナさんの場合、弟が逮捕され行方不明になったのは、自分の目の前で起きたことだった。一九九四年、彼女と弟のショウカットさんがラル・チョークでバスを待っていると、BSFの装甲車がやってきて、ショウカットさんを含む付近にいた若者を逮捕して車に押し込んだ。その一時間前、ラル・チョークでは手榴弾による攻撃があり、それを疑われたらしかった。

「その夜、他の若者は釈放されましたが、私の弟は拘留されたままでした。弟はBSFに連れられて家にやってきました。武器がないか調べるためです。当然、そんなものは出てきません」

翌日、面会しようとBSFの駐屯地を訪れると、返ってきたのは「我われはその人物を逮捕していない」という冷たい答えだった。

「私は通勤で毎日ラル・チョークを通っていましたから、弟を捕まえたのがそこで警備しているBSF第三〇旅団だということも、地域の警備責任者がクマールという男だということも知っています。捕まえていないはずがないんです」とシャヒーナさんはいい切る。

多聞にもれず、シャヒーナさんもまたショウカットさんを探すため、あらゆるBSFの駐屯地や収容所を訪ねて回った。州政府からは「補償を求めることができるから申請してみては」といわれたが、「お金なんてもらっても無意味よ。私は弟を返して欲しいの。お金を払えば戻ってくるなら、逆にいくらでも払うわ」と語る。

彼女の不幸はこれで終わらなかった。一九九六年、今度は上の弟のサジャードさんが拷問のすえ殺されてしまったのである。「夜の九時ごろでした。私は近所の叔父の家にいたのですが、家に治安部隊がきていると聞いて慌てて戻りました。一番上の弟ともう一人の弟が政府側の民兵からすでに酷い暴行を受けていて、武器はどこだ！　銃を出せ！　と詰問されていました。その後、一番上の弟は連れて行かれて、翌日警察署で遺体を引き渡されました。銃撃戦で死んだ、というお決まりの作り話を添えられて」と、今度は笑うしかないと呆れ笑いで話す。だが、度重なる不幸に母親はうつ病となってしまい一九九七年に死んだと語るときは、さすがに顔を曇らせた。

また彼女は、サジャードさんが政府側の民兵に連れて行かれたことにも言及する。

「一九九六年はファルーク・アブドゥッラーが州首席大臣の地位にいて、州議会選挙の年でもありました。それで民兵たちは権勢を誇っていました」

この発言には少し解説が必要だろう。これまで何度か出てきているが、政府側の民兵とはもともとは同じカシミール人の反政府側のミリタントで、暴力と利益供応によって政府側に寝返った者たちのことである。その組織名からイクワニ（アラビア語で兄弟の意）と呼ばれたり、蔑称としてサレンダーミリタント、あるいはレネゲイド（裏切り者）と呼ばれたりしている。彼らは元の仲間である反政府側のミリタントについての情報を流し、即戦力として正規軍とともに掃討作戦に参加する。その論功行賞で州政府は民兵のリーダーを選挙に出馬させ、政治家に仕立て上げているのだ。一九九六年の選挙ではジャビッド・シャー、クカ・パレイ、パパ・キシュトワーリといった民兵のリーダーがファルーク・アブドゥッラー率いるNCや彼ら自身が作った政党から立候補して、州議会議員となっていたのである。

さらにつけ加えると、政府側が民兵を重用する理由は簡単だ。彼らは敵側内部に通じていて、正規軍がしては都合の悪い汚い仕事を任せられ、戦闘経験も豊富だ。たとえ死んだとしても、もともとは

眼鏡をかけた中央の人物が100人以上の殺人と行方不明に関わっているとされる政府側の民兵のリーダー、パパ・キシュトーワリ。2007年に逮捕されて公判中である。

殺すはずの敵側の戦闘員である。これほど安い買い物はない。

民兵は、一時的には政府の庇護の下で権力を享受できるが、リスクは大きい。反政府ミリタント側から〝裏切り者〟として一生狙われ続けられるからだ。ジャビッド・シャー、クカ・パレイは二〇〇三年に暗殺され、パパ・キシュトワーリには二個小隊が二四時間警備で襲撃に備え、死ぬまで常に殺される恐怖に怯えている。

行方不明の問題が解決する目途は、まったく見えていない。それでもシャヒーナさんは、活動は生きがいだという。「子どもも三人いるし、家庭で落ち着いて欲しいって夫はいうけど、できないわ。もしあなたが私の活動をやめさせるなら、離婚するっていってるの」と笑顔で話す。その表情には、いままで乗り越えてきた苦労とあきらめない意志が込められており、突き抜けた強さを感じせた。

夫は生きていた・破れた手紙

「僕はワタイアン・キャンプにいます。どうか助けてください。お金が必要なら土地を売ってください。どんなことをしてでも助けてください」

何度もコピーを重ね、文字が褪せて読みにくくなった一枚の紙にはそう書かれていた。

この紙を持っていた女性はカリーダさん（三五歳）といい、紙は彼女の夫からの手紙だった。カリーダさんと出会ったのは、二〇〇三年一一月のAPDPのミーティングでのことだった。その取材の最中、普段は見慣れない親娘を見つけた。それがカリーダさんたちだった。パルヴェーズ氏に彼女たちについて訊くと、彼女の夫アブドゥル・アジズ・タントリーさんが行方不明になったが、そのさなかに彼から送られてきた手紙をもっているのだという。冒頭の手紙は、タントリーさんが拘留先である軍の駐屯地のなかから秘密裡に送ったものなのである。

カリーダさんによると、タントリーさんは一九九三年に、彼女に内緒で「近所に肉を買いに行くかのように」家から出て行ったまま、パキスタンへ越境してミリタントとなったのだという。そして、一九九六年に家に帰ってきたが、身を隠すためスリナガルへと移り隠れ住んでいた。だが、密告で治安部隊に逮捕され、それ以来行方不明なのだという。

その後、カリーダさんが地元警察へ逮捕について通報すると、逮捕したのは第二一RRでクプワラ郡のハンドワラの軍駐屯地に拘留されている、といわれた。とりあえず、自宅のあるバラムラ郡パタンのハムデ・キャンプをおとずれるが。そこでもハンドワラかワタイアン・キャンプにいるといわれて、彼女は両方を訪れた。感触からワタイアン・キャンプにいることを確信して、何度も面会を求めたが、タントリーさんがいるのはここではなくジャンムーだといわれて拒否された。しかしジャンムーにもおらず、挙句の果てにラジャスタンにいるだろうといわれた。六人の子どもを抱えて遠くラジャスタンまでいくような経済的状況ではなかったので、あきらめてカシミールに帰ってきた。

もう一度ハンドワラのキャンプに行き、「釈放は求めないからとにかく会わせて欲しい」というと、また「ジャンムーで拘留されている」という。再びジャンムーに行くが、ジャンムーでも「ラジャスタンにいる」という同じ答えが返ってきた。

それでもあきらめきれない彼女は、クプワラ郡の警察本部長と会い、同情してくれた彼から調査の協力を取りつけたが、それをもってしてでも見つけることはできなかった。

そして、タントリーさんが逮捕された九ヵ月後、彼からの手紙がやってきたのである。それはまさしく彼が生きていることの証しだった。

タントリーさんは拘留されていたものの、キャンプのなかならば少し出歩く自由はあったらしい。

カリーダさんは、夫の行方不明後も運よく夫の実家に残ることができた。だがこれは稀な例で、夫の家も貧しく、生活支援が受けられないことがほとんどだ。

また、駐屯地といえども高い塀が廻らしてあるわけではなく、幾重かの鉄条網で遮られているだけだった。そのそばを、家畜を連れて毎日通る牧童がいた。鉄条網越しにその牧童と話をするようになり、彼に頼んで手紙を送ってもらったのだという。

「私は、とても興奮しました。牧童からは『これがあなたの夫が生きている証拠です。おめでとう』といわれて、手紙を渡されたのです」

字が読めないカリーダさんは、近所の男を呼び、ペルシア語文字のウルドゥー語で書かれた手紙を読んでもらった。そこには、次のようなことが書かれていた。自分がワタイアン・キャンプで捕まっていて助けて欲しいこと。ハンドワラの司令部の将校からなら面会の許可がもらえること。子どもも一緒に連れてきて欲しいこと。宿泊はアムス聖廟というイスラーム寺院に泊ること。クプワラにハイダーという男がいるので、彼に協力を頼むこと、などだった。

なかでも、本人からの手紙だという証拠として決定的だったのは、ムハマド・アシュラフ・カーンという男から借金をしていて、その金額が書いてあり、自分が殺されたときに備えて返済について言及してあったことだった。これは本人でしか知りえない事実だった。

タントリーさんはこの手紙をどんな気持ちで書いたのだろうか。死の淵に追い詰められ、微かな希望をこの手紙が届くことに賭けた。その一方で死を覚悟して、借金の返済や「イスラームの教育を受けさせて欲しい」と子どもの将来について思いを馳せていた。

カリーダさんは、この手紙でタントリーさんがワタイアン・キャンプにいる確証を得た。そして、またキャンプを訪ねて面会を求めた。だが、最初は手紙のことは伏せておいた。手紙を出そうとしていることを察知した将校から「もし外部に秘密を漏らすようだったら殺す」と脅されたと、タントリーさんが手紙のなかに書いていたからである。

何度かの交渉のすえ、やっとハイデルベルグ・キャンプという駐屯地の司令官に会うことができた。司令官は、あきらめずにしつこくやってくるカリーダさんに、なぜワタイアン・キャンプにタントリーさんがいると思うのか問うた。そのとき、カリーダさんは手紙の存在を明らかにした。彼女は、筆跡からして夫が書いたものに間違いないと断言した。驚いた司令官は、ワタイアン・キャンプに連絡して二〜三日のうちに面会を設定するので、いったん家にもどって連絡を待って欲しい、とカリーダさんに伝えた。

「私はこのときとても幸せでした。明日か明後日には夫に会えると思っていましたから」

だが、いくら待っても連絡はこなかった。

「夫が手紙を送ったことを知って、第二一RRが夫を生かしておいたのか、殺したのかはわかりません。この後、州人権委員会も手紙を見て夫がワタイアン・キャンプにいたのを確信しましたが、治安部隊が否定して何も進展していません」

カリーダさんの手元には、何度もコピーを重ねて文字が褪せた手紙だけが残った。手紙の原本は、長年にわたる捜索で持ち歩いたためボロボロとなってしまって、現存していない。輪郭が褪せた文字が並んでいるのを見ると、タントリーさん自身の命が褪せていくのが、そのまま写し取られているように見えた。

「私は自分の努力に、もう満足しています。夫を探しに行くと、周囲の人びとは子どもを置いてどこに行くんだ、と私を責めます。どうすればいいのですか？　夫の喉をかき切って殺したなら、どこに死体があるのですか？　どうして教えてくれないのですか？　彼は確かにミリタントでした。だから殺されてもかまいません。その代わり遺体を返してください。家の近くのお墓に埋めさせてください。そうでないと納得できません」

行方不明者の取材をはじめた当初、この問題の深刻さを理解できていたかというと、自信がない。殺されたのなら、墓があり、被害者の死という結末を現実として体感できるし、拷問されたなら、生の声を聞くことができる。だが行方不明の場合は、生きているのか死んでいるのかわからないがゆえに、幽霊を相手にしているかのようで、どうも掴みどころがなかった。消息が途絶えてしまうことによって、私自身の手ごたえも闇のなかに入ってしまうもどかしさを感じていた。だがそれは、結末の見える収まりのいい記事を書きたいだけの、手前勝手な考えに過ぎなかった。

行方不明の問題が他の人権侵害の事件に比べて残酷なのは、残された者に僅かな可能性を見せることだ。捕まえられた自分の息子や夫たちの死体を確認するまでは、家族たちはどこかで生きているかもしれないという希望を見いだす。それが、家族たちを苦しめる。

もう一つの問題は、隠蔽である。容疑者を捕まえ、取調べをする。そして、彼が無実であろうとなんであろうと、無抵抗の状態で殺して葬り去る。葬り去られるのは人間だけではない。手を汚した者たちの犯罪の痕跡さえも消してしまう。そして家族にとって何よりもつらいのは、たとえ亡くなっていても弔うことができないことだ。理不尽な殺され方をしても、遺体があれば家族が葬ることで犠牲者を供養し、自らをも労ることができる。遺族に残された、そんな僅かな思いさえも奪われてしまうのだ。

第５章

死の危険と隣り合わせ
——狙われる人権活動家たち

「弁護士が（人権侵害について）声を挙げなければ、共犯者となってしまう」という横断幕を掲げてデモをする、カシミール弁護士会のメンバーたち。

標的にされる弁護士

インド政府の弾圧に対して闘っているのは、ミリタントや政治活動家だけではない。数少ないながらも、弁護士や人権活動家、ジャーナリストたちもこの状況を打破しようと奔走している。すでに記した、弁護士でありJKCCS代表のパルヴェーズ・イムローズ氏もその一人だ。

私がパルヴェーズ氏に出会ったのは一九九八年のことである。一九九〇年代の初めから人権活動家への暗殺が続くなか、彼は現役で活動していた数少ない活動家だった。その彼に、カシミールでの人権状況について聞いてみた。

「治安部隊とミリタントの両方が人権侵害を起こしています。ミリタントはインドのへの内通者や協力者や政治家をターゲットにして殺しています。治安部隊はカシミール人みなをミリタントの協力者、または分離主義者だと見なしています。AFSPAを乱用して、悪事に耽っているのです。この法律によって、殺人、暴行、行方不明など軍が何をしようと訴追されないのです。軍はすべての違法なことが可能です。例えば、彼らは容疑者を逮捕するとキャンプに連れていって拘束を解きませんが、本来なら地元警察に引き渡さなければならないのです。

もし治安部隊を訴追しようとするなら、政府からの許可が必要なのです。そして、それは警察の調査によって被告が特定された場合のみ、州政府によって連邦裁判所に告訴できるのです。私たちはすでに約五〇〇件もの事件を持ち込みましたが、一つも許可を得ていません。つまり、impunity（免罪）なのです。きちんと説明責任が果たされるなら、人権侵害は大幅に減少するでしょう。

この法律によって、軍は特権を享受しています。テロとの戦いの名の下に軍は誰でも逮捕でき、家を爆破し、殺人するなど何でもできるのです。そうやって無実の市民を殺しているのです。そして、

パルヴェーズ・イムローズ氏は、以前は海外でもカシミールの人権状況を訴える講演をしていたが、当局からパスポートの発給を拒否されるという妨害を受けている。

彼らはミリタントだったといったり、行方不明に追い込んでいるのです。また、この法律はナガランド、アッサム、マニプールなど、独立運動を抱えるインド北東部でも施行されています」

――人権侵害の問題がこれだけ深刻なのに、なぜ取り上げられないのでしょう？

「人権団体が機能していないからです。一九九〇年代当初は多くの人権団体が動いていましたが、二、三人の活動家が殺されたあと、みな撤退しました。我われはなんとか人権侵害を核心的問題としようとしています。人権侵害とは人間の問題であり、包括的な問題だからです。我われは中世の世界に生きているわけではありません。人権の問題がすべての人に共通の問題だからこそ共感を持ってもらえると信じているのです。国家というのは巨大な力をもっていて、それに物言いをつけることができるのが、民主主義です。ここにはそんな民主主義はありません」

――なぜ、あなたは人権についての活動をはじめたのですか？

「私は、紛争がはじまる前から人権活動家でした。紛争が激化したことによって、より深くかかわるようになったのです。例えばH・N・ワンチューという私の同僚でもあったパンディットの弁護士は、ミリタントによって殺されています。またドクター・アサイという心臓外科の権威も人権問題を強く訴えて軍に殺されました。

　ジャリル・アンドラビという弁護士は、一九九六年三月八日に拉致されました。その前に、政府軍と働いている民兵が彼の家にきて暗殺を企てられてもいました。なぜなら、その直後にスイスのジュネーブでの国連人権委員会に出席しようとしていたからです。彼は誘拐され、その一九日後に手を縛られた状態でジェーラム川に浮かんでいるのを発見されました。その後、警察の調査で第三四RRのアヴァタール・シン少佐が拉致と殺害の当事者であることを突き止めました。このような事件のせいで、人権活動家は極めて少なくなってしまっているのです。

私自身も一九九五年にＨＭのミリタントから撃たれました（この件に関しては、実行したＨＭミリタントが『騙された、間違いだった』として後に直接謝罪に訪れたという）。また二〇〇五年にＡＰＤＰが行方不明者の碑を立てたときも軍が刺客を送ってきました。二〇〇八年にも、行方不明者が埋葬されたと思われる無名墓地の存在を暴露して調査をはじめた時期に、軍に刺客を送られて暗殺されかかりました。自宅に銃を撃ち、手榴弾を投げてきたのです。そのときは近所の人が気づいて騒ぎになり、刺客は引き上げました。その後二ヵ月は、私は家には戻らず転々としていました。

我われは監視の対象です。なぜならインド政府の嘘を暴こうとしているのですから。またパスポートが発給されないので、国際会議にも出席できません。電話も盗聴されているし、事務所に誰がくるのかチェックされている。だから、くるのを避ける人もいます。

しかし私は、沈黙は自分たちを守ることにならないし、答えではないと思っています。受け入れられないことは受け入れられないというべきです。私の運命はここにあるのです。リスクや困難はあります。インド政府はカシミールで人権侵害はないといい、すべてはうまくいっていて、人権侵害があるとするとミリタント側からだけで、それをテロリズムと責任転嫁しようとしています。私はそういう嘘と闘っているのです」

――メディアについてはどうですか？

「インドの国内メディアはとても限定的な報道をします。彼らの立ち位置は、カシミールに関してはほとんどは政府と同じです。ヒンドゥーやシーク教徒が殺されれば一面扱いですが、ムスリムは殺されても数を報じているだけです。政治家と同じで治安部隊の悪口は書きません。読者に対して不作為を働いているのです。人権侵害はミリタント側からだけで、治安部隊は反乱の鎮圧に懸命にあたっている、と伝えるのみです。これは不幸なことです。カシミールで何が起きているのか、読者に対して口を噤んでいるのです。メディアにもカシミールの問題を難しくさせた責任があると思っています」

――インドの学者や知識人からの反応はいかがですか？

「たくさんのインドの知識人と交流がありますが、私たちはインドのセキュラリズムの人質です。彼らは人権侵害については同情的ですが、分離独立に対しては好意的ではありません。もしカシミールが分離独立すれば、他の地域にも火がついてインドが分裂すると考えているからです。でも、それは間違っています。カシミールはもともとインドとは別の国だったのです。約束された民族自決権を否定し、非合法に支配しているのです。強制的であろうとなんであろうと手放しはしないのです。

経済的にも六〇万人もの軍隊が駐留するのにかかる費用を考えてみてください。このお金で学校がいくつ建てられるでしょうか。おまけにカシミールは両国の核開発競争の引火点です。過去に何度も核の使用の可能性があった戦争が起きています。インドの知識人はもっと現実を見るべきです。カシミールでの分離独立運動はやむことはありません。闘争は世代から世代へ受け継がれており、力でそれを押さえつけようとする限りやまないのです。それは歴史を見ても明らかです」

ある友人の死

二〇〇五年の四月二〇日午後五時ごろのことだった。私の携帯電話が鳴り、液晶パネルには見慣れぬ番号が表示された。訝しく思いながら応答のスイッチを押すと、切迫した声が響いてきた。

「大変です。選挙監視の移動中に車が地雷を踏んだらしく、クラムさんは重傷でアシアさんが死亡したようです」

電話はスリナガルからだった。声の主は、インド在住の日本人研究者で友人でもあるTさんだった。

事故にあったクラム・パルヴェーズ君（二六歳）とアシア・ジーラニさん（三〇歳）の二人は、取材を通して知り合った私の友人で、ＪＫＣＣＳの一員だった。総選挙の投票の監視で、各地の投票所を回っている途中だった。カシミールの住民の多くは、不正の疑いのある選挙への参加をいまでも拒否している。そのため、投票率を上げるために投票日になると兵士が家々を回り、銃を突きつけて人びとを投票所へと追い立てるのだ。彼らはそんな〝銃口の下での選挙〟の様子を記録しようと、危険を冒して活動していたのである。

アシアさんは、ＪＫＣＣＳの機関紙で編集や記事の執筆をするジャーナリストだった。彼女がジャーナリストを志したのは、少女のころから味わったカシミール人なら誰でも持つ原体験からだ。「私が一五歳のころ、武装闘争が勃発しました。インドの治安部隊は家宅捜索を繰り返し、男性を家の外に出し、女性に淫らなことをするのはしょっちゅうでした。私の家にも兵士がきて二階に上がるようといわれたときがありましたが、私は妹とともに拒否しました。しかし、連れていかれた叔母は襲われそうになりました。こうした被害は地方で特に顕著です。農村地帯では治安部隊の影響力が大きい上に、人びとは無学で訴える術も知りませんし、メディアも取材しにくいのです。多くの女性が被害に遭っていながら、社会的な制約からその声は封じられたままなのです」

アシアさんはムンバイの単科大学で二年間建築を学んだ後、カシミール大学の大学院で二年間ジャーナリズムを学んだ。その後、インターンシップでＡＦＰ通信のスリナガル支局やインド全国紙のデリーの事務所で働き、順調にキャリアを伸ばしていた。

だが、デリー滞在中に転機が訪れた。同じ会社のカシミール出身のパンディットから、嫌がらせを繰り返し受けたのだという。パンディットから見れば、カシミール・ムスリムである彼女は、自分たちを故郷から追い出した不倶戴天の敵だった。例えば、二〇〇一年の国会議事堂襲撃のときに犠牲祭

取材で訪れたダルトポラ村でのアシア・ジーラニさん。紛争の犠牲になりながらも、光が当たらない人びとの声を聞くことが、ジャーナリストとしての信条だった。
（撮影：クラム・パルヴェーズ）

でカシミールへ帰っていた彼女は、デリーに戻ってくると「カシミールでいったい何をしていた？」とまるで自分がテロリストあるかのような目で見られたともいう。こうした経験から、インドのなかにカシミール人に対する偏見や、間違ったプロパガンダがあることを感じ、カシミールに戻ってＪＫＣＣＳに参加することにしたのである。

ＪＫＣＣＳでは、彼女は女性ジャーナリスト、教師、医者、学者、主婦と共に「カシミール人女性が主導する平和と軍縮（ＫＷＩＰＤ）」を設立し、カシミール内外で女性が対話をすることによって市民社会を強靭にし、女性の地位を向上することを目指した。彼女はこの団体の季刊ニュースレター「聞かれぬ声たち（Voices Unheard）」の編集を一人でこなし、ときには記事の取材やコラムの執筆も手がけていた。「聞こえぬ声たち」はアシアさんが死ぬまでに五号が発行され、その後もＫＷＩＰＤのメンバーが発行を続けている。

二〇〇三年秋、私はアシアさんを含む五人のＪＫＣＣＳのメンバーと、夫が紛争に巻き込まれて死んでしまったため、女性の半分以上が未亡人になっているダルドポラという村を訪れた。女性たちから熱心に聞き取りをするその姿に、こつこつ仕事を積み上げていく粘り強さを感じた。彼女は教育を受けた人間の義務として、声なき人びとの叫びを聞き代弁をしていきたいと常々語っていた。

若き人権活動家クラム君

もう一人の被害者クラム君は、以前はデリーのコンピュータ会社に勤める高給取りの若きビジネスエリートだった。

「でも僕は差別されていることに気づいたんだ。カシミール人というだけで嫌疑の目を向けられ、テロリストと罵られて喧嘩を売られることはしょっちゅうだった」

事実、私が彼とAPDPのパルヴィーナさんとバンコクでの国際会議に参加する途上、デリーのホテルで宿泊しようとしたときのことだった。ホテルのマネジャーは私が以前そのホテルに泊ったことがあるのを憶えていて、値引きに応じようとしてくれていた。しかし、二人がカシミール人とわかるや否や、マネジャーは「うちにカシミール人を泊める部屋はない。そんなに泊まりたきゃ、警察で許可証を取って出直してこい！」と、いまいましそうに叫んだ。運が悪いことに、前日にパキスタンの情報機関の仕業と目される爆弾テロがムンバイで起きたばかりだった。警察から、カシミール人がきたら気をつけるように、という通達が回されているらしかった。カシミールのミリタントたちはパキスタンの支援を受けている。そのためにカシミール人すべてが〝パキスタンの手先〟と見なされているのだ。幸い彼が常宿としていた他のホテルが受け入れてくれたが、そこでも「知らないカシミール人だったら、絶対に泊めないよ」と釘を刺された。


彼もアシアさんと同じように、幼少のころから目の前で起きる不正義をなんとかしたいと思っていた。そのきっかけは祖父の死にあった。彼の祖父もまた、一九九一年一月二一日にゴウ橋で銃弾に倒れていた。その虐殺現場で治安部隊の指揮を取っていたのは、彼の家の向かい側に住んでいたアラ・バクシという将校だったという。

「事件以来、彼が祖父を殺したかと思うと、僕は彼を見るのも嫌になった。毎朝、僕は学校に行くために彼の家の前を通って、彼を見かけるたび、いつも遠くから唾を吐きかけていた。復讐し殺してやりたい気分に駆り立てられていた」と、いまの彼からは想像もできないことを口にする。

「祖父は誠実で、正直な人だった。人のために不正に対して闘えと常にいっていた。祖父の死後、彼

クラム・パルヴェーズさんは右足を失ったが、人権活動家として働くことをやめようとしなかった。

が何をいっていたか思い出した。正直さこそが一番の策である、困っている人を助けることが一番の美徳であると。そして、祖父自身が身をもって教えてくれたんだ。あんな老人がするのなら、若い僕だって何か貢献すべきだと思ったんだ。」

ミリタントになろうと思ったこともあった。だが、人殺しをすれば敵と同じことになってしまうと考えてやめた。折しも、JKLFが停戦して非暴力路線を表明しており、それに共感したことも影響していた。そこで、彼は仲間とともに、紛争で親を失くした孤児の世話をしたり、彼らに勉強を教えたりする、スチューデント・ヘルプラインという団体を結成した。またそこでは、若者が感情的になってミリタントになるのをやめさせる活動に重きを置いた。

「カシミールの闘争は決して死にはしない。生きていれば、闘争は生き続けるし、人も独立の意志を持って生きられる。ミリタントになるのは自殺行為だ。インド政府に殺させる口実を作ってしまう。ミリタントはある意味ヒーローで、みながそのように戦い死ぬべきだと考えているところがあるので、説得がとても難しかった。でも、そんなことをしていたら全員が死んでしまう。カシミールでは軍の脅威はとても大きく、六〇万人の兵力が常駐している。それに比べミリタントはわずか一〇〇〇人だけだ。どうやって勝てる？　論理的に考えればわかることだ。戦い続けることはできるが、勝てはしない。でも、非暴力であれば、少なくとも自分たちが自ら死ぬことはない。実は非暴力はリスクが減らせる」と、非暴力の効用を説く。

それに飽き足らず、分離独立の活動をしているイスラーム系の宗教政党に身を寄せたこともあった。だが、そこで見た失望を彼は隠さない。「指導者たちは聖戦を説くけど、じゃあ連中の息子たちは何をしている？　誰一人聖戦なんかに参加しないで、いい学校に行って医者になったり、活動資金で商売をしたりしているじゃないか」

現在は弁護士で叔父であるパルヴェーズ氏が主宰するＪＫＣＣＳの一員として、治安部隊による人権侵害の告発や、国際的な連帯活動のコーディネイトをしている。また、選挙の投票の監視活動も重要な仕事だ。彼はその理由をこう語る。

「知っての通り、ここでの選挙は票の操作が過去に何度もあったからだ。だから、誰も選挙に行きはしない。投票に行く人は強制されたか、金をもらった奴だ。投票は権利だけど、しないことも権利だ。人権団体の責任として人びとが自分の意思で投票にいくのかどうか見なくてはいけない。田舎だと大量の軍隊を使って投票に行かせるんだ。投票日の朝、軍隊はこういうんだよ。『夕方にもう一度きて、指に投票の証のインクがついてなかったら、指を切ってやる』と。投票率を上げて、インドは民主主義国であることを証明したいんだ。都会ではメディアの目もあってそんなことはなく、一〇〇パーセント近くボイコットだけど。票が操作されているかどうかは、自分たちが投票しているのでわかる。もちろん、カシミール人はインド寄りの人間なんか好きじゃあない。でも、インドはこういうんだ。『見ろ、民主的に選ばれたカシミールの代表がこういっている、独立なんていっているのは一部の人間だ』とね。でも、彼らは我われの本当の代表ではない。たとえ独立派が同じ土俵でインド政府と話し合って解決しようと立候補しても、選挙が操作されているから無理なんだ。一九八八年のときだって、カシミール寄りの立候補者はみな逮捕され、拷問を受けていた。そのため、いくら選挙で戦っても無駄だということになり、銃を取ったんだ。四〇年間ものあいだ、何度も民主主義が否定されてきたんだ」

クラム君は、こういったことはカシミールに限ったことではない、と続ける。

「一九八〇年代のパンジャーブでもそうだった。北東部のナガランド、マニプールでも同様のことが行われている。また、何億もの不可触民がいるし、南部には共産党毛派がいて権利の平等を目指して闘っている。つまり、インドは自分の国の半分を相手に闘っているのに等しいんだ。

ここ数年間のことを見て欲しい。何千件もの異宗教間の暴動が起きている。二〇〇二年にグジャラートの暴動で二〇〇〇人のムスリムが殺されたが、誰も罰せられてはいない。インドのアイデンティティはヒンドゥー国家だからだ。キリスト教徒に対しても、海外から金をもらって低カーストの人びとを改宗させているといっている。確かに彼らは金をもらっているが、殺されていいわけではない。法で禁止すべきなんだ。教会が焼かれ、尼僧が殺されているけど、これは続くと思う。多数の人びとが殺されているけど、それを指示しているのは少数のブラーフマン（上位カースト）なんだ」


事故に遭った日も、スリナガルから約一〇〇キロメートル離れたクプワラ郡でアシアさんをはじめとする六人のメンバーで、選挙監視の活動をしていた。

「あの日、アシアは体の調子が悪くて、もともとは監視には行かない予定だった。しかし、当日の朝になって行くといい出し、参加したんだ」

最初に監視したコモリアル村の投票所では、人びとは投票をボイコットしていて人影がなかった。わずかに投票にきた人もいたが、それは候補者に仕事を紹介してもらったからだという。その人物にクラム君は「自由が欲しくないのか」と問うたが、「自由も大切だが、パンとバターも必要だ」という答えが返ってきたという。

「あれは午後一二時半ごろだった。最初の投票所の視察を終えて次の村へ移動している途中だった。車の右前輪が地雷を踏んだんだ。爆発と同時に車はバラバラになり、外へ投げ出された。ドライバーは即死だった。草むらにはアシアや他のメンバーが横たわっていた。彼女は顔を血だらけにしながら『クラム、助けて』と僕に叫んだ。見ると、彼女の片腕はほとんどもげていた。助けようとしたけど、僕も右足をひどくやられていて、動けなかった。みな、血の海のなかで呻いていた。しばらくすると、軍のパトロールがやってきた。僕たちは助けを請うたけど、『俺たちを批判する人権団体なんか助けない』と冷笑を浴びせるだけで彼らは去っていった」

地雷はもともと、ミリタント側が治安部隊を狙って仕掛けたものらしいが、運悪く触れてしまったようだった。またクラム君によると、地雷が敷設してあったことを軍は知っていたという。

「僕たちが現場を通る前に軍の車が引き返してきてすれ違った。彼らの車には地雷探知機が装備されていて、あそこに地雷が敷設してあるのがわかったからこそ、引き返してきたんだ。でも、僕たちには教えなかったんだ」

救急車がやってきたのは、事件から四〇分後のことだった。そして、一時間半の道のりをかけてスリナガル市内の病院に搬送された。そして、アシアさんは意識不明のまま亡くなった。

アシアさんの死は、自由と人権の解放に身を投じて死んだ殉教者として伝えられ、無名だった彼女の名は一躍知れ渡り、人びとの同情を呼んだ。暴力を否定し、暴力とは無縁の活動をしていた彼女がこうした形で死ぬのは意外だっただけに、無念さがつのった。

クラム君は頭と右足を怪我していた。その後はデリーの病院に移り、何度かの手術の後、右足の膝から下を切断した。それ以来、右足には義足を装着している。

彼は三ヵ月間入院していたが、「早く仕事に戻らなくては」と見舞いにきた人びとによくいっていたそうだ。

「みな『その足でどうするんだ？　何ができるんだ？』と笑うんだ。でも、僕は友人のアシアのような犠牲者は出したくない、そのためには、この紛争を解決しなければならないと強く思ったんだ。でも、誰も信じてはくれなかった。あいつは何か家でできる仕事に職業を変えるだろう、もう歩けないだろうと思われていた。でも、僕はみなに、そして自分自身に、絶対に仕事に戻ると誓った。事件前、僕はジャーナリストになろうと思っていたけど、人権活動家のほうが実践的に貢献できると考え直した。社会でより大きな役割を果たしたかった。完璧な人権活動家となって、独立運動家にもミリタントにもインド政府にも影響を与える存在になりたかった」

退院後、クラム君は、ミリタントが公共の場所で治安部隊に向かって手榴弾を投げることや、道路に地雷を敷設するのをやめさせる運動をはじめた。二〇〇七年に武装闘争を統括する聖戦評議会にその声が届き、カシミールのミリタントが地雷を使うのを完全にやめさせることに成功した。

「僕は二〇〇七年にパキスタン側カシミールを訪れた。国際地雷廃止キャンペーンの国際使節団の一員として、幾人もの司令官に会い、戦いに地雷は必要がないことを説得した。また公共の場所で手榴弾が投げられると、市民に犠牲者が出る。戦うなら場所を選んで欲しいといった。彼らはベストを尽くすことを約束してくれ、それ以来、事件は起きていない。例えば先日、デモの群集のなかで手榴弾を持っていた若い男が、市民に捕まえられた。男は軍に命令されて手榴弾を投げるようにいわれていたんだ。政府によって手榴弾が投げられミリタントの仕業とされる例も多いんだ」

デリーの病院で、クラム君の右足の膝から下を切断しなければならないと決まったときの話がある。病院で周囲の人びとは、彼にその事実をどう伝えればいいか、決めあぐんでいた。だが彼は、そうした雰囲気を見透かすかのように話しはじめたという。

「たとえこの脚を失おうとも、神は僕にもう一本の脚を与えてくださっている。二本の腕も健在だ。何ものにもまして、神は頭脳を与えてくださっているじゃないか。僕は変わらず仕事を続けることができる」

皆が彼の発言に驚きを覚えているなか、彼はインドの独立闘争のときに詠まれた詩を引用してさらにつけ加えた。

「この道の一つ一つのステップ。それはつらいものになるだろう。もし心地よい生活が欲しいなら、ここから引き返すことだ」

どんなことがあろうと、闘い続けることからしか、自分たちはこの苦しみから逃れることはできない。そんな決意が彼を支えているのだろう。それは、カシミールの人びとが世代から世代へと渡してきた襷だともいえる。だが、この血塗られた襷リレーを終えるのはいつのことになるのか。そして、抑圧と弾圧から逃げずに闘う真摯な若者たちの血が流れるのが止まるのはいつになるのか。解決への展望がまったく見出させないこの問題に、これからも新たな殉教者が絶えないことを思うと、暗い気持ちになるのを抑えることができない。

第6章

パンディット
——カシミールのヒンドゥー教徒たち

ジャンムーの難民キャンプで暮らすパンディットの子どもたち。難民という不自由な環境から抜け出そうと、彼らの向学心は旺盛だ。

四〇度を超える気温というものを体験したことがあるだろうか？　最近は地球温暖化の影響で、日本でも盆地などではたまに見るようになったが、四月から六月までの北インドでは毎日のことだ。私がカシミールの冬の州都ジャンムーをはじめて訪れたのも、一九九八年六月の四二度にもなる、そんな暑さのなかだった。

ジャンムーには、一九九〇年代に武装闘争のあおりを受けてカシミールから逃げてきた、カシミール・ヒンドゥーであるパンディットたちが住む難民キャンプが点在している。その数は一〇ヵ所、約一四万人が住むといわれる。

パンディットとは、カシミール土着のヒンドゥー教徒のことである。カシミールは古代から仏教とシヴァ哲学と呼ばれる独特なシヴァ神信仰が盛んなところで、スリナガルは学問の都として中国や中央アジア、インド世界では有名な場所だった。そのため、カシミールには高い教育を修めたヒンドゥー教徒が多く、そのカーストは最高位カーストのブラーフマンばかりである。ドーグラー朝時代にも、宮廷の官吏として多くのパンディットが働いていた。また、ドーグラー朝だけでなく、他の藩王国の宮廷でも多くのパンディットが働いていた経緯があった。彼らが自分たちのことをパンディット（知識人・教養人）と呼ぶように喧伝するようになり、それが跳ね返ってカシミールのヒンドゥーをパンディットというようになったらしい。そのためカシミール・パンディットといえば、インドでも有数の血筋を引く民族集団として知られている。前述したが、インド初代首相のネルーも生まれはアラハーバードだが、祖先はカシミール・ブラーフマンであるこのパンディットの血筋を引いている。

カシミールといえばイスラームというイメージが大きいが、いまの多数派であるムスリムは、一四

家の居間兼寝室で塾を開くレナさん。故郷を追われ、異郷の地の厳しい環境のなかで生き続けなくてはならなかった。

世紀ごろにヒンドゥー教徒から改宗した者たちの子孫である。またアマルナート洞窟という聖地があるように、カシミールの歴史のなかでヒンドゥーやヒンドゥー文化は大きな位置を占めている。

ムティⅡキャンプ

ジャンムー地方の英字紙エクセルシア紙の記者に紹介されて向かったのは、約五〇〇世帯が住むムティⅡという名のジャンムー近郊に位置するキャンプだった。キャンプに入ると、大きな道沿いにレンガ造りの平屋の家が続いていた。難民キャンプというよりも、小さな家が立ち並ぶ住宅地のようである。キャンプのなかにある広場の壁には「We are not migrant, but displaced. Panun Kashmir（俺たちは移民じゃない、難民なんだ。パヌーン・カシミール）」という文章が書かれていた。パヌーン・カシミールとは、カシミールにパンディットだけの居留地をつくるように要求している団体である。ジャンムーを本拠としているが、メンバーはカシミール外に住むパンディットも多い。カシミールのムスリムが、デリーやアメリカで人権侵害について訴える集会をすると妨害にくるのがパヌーン・カシミールのメンバーたちで、ヒンドゥー右翼と相通じるものがある。

訪ねる先は、このキャンプのまとめ役だというパンディットのラル・レナさん（四〇歳）だった。レナさんの家は、レンガ・ブロック造りの六畳間ほどの部屋と三畳ほどの広さの台所を持っていた。家族が何人いようと一世帯に一軒、同じような家が与えられる。ちなみにレナさん一家は、奥さんと娘さん二人の四人家族である。

レナさんたちはカシミール南部のアナンタナークに住んでいた。だが「武装闘争が盛んになり、ヒンドゥーは標的となりました。すべてを置いてカシミールを離れなければなりませんでした」という。

彼らは一九九〇年にジャンムーにやってきたが、当時はテントのキャンプで、その後三年間はテントのままだったという。現在のレンガ造りの建物になっても、キャンプの環境の悪さには辟易しているようだった。

「ここの気候には本当に慣れません。気温は夏には四三度にもなります。この建物も壁や屋根は熱で暑くなるし、雨季には雨漏りがします。清潔な飲料水もきません。蛇や蠍が入ってくるときもあります。父は三年前に亡くなりましたが、この高温と不衛生な環境が原因です」と、涼しかったカシミール渓谷がいかに恋しいかをにじませる。

キャンプでは年齢にかかわらず、生活保護費が一人あたり月四五〇ルピー支給される。レナさんの家族は四人家族なので、一月で一八〇〇ルピーもらえる計算である。レナさんの場合、公立高校の教師も勤めており、その月給が六〇〇〇ルピーだという。もっとも、他の人に聞くと公立高校教師の月給は高くても四〇〇〇ルピーほどで、見栄を張っただけではないかという。また、彼は学校の勤務が跳ねたあと自宅で補習塾を開業しており、その実入りも入れれば彼の収入は月七〇〇〇ルピーにもなろうか。この金額は低所得層が多数のインドのなかでも、中の下ぐらいの悪くない所得である。もっとも、こんなに収入を得ているのは彼くらいであって、他のキャンプの住人はオート・リキシャの運転手などをして生活保護費の他に月三〇〇ルピーを得るくらいだ。キャンプの人びとによると、よそ者にはろくな仕事はないということらしい。私から見たらパンディットもドーグラー人も同じヒンドゥー教徒なので、そんな差別があるとは想像もしていなかった。

それでもある程度余裕のある生活ができているのでは、とレナさんに話を向けると「食べて寝るだけでなく、病気になったら医者にもかからなければなりません。子どもだって上の学校に進むほどお金がかかります。こんな所にずっとは住めませんから、新しく家を建てるために貯金もしなければな

難民キャンプで家としてあてがわれた建物。この中に六畳一間と四畳ほどの台所があるだけだ。

りません」と、生活は楽ではないことを強調する。しかし、何もしなくても生活保護費が入ってくるというのは、食うや食わずの生活をしている人も多いインドでは恵まれた存在である。この点が、難民となったパンディットたちへの同情を低くしている。

自分たちを追い出したミリタントについてどう思うのか聞くと、「ミリタントは誰の友だちでもありません。銃を取ることは悪いことです。何か問題があるなら、話し合いで解決するべきなんです。いくら考えが違うからといって、どうして相手を殺さなければならないのでしょうか」という。このまっとうな意見は、闘いか死かという雰囲気のカシミールからきた私には新鮮に聞こえた。

インタビューの最中、かたわらでは勉強を教わりにきた中高生が、数学の証明問題や英作文をこなしていた。質問があるとレナさんが丁寧に教える。失礼だが、こんな難民キャンプで、子どもたちが塾に通ってまで熱心に勉強している姿を見るとは思わなかった。だが、この粗末な暮らしから抜け出すには、学歴を手に入れて良い職に就くのが一番の近道だと彼ら自身が身に沁みているからだろう。

インフラが不十分なキャンプ

インタビューをしていると、近所の人びとが「水道の水が出ないことを抗議に行こう」とキャンプのまとめ役であるレナさんを呼びにきた。四〇度を超す暑さにもかかわらず、飲み水が出ないのである。キャンプの誰かが余計に水道管を分配しており、そのせいで水圧が足りなくなって水がこない、というのが彼らの主張だった。その水道管を分配するのに、役人に賄賂を払って黙認させているに違いないというのだ。

生活用の水を貯めるところを見せてもらった。水は共用の蛇口からちょろちょろ出るだけで、一八リットルの石油缶に水を満杯にするのに四〇分はかかるという。それを、仕事のない男たちが、猛暑のなかおしゃべりをしながら順番に水を貯めている。

訪れた州政府のキャンプ事務所は、机一つの本当に小さな事務所だった。事務所の職員は四〇人にも上るレナさんたちの抗議に圧倒されて上司に連絡すると約束し、その場で電話がある雑貨屋へと移動した。

職員が電話で「水の問題で、たくさんの人が集まっているんですが……」と本部の事務所と話しているが、埒があかないと見たレナさんは、受話器を奪いとって話しはじめた。「局長がいない？　あんたたちはいったい何をしているんだ。私たちは、もう四年もこの問題を訴えているんだ。抗議するたびに、対策を講じるというだけで何もしない。いつも口だけだ。改善されないなら、もっと大規模の抗議行動に移らざるを得ない」と脅す。

結局、具体的な対策は約束されなかったため、みな怒り心頭で、「役所に何をいっても無駄だ。明日の朝、代表者で警察に行こう」「局長のところに直接行って、この問題が解決するまで信用できないといおう」と口々にいい出した。

そして、その後も議論を続けていると、騒ぎを聞きつけた本部の役人と警察官がやってきた。「配管の見直しをします。それでも問題があるなら連絡をください」と役人はいうが、みなは納得しない。それどころか「自分の家の分も含めてパイプを掘り出して、誰が水を盗んでいるか確かめよう」といい出だす者が出てきた。警察官は「そんなことはしないでくれ」と懇願するが、「この一ヵ月、ほとんど水がこないんだ。ずっと頼んでいたのに、何もしてくれなかったじゃないか！」と、警察官を一喝した。

そうこうしているうちに、人びとは素手で地面を掘りはじめた。不正にパイプを引いたと思われる人びとが遠巻きに見ているが、勢いに押されて止めることはできない。パイプが露わになり導線が明らかになるが、どれが正規のパイプで、または不正なパイプなのかは傍目では判断できない。夕闇が近づき、あたりは暗くなってきたので、騒ぎはもうすぐ収まるだろうと思い、私は現場を離れた。

帰り際、バスがこないので、オート・リキシャを捕まえて乗った。ドライバーは、キャンプに住む、スリナガルのバトマルー地区出身のパンディットだった。人が良さそうな彼は、私がバトマルーを知っているというと喜んだが、「パキスタン人になりたいムスリムの連中に追い出された」と憤懣やるかたない様子だった。彼は私とはにこやかに話しているが、同じバトマルーに住む私の友人とは、同郷といえども深い溝が横たわっていることを感じさせられ、寂しい気持ちになった。

翌朝の九時ごろ、キャンプを再び訪れた。すると、水が出ているではないか。それも勢い良く、じゃぶじゃぶと。ここぞとばかり、蛇口から貯水用のバケツにつぎつぎと水を汲んだり、食器を洗ったりしている。男性のなかには、パンツ一丁となって体中に石鹸を塗りたくって体を洗っている者もいる。自分たちの要求が通ったと、みな笑顔、笑顔である。この問題は、当局が水道管の水圧を上げれば解決できる問題だったのだ。だが、よそ者のパンディットたちは後回しにされているのである。

しかし、そんな幸せなときもつかの間だった。一時間半もすると、水はぱったりと途絶えてしまったのである。どうせこんなことだろうと思った、と一気に失望が広がった。

「水が出ても、本当はこの水は汚れていて飲料水としては不適切なんだよ」と男たちが不満そうにいう。証拠を見せようと私をキャンプの裏側へと連れていった。そこには水道管の結合部が布で結わかれているのが見えた。こうやって緩くなったパイプの結合部から土砂が入ってくるのだという。「何か贅沢をしたいわけじゃない。せめて安心して飲める水が欲しい」。これが八年も暮らしているキャンプの実態だった。

レナさんの家に行くと、奥さんが熱を出しているということで、彼が薬を買いに外に出かけるところだった。もう取材はできないと思い、私はレナさんに「あなたの夢はなんですか？」と尋ねた。「それは、もちろん故郷に戻ることですよ。ここの気候や住環境を見てあなたもわかるでしょう？　それに、どんないい場所があったとしても、自分が生まれ育った場所が一番です。神がお望みなら、願いは叶えられるでしょう」

レナさんは、すでに家をジャンムーに建てようと計画を進めているので、危険なカシミールに戻ろうとは思っていないのでは、と予想していた。家も仕事も完全にジャンムーに移しているので、ジャンムーでの生活の成功を願うものだと思っていた。確かに望郷の念はあるかもしれないが、それがいかに現実的でないか、彼自身が一番よく知っているはずだった。しかし苦しければ苦しいほど望郷の念が募り、自分の生い立ちが詰まった故郷が思い出されるのだろう。

なぜエクソダス（大量脱出）は起きたのか

第三章でも書いたが、一九八九年から武装闘争が本格化し、パンディットたちはインドのスパイではないかと疑われ、殺された。それにより大勢のパンディットたちがカシミールから脱出した。その経緯については、いろいろと意見が分かれている。クプワラ郡など北部では、このようにいわれている。一九九〇年三月に村のモスクのスピーカーで「ヒンドゥー教徒は二四時間以内にカシミールを出るように」というアナウンスがあった、というのである。

このアナウンスは、ミリタントが流したという説と、当時のジャグモハン州知事が主導したという説がある。

ミリタントはともかく、なぜ同じヒンドゥー教徒であるジャグモハン州知事がそんなことをしなければならないのか？　それには、二つの理由が考えられた。一つは、当時カシミールでは、ミリタントからの脅迫で、ヒンドゥー教徒はその証である額に赤い染料をつける「ティッカ」を禁止されていた。そのため外見ではムスリムとパンディットの区別ができなかったので、軍がムスリムを標的とする作戦を展開する上で都合が悪かった、という理由である。もう一つは、ヒンドゥー教徒が迫害されていることを演出して宗教問題化を狙っているのでは、という理由だった。

このモスクからの放送が本当にあったのかは不明だが、当時、一部のミリタントたちが新聞にパンディットたちを迫害するようなメッセージを掲載したり、町でビラを貼ったりしていた。

前にも書いたが、ムスリムとパンディットたちの関係は決して悪くはなかった。逃げようとしたパンディットたちを、同じ村のムスリムたちが守るからと引きとめた例や、逃げたパンディットの家や農地を、彼らがいつ戻ってきてもいいように保全していた例などはいくつもある。

私のムスリムの友人も「原理主義的な考えの奴らのなかには、自分たちはピュア・ムスリムだという連中もいる。何をいっているんだといいたいよ。我われのカシミールの姓称である『ワニ』『バット』というのは、もともとはカースト名なんだ。カシミール・ムスリムは、元はヒンドゥーで、そこから改宗していった。だから、カシミールの文化はパンディット抜きでは語れない」と主張する。

他方、脅しだけでなく、パンディットが実際に殺されたのも事実である。しかし、無差別の大量虐殺があったわけではなく、州政府の役人や国家公務員、ヒンドゥー主義を研究する学者、国営放送のディレクター、お金持ちなど、狙いがはっきりした暗殺がほとんどだった。

とはいうものの、ムスリムがパンディットに対して負の感情を持っていなかったわけではない。パンディットはドーグラー朝時代から支配層の一部に組み込まれていて、公務員だけでなく、大規模地主や事業家も多く、ムスリムからは嫉妬の感情があったことは否定できない。

パンディットたちも、ムスリムからのそうした潜在する反感を敏感に感じ取っていた。そして、限定された暗殺であっても、彼らの恐怖心を煽るには十分だった。パンディットたちと友好関係にあったムスリムたちも、時代のそうした雰囲気のなかで彼らを守りきることはできなかった。

警戒するパンディットたち

このような経緯があり、カシミールでのパンディットへの取材は困難を極めた。普段はムスリムと交流して生活を営んでいるが、取材となると「政治的なことに巻き込まれたくない」と口を噤んでしまうのである。

例えば、スリナガルに「ゴパール・フルーツ」という現地で一番古い果物屋がある。そこのパンディットの店主と私は一〇年近く顔馴染みであり、彼自身周囲のムスリムとの関係は良好で、私もその地域の人とは大の仲良しである。しかし、過去や現在に置かれている立場についてのインタビューを申し込むと、そんなこと話せるわけがないだろうという顔をされて断られてしまった。

また、バトマルー地区のバザールのど真ん中にパンディットが経営する服の生地屋がある。武装闘争最盛期、バトマルーはミリタントの支配地域だったところだ。友人によると「ミリタントの合同委員会が、彼らの生命の保証をしていた」のだそうだ。この店にも、近隣に住む店主をよく知る友人を介して取材を申し込んだのだが、露骨に嫌な顔をされて断られた。

パンディットたちは、イスラーム教徒たちに混じって一見平和そうに暮らしているが、常に目に見えないプレッシャーに晒されているようだった。

焼かれたワンダハマ村のヒンドゥー寺院。ヒンドゥーとムスリムの憎悪を煽ろうと、誰が画策しているのだろうか。

虐殺がおきた村

一九九〇年代半ばには、上記のパンディットを標的にした暗殺はなくなった。しかし、一九九七年にサングラムプーラ村で七人、一九九八年にワンダハマ村で二三人、二〇〇三年にナンディマルグ村で二四人と、カシミールの山村に住むパンディットが殺される虐殺事件が起きた。また、ジャンムー地方でも殺害事件が起きている。

そのうちの一つであるワンダハマ村に、私は一九九八年五月に訪れたことがある。森のなかにあるその村は、小鳥の鳴き声が心地よく響き、緑に包まれ小川が流れる美しい村で、虐殺事件が起きたとはとても思えなかった。村人は畑仕事に出ているようで、人気はなかった。焼け焦げた小さなヒンドゥー寺院には陰茎をモチーフにしたシヴァリンガがにょっこり地面から顔を出し、壁にはナチスの鉤十字の元となった卍のスワスチカと、ユダヤの紋章である星型のダビデの紋様が描かれていた。この一見相反するような二つの紋様の源は、ヒンドゥー教である。

その寺院の周りには、木造部分が焼けて壁だけとなった二軒の家があった。どちらもトタンの屋根が焼け落ち、その下に犠牲者たちが使っていた割れた壷や行李、洋服などの家財道具が散らばっていた。

報道によると、事件は同年一月二五日、翌日にイスラームの断食月明けのイードを控えた日に起きた。時間は夜九時に近く、ムスリムの村人の多くはモスクでの礼拝のため、出払っていた。そこにインド政府軍の制服を着た集団がやってきた。

ただ一人の生き残りだったヴィヌド少年（一四歳）が地元新聞に語ったことによると、将校の一人が彼の母親にお茶を頼んだので全員に作って渡した。飲み終えると三軒のパンディットの家に押し入って銃を乱射し、その家と小さなヒンドゥー寺院に放火して逃げた。ヴィヌド少年だけは二階にいたので無事だった。

この事件を含め、一連の虐殺事件は外国人ミリタントの仕業とされているが、治安部隊や政府側民兵を使ったやらせの可能性も濃厚である。どちらの仕業にせよ、インドのなかでカシミールの問題が宗教的な問題として捉えられる傾向が強まるのは間違いなかった。

ムスリムとパンディットが住む村

二〇〇三年一〇月、やっとのことで、スリナガルから南へ五〇キロメートルに位置するシャピアンの近郊にある、パンディットとムスリムの両方が住んでいる村で取材することができた。紹介してくれた、医療ボランティアをしているフセインさんによると、彼はそこで献血を募る活動をしたことがあるので、村人とは信頼関係があるという。

シャピアンの街には、スリナガルと違う光景があった。スリナガルの街にはどこへ行ってもある治安部隊のバンカーが見当たらないのだ。案内の地元の人になぜバンカーがないのか問うと、こんな話をしてくれた。「治安部隊が街のなかをパトロールしていると、ピンを抜いていない手榴弾がその隊列に飛んできました。パトロールをやめないと、次はピンを抜いたのを投げるぞ、という警告です」という。つまり、この地域ではそれだけミリタントの存在感が強いのだ。町を出てすぐSOGのキャンプの脇を通ったが、ミリタントの侵入を阻むため、敷地には鉄条網が厳重に張り巡らされていた。「奴らはあそこから出ることはできない」と、その案内人はつぶやく。

インタビューに答えてくれた、ウムカル・ナスさんたち。平和そうに見えても、少数派として緊張が抜けない暮らしぶりだった。

目指す村の手前に軍のキャンプがあった。キャンプの手前では常に検問が行われており、車を降ろされて武器などを隠し持っていないか、車、人ともにチェックを受ける。私もみなと同じようにチェックを受けるが、特に何も気を留められることはなかった。ミリタントが多く存在し、外国人などは絶対くるはずもない田舎で、一瞥もされなかったのは不思議でならなかった。

目的地であるチョードリグンド村は、道路を挟んでキャンプの斜向かいにあった。これならば、ヒンドゥー教徒たちも安全だろう。フセインさんたちが一軒の家のドアを叩くと、ウムカル・ナスさん（五八歳）が出てきた。インタビューを申し込むと、答えられない質問にはノーコメントでという条件なら、ということで引き受けてくれ、彼の家にお客としてきていた近所の人びとも交えて話を聞いた。しかし、やはり警戒感があるのか家には入れてはもらえず、玄関先で座ってのインタビューだった。客人をもてなすことを美徳とするカシミールでは、これは相当に例外的な出来事である。

ナスさんによると、この村には二〇家族、三五人のパンディットがが住んでおり、以前はムスリムと混住していたが、いまでは同じ村のなかでも分かれて暮らしているという。それでも近隣のムスリムとの関係は上手くいっており、ミリタントが多い地域だが、脅されたことはないと明言する。

ナスさんは以前、公立学校の先生を務めており、こんなエピソードを話してくれた。

「一九九三年か九四年ごろ、村で銃を持ったミリタントが歩いていました。パキスタンからきた連中だと思っていたら、かつてのムスリムの教え子だったのです。思わず『何をしている！』と、そのミリタントの耳をつねりました。でも恐くなって、後でその教え子に自分がしたことは良かったのか訊きました。彼は『正しかったです。あなたは教室の外でも教えてくれる先生ですね』といい、自分が良くないことをしているということを気づかせてくれた、といってくれたのです」と話す。

その後も、この村では事件らしい事件もなく、一度だけキャンプの近くで銃撃戦が起きただけだという。「私たちに何かあればムスリムの隣人たちが黙っていません」と自信たっぷりに語る。

だが、二〇〇三年三月二三日、近くのナンディマルグ村でパンディット二四人が何者かに襲われて殺された事件が起きた直後は、さすがにナスさんたちも恐怖心が高まった。夕方五時を過ぎるとドアを閉ざし、一時は逃げる準備もしていた。だが、地元のムスリムたちが、毎晩村をパトロールして守ってくれた。それについて、「我われはいい関係を築いていますが、周りが邪魔をする」という。

軍のキャンプに近いこともあり、安全を考えてキャンプとも連絡を取っているのか、と問うと、「とんでもない」という。「キャンプには絶対に行けません。もし行けば、ミリタントから『どういう関係だ』と訊かれます。こうして話していることだって、後でミリタントがきて、あなたたちが何者か、どんな話をしたのか訊いてくるでしょう」

ナスさんは現在リンゴ農家を営んでおり、他のパンディットたちもここに留まる理由は、農地（財産）を守るためだという。それでも、ジャンムーやデリーに逃げていった他のパンディットたちの決断は正しかった、と肯定する。「彼らは土地を売って、子どもに教育を受けさせて医者や公務員にして、平和な生活を満喫しています」

パヌーン・カシミールについて聞くと、「あの人たちは自分たちの利益のために我われを利用しているだけです。我われは彼らにトランプのカードのように使われ、捨てられているのです」という評価だった。

しばしばパンディットのカシミールへの帰還問題が論議されるが、ナスさんたちにいわせると、彼らは戻ってこないという。「カシミールに土地はないし、いい仕事を持っているのにどうして戻ってきますか？　彼らが出て行って一四年がたちます。新しい世代が生まれて、その人たちはインドの文化を身につけています。彼らは教育を受けた都市化された人びとですから、わざわざ田舎で危険なと

インタビューに答えてくれた、数少ないパンディット、サンジェイ・ティックーさん。カシミールに残り続けるパンディットとしての意地と誇りを発していた。

ころに住む理由などないのです」と極めて現実的な分析をする。

しかし逃げた人びとでも、ジャンムーのレナさんたちのように、難民キャンプで行きどころのない人たちもいる。それについては「彼らは手当てをもらっているんでしょう？　でも問題を抱えているのは知っているし、同情します。政府が仕事と治安を保障すれば彼らは戻ってくることができます」と語った。

他にも、分離・独立の問題についてどのような形が望ましいか、元イスラーム協会議長でパキスタン帰属派のギラニ師についてなどの質問をしたが、いずれもノーコメントといわれ、答えてくれなかった。

ムスリムに囲まれても安全に暮らしているという彼らの言い分は、八割がた本当だろう。一方で、財産を守るため命を賭けて暮らすのに、本音を潜めなければならないのも事実だった。

スリナガル市内に住むパンディット

サンジェイ・ティックーさんという中年のパンディットに出会ったのは、ＪＫＣＣＳのクラム君からの紹介だった。彼との雑談のなかで「僕たちと働くことのできるパンディットたちがいる」と紹介されたのが、そのサンジェイさんだった。

市内のカフェで待ち合わせて会った彼は、何かもったいぶった話し方をする、斜に構えた少し屈折した人物という印象を受けた。

私が一九九〇年代初めのパンディットが置かれていた状況について質問すると、ここでは話せないといって、下町にある彼らの活動拠点に案内された。その場所は補習塾のような広間で、実際に初老の男性がイスラーム教徒の女生徒に勉強を教えていた。ジャンムーでもレナさんが同じような仕事をしていたが、教育水準の高いパンディットという評判は確かなようだった。

サンジェイさんは、インタビューをはじめると、普段発言の機会を与えられないうっぷんを晴らすかのように話し出した。その内容は矛盾や強引な見解も多々あるが、それこそがカシミールに住むパンディットたちが持っている本音を代弁していた。

「僕の名はサンジェイ・ティックーといいます。カシミールに住み、移住はしていません。カシミール・パンディット闘争委員会を運営しています。カシミール・パンディットの政治的、社会的地位向上を目指した団体です」。彼によると、カシミールに住むパンディット全員がメンバーなのだそうだ。例えは古いが、ベ平連みたいな組織といっていいだろうか。カシミールから逃げ出さずに踏ん張って留まった自分たちこそが本当のカシミール・パンディットである、というプライドが垣間見える。

——一九八〇年代後半、一九九〇年代初めのパンディットを取り巻く状況はどうだったのでしょう？

「それを話すには、一九二九年から一九四七年のことをまず話さなければなりません。藩王ハリ・シンの支配下では、ムスリムだけでなく、経済を支配していたパンディットも弾圧の対象となりました。それで、マハラジャに対する闘いをはじめたのです。

残念ながら、その一方でNCが、カシミールはパンディットに乗っ取られているとネガティブキャンペーンをしたのです。教育のあるパンディットたちがすべてを握っているという意見がありますが、それはプロパガンダです。NCは世俗主義を謳っていますが、我われにとってはイスラーム原理主義者団体よりも性質が悪いのです」

NCといえば、インド政府と癒着しているため分離・独立派から目の敵にされているが、まさかパンディットともこんなに反目しているとは想像をしていなかった。

スリナガル市内の寺院で祭礼を執り行うパンディットたち。ヒンドゥー教徒としてのアイデンティティを見せられる数少ない機会として、表情は真剣だ。

「一九八六年五月にアナンタナーク郡のファティポラでシバ・ラートリ（シバ神の夜祭り）を祝っているときに、カシミールで初めての宗教暴動が起きました。ヒンドゥー教徒の家は焼かれ、牛が殺され、略奪にあったのです。それ以来、村ではお祭りができません。お前たちはここでは安全ではない、というシグナルだったのです。そして、この行為を非難する者はカシミールにはいませんでした。これは実はNCの仕業でしたが、イスラーム原理主義者のイスラーム協会のせいにされたのです。あのころはイスラーム協会の人気が高まっていました。NCは異宗教間の亀裂を利用して、自分たちは世俗主義者であるとして、イスラーム協会を潰して自分たちの支持を集めようとしていたのです」

ここで言及されている一九八六年の事件は、表向きには調和が取れていたカシミールでの異宗教間の関係が、実は緊張状態にあったことを示した有名な事件である。少数派のパンディットたちが「迫害されるのでは」と、具体的に恐れはじめた事件だった。ただ、事件の真相は未だに藪のなかで、本当にNCの陰謀なのかはわからない。

「一九八九年の初頭、JKLFによってパンディットが殺されるようになりました。ミリタントたちはインドの治安部隊と闘うのと同時に、マイノリティをカシミールから追い出そうと殺していったのです。それは、彼らがカシミールにイスラーム法による国家を確立しようと目論んでいたからです。また、彼らは州政府の職や、売り払われたパンディットの財産を手に入れるようになりました」

武装闘争最盛期にパンディットを一番多く殺したのは、パキスタン系の武装勢力ではなく、実は独立派で現在では非暴力の運動を訴えるJKLFだというのは、現地では公然の秘密である。JKLFとしては、宗教的な意図があったというよりも、インドの手先と考えてパンディットを暗殺したのだろう。しかしこのことが仇となって、JKLFはパンディットからも、またドーグラー人からも信頼を得られていない。

「ムスリムの人びとはパンディットに危害は加えていないといいますが、それは間違いです。いまでも私たちは、母国にいながらいつ標的になるのかわからないという恐怖と日常的に戦っているのです。一九九七年から数えて七回もの虐殺事件があったのですよ」

——それは政府の陰謀ではなかったのですか？

「いや、それは絶対に違います。モスクにはリストが貼られ、誰々を殺すと書かれていたのです。そんなことを書かれたら、どう自分の命を守るかは明らかです。パンディットは一九九二年に三万二〇〇〇人が住んでいましたが、いまでは三〇〇〇人です。ミリタントたちは、パンディットの家には訪れるな、かかわるな、彼らと商売をするなといったのです。誰も脅していないといまになっていいますが、そんなことは受け入れられません」

——なかには、インド軍が作戦をするときにヒンドゥー教徒が混じっていると困るから立ち退かせた、という人もいますが？

「ここには一〇万人もの軍隊がいて、彼らは何でもできるのです。パンディットがいようといまいと関係がありません。人口比率から考えれば、パンディットのほうが多く殺されているのですよ。私は治安部隊が何をやっているのか、ミリタントが何をやっているのか知っています。ヒンドゥーかどうかは関係ありません」

——治安部隊から、どんな扱いを受けたのですか？

「治安部隊の捜索作戦が行われているときでした。家にいる者は外に出ろ、というので出て行きました。すると、兵士たちはパンディットがいることにとても驚きました。当時は、多数のパンディットがカシミールから出て行ったあとだったからです。そして、いまだに残っている我われを、ミリタントのシンパサイザーだといって非難したのです。でも、ミリタントたちも我われをインドのスパイだといって信頼してくれませんでした。また、ヒンドゥー系の政党でさえ私たちに発言の機会を与えてくれません」

そして、武装闘争時代に起きた彼の経験を披露しはじめた。

「一九九〇年に『カシミールから出て行かないと殺す』といった内容のウルドゥー語で書かれた手紙が、私のもとに届きました。そして、それを書いたと思われる政府側の内通者が来て『一週間以内に出て行け』といってきました。私は地元のウルドゥー語の新聞に、その手紙と生命の危険を訴える私の意見を掲載してもらいました。すると、その内通者の組織から人がきて、それが本当に自分たちの組織から発せられた物なのか改めて手紙を見せて欲しいといわれました。そして、二四時間待ってくれといいました。では、誰が私たちの安全に責任を持つかと聞くと、自分たちが守るといってきました。彼らは手紙を出した男を探し出して、処罰しました。その日以来、私や私の家族を脅す者は出てきていません。なぜ政府側の内通者がそういうことをしたのかはわかりません。しかし、私たちパンディットは政府側、反政府側を問わず、そのような脅迫を経験してきたのです」。サンジェイさんがそういうと、同席していた高等裁判所で働いているという別の男が口を開いた。

「この家の主の兄弟はミリタントに殺されています。私の父は二度誘拐され、一度は撃たれました。私自身も一九九九年に脅迫状をもらいました。でも私はここにいます。多数派（ムスリム）の人びとはパンディットを助けたとかいいますが、それは受け入れられません。彼らは混乱のなかでも自分たちの関係を築くことができるし、自分たちに何が起きたのかいうことができますが、私たちはできません。ナマスカールというヒンディー語の挨拶だって最近までは使えなかったんですよ。大事な宗教の儀式だってできません。これだって人権侵害です」

――ではあなた方は、どんな解決方法を提案するのですか？

「私たちはカシミールが一九四七年の状態（完全独立）に戻ることを提唱しています。そして、すべての関係者が集まって、多数派も少数派も、一つのテーブルについて会議をするのです。議題はただ一つ、お互いがお互いをどうするのか話し合うのです。皆でどうやってこの問題を解決するかを話し合うのです。国際法的にカシミールは紛争地帯なのです。ですから法の上で闘えばいいのです。

私たちこそが、インドとパキスタン、分離主義者、同じヒンドゥー教徒、すべての関係者から被害を受けているのです。そのため、まず私はこのすべてからの独立を求めます。私たちはいま三〇〇〇人しかいません。このままでは私たちの子どもたちの未来はどうなるのでしょうか？　私たちの声は誰にも聞かれたことはないのです」

――どうしてカシミールから去らないのですか？

「私のアイデンティティはここにあるからです。私はカシミール人であり、ここを去った瞬間にアイデンティティは失われてしまいます」

――あなた方の主張に反対する人たちはいないんですか？

「パヌーン・カシミールなどとは対立しています。なぜなら、我われは彼らの解決策に反対しているからです。彼らからすれば、カシミールのムスリムはみなイスラーム原理主義者だというでしょう。でも、もしそうだとしたら、私は二〇年もここでは生きられません」

――出て行ったパンディットたちは戻ってくるでしょうか？

「彼らには経済の問題や、子どもの教育の問題があります。子どもたちはあちらで育ち新しい社会、人生を作っているのです。ここに残っているパンディットの若者でさえ仕事がないんですから、どう

パンディットの減少で管理がままならなくなり、廃墟となったヒンドゥー寺院。だが、これはカシミールにはヒンドゥー文化があるという証である。

して戻ってきます？　第二に彼らは強制的に財産を壊されたのです。州外のパンディットにも責任があります。経済的な余裕がある彼らはインド人民党の扇動に乗り、パンディットが悲劇の主人公となるように外に出ることをすすめたのです。彼らは豊かでデリーやムンバイに財産があり、子息をアメリカに留学させたりしています。不幸にも彼らが外のパンディット社会を支配しているのです。もしパンディットの誰かがカシミールに戻ってこようとすると、またムスリムに殺されるぞ、嫌がらせを受けるぞ、というのです。メディアもそうです。危険だというネガティブポイントばかりを伝えているからです」

――ジャンムーでアマルナート寺院土地問題の抗議行動が起きたとき、知人と連絡をとりましたか？

「取りました。彼らは強引に抗議活動に参加させられたといっていました。なぜなら、ジャンムーではドーグラー人の力が強いからです。ドーグラー人は我われとは文化が違い、ムスリムよりもっと危険です。それに、我われが避難したときだってドアを開けようとはしませんでした。学校では難民のパンディットは別のクラスにされました。午前中は地元に開放され、午後からパンディットのために開放されたのです。しかし、午後は気温が何度になりますか？　四五度ですよ。どうやって彼らがパンディットを受け入れたといえますか。また、州政府も公務員として受け入れるのを拒否してきました。これはヒンドゥーとムスリムの対立というよりも、ジャンムーとカシミールの関係が裏側にあるからです。

マイノリティはどうやって生きていけばいいのですか？　マジョリティに擦り寄っていくしかないんです。ジャンムーでは、ムスリムでさえもアマルナート寺院闘争委員会に賛意を寄せていました。だとすると、我われはどうすればいいんでしょう？　宗教やカーストの問題を別として、ジャンムーの人びとはカシミールを受け入れません。それが根本の背景にあるのです。別にそれはジャンムーだけでなく、ラダックだって自治評議会を作ってカシミールから分離しようとしています。この州は基本的に三つに分かれているのです」

このあともサンジェイさんたちは、カシミールのヒンドゥー寺院がいかにムスリムによって破壊されてきたか、延々と説明しはじめた。だが、彼らの立場を知るためには、ここまでの話で十分だろう。彼らは生命の危険を冒し、同胞と対立してまで、カシミールに住んでこそパンディットであるという信念を貫いてきた。そして、ヒンドゥーとかムスリムとかではなく、カシミール人としての誇りが彼らを支えていることが伝わってきた。

残念ながら、現在のカシミールでパンディットの存在感を感じることはほとんどない。人種は同じだから外見上の区別はつかない。スリナガル市内にもヒンドゥー寺院はあるが、よほど注意深く見ないと、その存在はわからない。それは、目に見えぬ迫害がいまなお続いているからだ。ムスリムの側が、自分たちが被害者であるだけでなく加害者でもあるという自覚を持たない限り、この問題は解決しない。

カシミールの分離・独立主義者たちは、自分たちの運動が宗教対立を煽るものではないことの証明として「カシミールは異なる宗教を信じる者が調和してきた歴史を持つ共同体である」としばしば発言する。その考えが本気ならば、かつて弾圧をしたマイノリティであるパンディットたちと、どう協調していくのか。そこに彼らが求める民主主義や人権の価値や質が問われているのではないだろうか。

第７章

自由カシミールか？　植民地か？
——パキスタン側カシミール

2005年、ムザファラバードの中心に建てられた、イスラーム協会の被災民のキャンプ。
地震による死者は8万人余り。その激しい揺れに核戦争が勃発したと考えた人も多かった。

カルギル紛争後のＡＪＫへ

それは晴天の霹靂の出来事だった。一九九九年五月、実効支配線（ＬＯＣ）沿いのカルギル地区の山岳地帯にパキスタン軍が陣地を構築しているのがわかり、印パ両国が実質的な戦争状態に突入したのである。戦闘の舞台となったカルギル地区は、世界最高高度の戦場と言われるシアチェン氷河への補給路である国道一号線を見下ろして攻撃することができる戦略的要衝だ。カルギル地区の山岳地帯の標高は三〜四〇〇〇メートルで冬期の気温はマイナス三〇度に下がる。その峰々はインドが支配する地域であるが、その厳しい環境がゆえに警戒が手薄となる冬季に、パキスタン軍が隙を突いて占領していたのである。

そのわずか二ヵ月前の三月、インドのバジパイ首相がパキスタンのラホールを訪問し、パキスタンとの信頼醸成を謳った「ラホール宣言」を結んだばかりのことだった。この「ラホール宣言」はバジパイ首相がデリーから印パを結ぶ直行バスの第一便でパキスタン入りをしてシャリフ首相と握手するという演出を施し、核実験後から冷え込んだ両国の関係改善に大きな希望をもたらしていた。だが、この侵攻作戦でパキスタンが「ラホール宣言」よりも前に作戦を開始していたことがわかり、関係は一気に後退した。

戦闘は大規模化し、インド側は一九七五年の第三次印パ戦争以来という空爆を開始した。それに対し、パキスタン側は携帯対空火器「スティンガー」を用いてインドのミラージュ２０００戦闘機を撃墜するなどエスカレートしていった。現地から送られてくる映像を日本で見ていても、インド軍が高射砲をずらりと並べて山上のパキスタン軍陣地を砲撃するさまは圧巻で、何としてでも奪還するという強い意志を感じた。

この戦闘は核兵器を持つ二国の紛争ということから国際的にも大きな注目を浴び、特に各国が侵攻したパキスタンに停戦を求めた。パキスタンは、「侵攻したのはミリタントであって、我われはモラル・サポート（精神的支援）をしているだけだ」と正規軍の存在を否定し、停戦を拒んだ。だが、これほどの規模の作戦をミリタントのみで行うのは不可能に近く、それは戦闘が進むにつれて発見されるパキスタン兵の遺体からも明らかだった。

七月二一日、シャリフ首相はアメリカ・ワシントンでクリントン大統領と会談し、停戦を受け入れた。それは、すでにパキスタン側の陣地が失われた後だったからだ。

この紛争に関してインド側に先に入った他の記者から、フリーランスの記者が前線に行く許可を得るのは難しいと聞いていたため、取材に行くのを躊躇していた。それは私自身の経験からもわかっていた。そうなれば、パキスタン側から取材をするしかない。許可が取れるか未知数だったが、インド側より可能性はあるだろう。私が行くことにしたのは停戦後ではあるが、パキスタン側のカシミール（アザード・ジャンムー・カシミール、ＡＪＫ）に行けば、戦闘以外のことでも、インドからの難民のことやほとんど報道されることのないＡＪＫの状況を知ることはできるだろう。そう考えた私は八月の終わり、パキスタンへと向かった。

ＬＯＣの前線へ

ラワルピンディのサダル・バザールの近くにある軍広報部（ＩＳＰＲ）に、ＬＯＣの前線への取材申請をすると、二週間後、やっと許可が出た。担当のアティック少佐は、タイプで作成した許可証に自分のサインを入れて渡してくれた。期間はわずか四日間だけだが、文句はいえなかった。場所はアトマカーンといい、ＡＪＫの首都ムザファラバードから北へ六〇キロメートルほどの場所だという。

ラワルピンディからムザファラバードまでは、乗り合いのトヨタハイエースで約四時間の道のりだ。まず、避暑地でありウイスキーやビール、ラム酒の醸造所があることで有名なマリーを通り、下界の暑さを忘れさせてくれる。だが、マリーを通り過ぎて山を下りはじめると、気温はまたぐっと上がる。高原のような気候のインド側と違いパキスタン側は暑いようだ。道は右へ左へと曲がりくねったワインディングロードで、車酔いと闘いながらの道中である。

車中には、長髪の脂ぎった髪で濃いグリーンのジャンパーを着た、いかにもムジャヒディン（イスラーム聖戦士）といった趣きの若者が乗っていた。途中の休憩場所で恐る恐る声をかけてみると、やはりそうだった。バッジを見せながら、アル・バダル・ムジャヒディンに属しているという。このようにパキスタンを挟んで、アフガニスタンとカシミールのあいだをミリタントが移動しているのである。

ラワルピンディのホテルで知り合ったツーリストガイドから、国営のバンガローがあり安く快適に過ごせると紹介されたので、宿はそこにするつもりだった。そのバンガローに行ってみると、外国人は泊められないという。では自分で宿を探そうと立ち去ろうとすると、バンガローの職員たちは離してくれなかった。私が外国人であるため警察に連絡して引き渡すというのである。インド側でも取材に対する警察の規制は厳しいが、まさかＡＪＫでも同じような圧力を受けるとは思わなかった。

三〇分ほどで車に乗った公安警察（ＣＩＤ）の私服刑事がやってきた。名前はデワンといって、三〇過ぎの温厚そうな男だった。私はＩＳＰＲでもらった許可証を見せて説明すると、ホテルに連れて行くのでそこに泊まれという。そのホテルは川の眺めが良かったが、一泊六〇〇ルピーもすると聞いて、市中心部にある二〇〇ルピーのホテルに宿泊することにした。

夜八時ごろ、ホテルに軍の将校がやってきた。警察からの連絡で私の到着を知ったようだった。将校はザッファル少佐といってAJKでの軍の広報官だった。彼によると前線に行く便が今晩あるので、さっそく向かって欲しいということだった。途中、インド軍の陣地と対面する場所を通るので夜しか移動ができないのだそうだ。

夜一〇時、濃緑に塗装された二台の軍のトヨタ・ランドクルーザーで出発した。ニーラム川沿いに北へ進路をとり、二時間ほどで山道に入るとライトを極端にロービームにした。目立たないようにという配慮からだろうが、さらに一時間ほど進むと今度は完全にライトを消した。谷を挟んで右側五〇〇メートルに山肌が続くが、そこはインド側で、発見されれば撃たれる可能性もあるという。街灯があるわけではないので、本当に真っ暗闇だ。車は歩くよりも遅いスピードとなり、一人の兵士が車の窓枠に身を乗り出して座り、運転手に右だ、左だとどちらにハンドルを切るかを指示している。私はまんじりともせず、その声を聞いているしかなかった。

空が明らんだ五時ごろ、やっと現地の旅団本部に到着した。すぐに休みをとるようにうながされ、あてがわれた六畳間ほどの部屋で仮眠をとった。三時間も寝ただろうか。起きると、チャイにスクランブル・エッグ、ナーンというパキスタンでは定番の朝食が出てきた。

食べ終わると、さっそくインドからの砲撃で被害を受けている村を案内してくれるという。案内してくれるのは、アフリディ少佐という、その氏族名のとおりパシュトゥーン人であった。パキスタンが一九四七年にカシミールに侵攻した際、先陣を切ったのがパシュトゥーン人の民兵である。やはりアフリディ少佐の父親も軍人で、第一次印パ戦争当時、このカシミールで戦っていたそうである。

旅団本部を出発して一五分ほどすると高台に出た。少佐が車を止め、正面の彼方に見える山を指し、「インド軍はあそこの頂上に観測員を置いて、山の向こう側から砲撃してくる」という。

さらに進むと、車窓から道沿いに家々が見えてきた。だが、窓がふさがれた空き家ばかりである。

繰り返される砲火のために家を捨てて逃げてしまったのだ。途中の農地はインド側で見慣れた水田はなく、トウモロコシ畑ばかりだ。川は近くに流れてはいるが、灌漑に使える湧き水がないのだろうか。

終着点は「バザールだ」という広場だった。バザールといっても雑貨屋と肉屋、八百屋が少々と、人が住んでいる家が周囲に少し密集しているだけだ。いくら田舎の村とはいえ、バザールと呼ぶには寂しすぎた。

「最近攻撃されたところを見せる」といって、バザールから少し上がったところにある家並みに案内された。コンクリートでできた壁だけが残り、屋根や窓枠はあらかた落ちてしまっている。壁には砲弾の破片で削られた跡が無数についている。

少佐から「これを見ろ」と手のひらいっぱいに乗るくらいの、直径一〇センチメートル大の円盤状の金属の破片を見せられた。これが砲弾に入っていて、着弾すると飛び散って人びとを殺傷するのだ。周りの人家も空き家である。

五〇メートルほど遠方にある大きな建物も砲撃で壁が崩れ、屋根には穴が開いていた。「あれは学校だ。一つは男子学校で、もう一つは女子学校だ。インドからの砲撃は人びとの教育の機会も奪ってしまうんだ」と少佐が説明する。壁にはペンキで大きく「MSF」と書かれていた。もちろん、こんなところに国境なき医師団が展開しているわけはなく、ムスリム学生戦線の略である。

幾つかの被害にあった家屋を見せられた後、再びバザールに戻った。カメラを持った私を見て人びとが集まってきた。少佐は何でも聞いてみろという。

農民のアフマド・ディンさんは「ここには店もないし、子どもたちのための学校もない。砲撃で怪我をしても連れて行く病院もないのです。すべて破壊されてしまいました。あそこを見てください。昨晩も砲撃があってやられました」と、かたわらの崩れかけた家を指しながら語る。そして、私

AJKのアトマカーンで、インド側の砲撃によって破壊された家屋と、右足を失った男性。

たちを取り囲む群集のなかから一人の男を引っ張り出してきた。松葉杖をついて歩くその男の右足はなかった。ファリーダ・フセインさんという名のその男性は、バザールの店先で店番をしていたところを被弾したのだという。彼も「ここには何もない、食料も教育もすべて戦争で失われてしまった」という。私は彼に「では、何が必要ですか?」と尋ねた。私は生活の上で必要なことを聞いたつもりだった。だが、少佐の通訳のニュアンスに違いがあったせいか、「カシミールの自由、独立です」という答えが返ってきた。パキスタン軍人の目の前でそんな答えがくるとは思わなかったので、私は少々面食らった。ところが、周りの人びとは軍人がいることをかえって意識してか「独立を目指してインドと闘う」と口々に唱えはじめた。そして「インド軍は、なぜ市民を狙うのか。闘うのなら軍隊とすればいいじゃないか」という。だが私は、「パキスタン軍の砲撃でインド側のカシミール人も多く死傷しているよ」と一人ごちた。

もっといろいろな人から話を聞きたかったが、ここで時間切れとなった。少佐曰く、旅団長が私と会食をするために待っているので戻らねばならない、というのである。アトマカーンを出るのは午後六時というので、その前にもう一度こさせてもらうという約束をして車に乗り込んだ。

旅団本部に戻る前に「休憩をしていこう」と高台にある一軒の家に立ち寄った。そこに着くや否や「ヒューン」という風切り音がしたかと思うと、「ドーン」と爆発音が聞こえた。インド側からの砲撃だった。「俺たちはラッキーだな」と少佐がこともなげにいう。着弾しているのはさっきのバザールあたりで、いま私たちのいる場所も一応射程範囲だがめったに飛んでくることはないという。新聞で読むだけだったLOCでの砲撃戦は、ここでの日常なのだということを改めて実感した。そして、それと同時にかすかな後ろめたさも感じた。さきほどバザールで話を聞いた人びとは、この砲撃のさなかで右往左往して防空壕のなかに身を潜め、終わらぬこの危険な日常が過ぎるのをただ待つことしかできないのだ。地元の人びとのほとんどは農民だ。逃げる当てのある人は、すでにここにはもういない。農民は貧しくても危険でも土地に生きるしかないのだ。

砲撃は五分おき位に続き、四〇分ほどで終わった。再び車に乗って旅団本部に着くと、旅団長の中佐がしびれを切らして待っていた。昼食はなんと中華料理だった。羊肉と野菜を八宝菜のように炒めて餡かけにしたものだった。日本人の私がきたのでこしらえたと中佐は得意そうに語る。それを作ったと思われる気の弱そうな使用人（軍人ではなく現地雇いの小間使いだと思われる）がかたわらに立っていた。パキスタンやインドでは中華料理はいわばオリエンタル料理で、食材も手に入りにくいのでレストランにでも行かないと食べられない。日本でのインド料理の位置づけに似ているだろうか。

中佐の話によると、ここには一旅団規模の部隊が駐留しているという。どのくらいの割合でインド側から攻撃があるか聞くと、「そのときによりけりですから、なんともいえません。ただ、我われから先制して撃つことはなく、あくまで反撃するだけです。また、敵の軍事施設のみを攻撃し、民間人のいるところは攻撃しません」と、あくまで相手の挑発行為に応戦しているだけだという姿勢を崩さなかった。カシミール問題の解決についても「それはインド次第です。彼らが平和を求めていればそう接しますし、戦いを挑んでくるなら闘うだけです」と、やはり攻撃を仕掛けているのはインドで、パキスタンには責任がないという公式見解のままである。彼らからしてみれば、過去三度の戦争に負け、二倍の兵力を持つインドからの侵略の脅威と常に戦わざるを得ないのだ、といいたいのだろうか。

昼食が終わると「陣地を見せる」といわれ、またジープに乗って出かけた。そこは塹壕に擬装のために網をかぶせた重機関銃の陣地だった。こんな機関銃陣地などは、インド軍が侵攻してきたら砲撃か空爆ですぐさま潰されてしまうだろう。私が見たかったのはインド側を攻撃する高射砲陣地だった。ＩＳＰＲにはそう要求したし、このアトマカーンと対峙するインド側のクプワラ郡ケランでは、パキ

アトマカーンのパキスタン軍の機関銃陣地。戦争とはいったい誰のためにあるのか？　銃器に向かってポーズをとる兵士を見て、そう思った。

スタン側からの着弾、被害が数多く報告されている。しかし少佐は、「ここには高射砲陣地はないのだ」といい張る。そんなはずがないのだが、あきらめるしかなかった。

もう一度バザールに戻りたいと所望すると、これも「砲撃があり安全が確保できない」と却下されてしまった。

総じて、このLOC沿いに住む人びとの表情は暗かった。常に頭上から砲弾が落ちてくる恐怖と闘い、またはあきらめながら生きているようだった。

ムザファラバードも含めてだが、私がAJKにきて感じたのは、インド側と比べての田舎っぷりだった。文化の違いもあるのだろうが、同じ州都でもスリナガルに比べ規模ははるかに小さい。新聞はスリナガルでは何十種類もの英字紙、ウルドゥー紙が乱立しているが、ここでは現地新聞が一つもない。また農地なども、インド側では肥沃さを感じるのだが、AJKでは栽培できる作物が限られているように思えた。

結局のところ、軍が最低限見せたいものを見せられただけで、夕闇にまぎれてムザファラバードへの帰途へとついた。

二つのカシミール、一つの家族

故郷にいる家族のビデオレターを見てもらったあと、感想を求めると、ファルーク・ニアジさん（四六歳）は困惑と茫然がないまぜになった表情を浮かべながら少しずつ語りだした。

「何といい表したらいいか……。このビデオにはカシミールの人びとの苦悩が描かれています。五〇年ものあいだカシミールはひどいやり方で分断されてきました。これは私の家族だけの問題ではありません。ほかの幾千もの家族も五〇年の長きにわたって傷を負っているのです」

普段は泰然自若としたさまを崩さないファルークさんだが、このときはうっすらと瞳を濡らしていた。しかし、毅然とした表情にもどりながら言葉をついだ。

「我われがどんなに傷つけられているか、誰にもわからないでしょう。野蛮な殺し合いによって強制的に別れ別れにさせられてきました。世代から世代へカシミールの人びとはこの傷に苦しんでいるのです。想像してみてください。すべてのものを置いてこなければならず、国籍を失ったまま何もかも新しくはじめなければならなかったことを。この悲劇はカシミールでは普通のことなんです」

ひと言ずつふりしぼるような口調に、かえって溢れ出てくる思いを感じずにはいられなかった。


アトマカーンから帰った翌日、私はムザファラバードで、ファルーク・ニアジさんという人物を探しはじめた。私が彼のことを知ったのは中国新聞の田城明記者が書いた「印パ独立五〇年——核神話の下で」という連載特集記事で、インド側からきた難民の代表的存在として紹介されていたからであった。

ファルークさんは弁護士らしいので、裁判所に行き、何人かに尋ねると、検事である彼の遠い親戚という人物に出くわした。その人物に教えられて、中央郵便局の近くにある彼の事務所を訪ねた。

私が日本の新聞記事を見て訪ねてきたというと、「そういえば広島からきたという日本のジャーナリストが話を聞きにきたな」と相槌を打ってきた。田城記者が訪れたのは一九九六年のことだった。

ファルークさんは一九九一年にインド側のカシミールからやってきた。もともと父親と親族が住んでいたため、以前からＡＪＫはたびたび訪れていた。だが、一九八九年から分離独立闘争が激しくなり、一九九一年の滞在中にインド側の治安が悪化したため、帰るに帰れなくなってしまった。

インド軍がカシミールに入った10月30日のブラックデーに、国連軍事監視団に国連事務総長宛の親書を渡す、S. M. チャウダリーAJK首相。

特にインド側で弁護士としてインド軍や武装組織による人権侵害の調査をしていた彼にとっては、治安の悪化は重大問題だった。調査を快く思わない両者から、仲間の弁護士が銃撃されて死傷する事件が頻発していたからである。現在はムザファラバード市でNGO「ジャンムー・カシミール人権運動」を主宰し、同じようにインド側から逃れてきた難民の人権擁護や法律相談をしている。

この難民とは、インド軍による人権侵害から逃れてきた人びとである。約一万五〇〇〇人の人びとがLOCを越え、一九九九年当時は八つの難民キャンプがAJKに設けられていた。私はちょうどファルークさんの事務所にきていた難民のアリフさん（四二歳）に案内されて、ほんの少しだがキャンプの様子を見る機会があった。一九九四年にできた彼の住むマニュアピンⅠは約一五〇世帯、七〇〇人が暮らしている。最初はテントのキャンプだったが、自力で材料を買って家を建てたという。難民には、パキスタン政府からAJK政府の難民委員会を通して一人あたり一日二〇ルピー（当時、一パキスタンルピーは約二円）が支給される。例えば、五人家族なら一日に一〇〇ルピー支給され、一ヵ月では三〇〇〇ルピーである。パキスタンではなんとか食べるのには困らない金額だ。アリフさんは「パキスタン政府はよく世話をしてくれる。足りないのは国際社会の支援だ」と私に訴えた。

しかし、ファルークさんによると（ちなみに彼自身は父親がAJK出身なので自宅がありキャンプ暮らしではない）「三〇〇〇ルピーだと、本当に食べるだけ。病気になれば、医者や薬の金が必要です。家の修繕だってしなければなりません。キャンプには学校はあるけど、難民自身がボランティアで運営しているものです。仕事もないし、食って寝るだけの生活です」と、アリフさんのいうことは外国人向けのポーズだという。

田城記者の記事によると、当初難民たちは同じイスラームの同胞の国ならば安全と幸福を享受できると思っていた。だが、難民キャンプに押し込められ、国籍も与えられないという現実も味わい、その幻想も消えた。国連からの難民認定すら受け入れられず、帰属意識を喪失した根無し草だ、と描かれていた。

私がファルークさんにそのことを問うと「そのとおりです。カシミール人はステートレス（無国籍）なのです。私の身分はパキスタン人でもないし、ＡＪＫの国民でもなく、難民なのです。私だけでなくインドから越境してきた難民はみんなそうです」と、パキスタンに対する失望感を隠そうとしない。

ＡＪＫは第一次印パ戦争の初期にパキスタンが占領した西南部で、一九四七年一〇月二二日アザード（自由）・ジャンムー・カシミール臨時政府が樹立された。パキスタン側のカシミールはパキスタン政府が直轄統治するギルギット、フンザなどの北方地域（ＮＡ）とＡＪＫに分かれる。インドがパキスタン側を含めた旧藩王国全地域を自国の不可分の領土としているのに対し、パキスタンは「係争地域」とし、インド側をインド占領地域としている。事実、カシミールは両国と中国が実効支配しているだけで、国際的に認められた国境線はない。

ＡＪＫでは、パキスタン政府がカシミール人に広範な自治を認めている。独自の憲法を持ち、議院内閣制、国会、最高裁もあり、まるで独立国かのような体裁だ。しかし、ファルークさんは「政治的なフィクションに過ぎない」と一蹴する。「上院の議長はパキスタン首相だし、アドバイザーと称して政府の重要ポストのさまざまなところにパキスタン人が入りこんでいる。軍隊だってパキスタン軍が駐留しているし、大統領が外遊するときに持つパスポートもパキスタンだ。そんな独立国がどこにある？」と揶揄を込めながら批判する。実際、大統領、首相、議員、公務員はパキスタン併合への忠誠を誓わなければならないことが憲法で規定されている。また、歳入の四〇％がパキスタンからの拠出金で賄われており、どちらかというと「自治州」といったほうがよい。

私はファルークさんと話すうち、彼の弟と妹がまだインド側にいることがわかった。彼らとはいま

ファルークさんの場合、逃れたのは異郷ではなかったが、その分、パキスタンへの失望も大きかった。

まで何度か手紙のやりとりをし、電話で連絡を取っていたらしいが、インド側からパキスタン側への国際電話がかけられないこともあって、ここ数年は音信が途絶えているという。ビデオカメラでメッセージを録画してインド側に持っていき、ビデオレターを双方で交換することを私が提案したところ、彼は喜んで承知してくれた。

夕方、町外れの山のなかにあるファルークさんの家を撮影のために訪れた。八〇歳の父親、一一歳と七歳の娘、九歳の息子、そして奥さんとともに、スリナガルにいる家族へ向けてメッセージを語ってもらった。

「弟と妹よ、みんな元気ですか？　僕たちは離ればなれになってしまって、また会うことは難しいけど、幸せに暮らしていることを祈ります。僕は故郷の家、特に慣れ親しんだ自分の部屋のことをよく思い出します。僕はそちらに帰りたい気持ちでいっぱいです。でも、バカな連中によって僕らは引き裂かれてしまった……。甥っ子たち、僕はいつも君たちのことが気になります。治安や生活、人権侵害の問題などそちらで何が起きているのか、いつも心に留めています。僕たち分断された家族が、また一堂に会する日がくることを願ってやみません」

ファルークさんは淡々と話していたものの、語りたいことが溢れ出て、うまく整理できないように感じられた。

私はテープを持って陸路でスリナガルへと向かった。ムザファラバードからスリナガルまでは直線で約一二〇キロメートル。分断されるまでは、ラワルピンディロードと呼ばれる車で五時間ほどのこのルートが、カシミールと外界をつなぐ交易路だった。だがいまは大きく迂回しなければならない。

イスラマバードへ出て古都ラホールへ向かい、印パ唯一の国境路であるワガ、アタリを抜け、シーク教徒の聖地ゴールデンテンプルがあるアムリッツアルを通り、カシミールの冬の州都ジャンムーに入って、そしてやっとのことでスリナガルに着くのだ。カシミールにまたがるLOCとおなじ約七二〇キロメートルの距離を、二日半かけて移動するのである。

ワガ、アタリの国境路では、夕暮れ時に行われる〝ゲートセレモニー〟と呼ばれる国旗降納式をアタリ側から見た。印パ両国の国境警備隊が儀式用の制服を着て互いの勇壮さを鼓舞しながら、頭に届かんばかりに足を高く上げて闊歩する。見学する両国民は自国の兵士の番になるたびにやんやの拍手喝采をし、「インド万歳」や「パキスタンよ永遠なれ」とかけ声を入れる。印パの対立がこんなもので溜飲が下げられればいいが、カシミールでは無実の人びとが殺されている現状を考えれば、お遊びにしか見えなかった。

そして、この国境ゲートで傑作なのは、インドに入るなり目に入る「世界最大の民主主義国へようこそ」という看板である。これには苦笑するしかない。あるカシミール人にこの看板の話をすると「とんだブラックジョークだな」と笑った。

アムリッツアルでは、ジャリアンワーラ公園にも訪れてみた。第一章でも触れたが、カシミールでデモの弾圧があるたびに思い出すのが、この場所で一九一九年四月一三日に起きたアムリッツアル虐殺事件である。思ったよりも狭い公園で拍子抜けした。人びとが銃弾を逃れるために飛び込んだとされる井戸も、予想外に小さかった。撃たれる側から撃つ側になってしまった現在のインドは、亡き人びとから見たらどう映るのだろうか。

「パキスタンにいる父と兄の様子はいかがでしたか?」と、スリナガルで会ったファルークさんの弟ナイームさんは開口一番にそう話しかけ、一〇年も前から知己を得ていたかのように親しげに接してくれた。彼はスリナガル郊外の工業団地で鉄工所を経営する実業家で、「ウチの工場はカシミール渓

印パ唯一の陸路での国境、ワガ・アタリボーダー。印パ両国には、分離家族や故郷をそれぞれの国に残してきた人びとが、カシミール人以外にも大勢いる。

谷で一番だ」と自慢げに語る。学者のような雰囲気のファルークさんに比べ、やり手の商売人といった感じだ。連れて行ってもらった自宅は広大だった。代々地主の家柄というにふさわしく、敷地のなかには小学校の校庭ぐらいならすっぽり入りそうな広さの農園があり、牛やアヒル、七面鳥が飼われていた。敷地の片隅には、彼の母親と若くして亡くなった長姉の墓があった。母親は一度パキスタン側へ渡ったものの、どうしても性に合わず夫を残してスリナガルへ帰ってきたのだという。そして一九九四年に亡くなった。

夜、家族全員に集まってもらい、ＡＪＫから持ってきたビデオを見てもらった。ナイームさんはいままで写真でしか見せたことがなかった兄の家族を、七歳と一一歳の息子に誰が誰なのか画面を指差しながら説明していた。

見終わって、ファルークさんのもとへ再びメッセージを届けるため、代わるがわるカメラの前に立ってもらった。みな最初は少し照れながら、パキスタンへ訪れるためのビザを送って欲しいと訴えるのみだったが、妹のナスリンさんの番になると、彼女はこみあげる思いをあらわにした。

「お父さん、ビデオのなかのあなたの姿を見てとても悲しくなりました。昔みたいに、一緒に暮らせたらと思います。でも、私たちは一生会うことのできない運命なのでは、と思うこともあります。私たちがまた再び共に暮らす夢を持ちながら、母は亡くなりました。私もまた同じ悲しみを持ちながら、死んでしまうかもしれません。早くビザを送ってください。それが一番早く父さんやみんなに会える方法だと思います。みんなの平和と健康を祈っています。家族のみなさんによろしく」。途中、ナスリンさんは泣きくずれ、何度も言葉を詰まらせた。その夜、私はナイームさんの家に泊まることになり、ファルークさんが使っていた部屋に案内された。本棚には法律書のほかに、トルストイの『アンナ・カレニーナ』『戦争と平和』などが並び、ファルークさんの思慮深い人柄の源泉が偲ばれる。「兄貴は子どものころから一人で本を読んでは考えごとをしていたよ」とナイームさんもそれを裏づける。私は布団に身を横たえ、天井に細工された飾り紋様を眺めた。この紋様はファルークさんの目に焼きついているだろう、と思った。ＡＪＫにいても、床に就いて目を閉じるたび彼の目にはこの紋様が映り、帰れぬ故郷を思い出しているに違いない。そして、本来の部屋の主でなく、一介の外国人である私が寝ていることの不思議さと理不尽さを思わずにはいられなかった。そんなことを考えながらまどろみ、やがて眠りに落ちていった。

ファルークさんとの再会

私が再びファルークさんと会ったのは二〇〇三年八月、タイのバンコクでのことだった。ＡＰＤＰも加入している、アジア強制失踪者総同盟（ＡＦＡＤ）の会議にパキスタン代表としてやってきたのである。あれから六年ぶりの再会である。会議場のレストランに現れた彼に「私のことを憶えていますか？」とぶしつけに尋ねると、「忘れるわけがないじゃないか。でも、あのときどうしたんだ？急に『失踪』してしまって」と笑顔でいい、抱き合った。ファルークさんはだいぶ白髪が増え、お腹まわりもふくよかになっていた。

私の「失踪」については説明が必要だろう。当時、軍から発行された滞在許可証によって私はＡＪＫに入ったのだが、その期限の順守は厳格だった。

最初の訪問の四日目、ホテルには朝からＣＩＤ刑事であるデワンがきており、バスターミナルまで送るので早く帰れという。私はまだやり残した取材があったので、なんとか延長したかった。ためしに現地のＩＳＰＲに連絡してみたが、ラワルピンディで許可証を再取得するようにいわれてしまった。私は、デワンが席を外したすきに荷物を持って逃げ出した。行き先は、ファルークさんの事務所だった。だが、運悪く事務所には誰もおらず、鍵がかかっていた。どこか適当な場所に移動しようと、オートリキシャを捕まえようとしたところ、無線で非常配備された警察官に見つかり捕まってしまったのだ。そして、パスポートとビザのコピーをＣＩＤの事務所で取られると、即座に送り返された。

インドからビデオテープを持ってきた二度目の訪問のときのことだ。私は許可証を出し渋るアティック少佐をなんとか説得し、三日間の予定でＡＪＫへ向かった。

最終日、私は朝からファルークさんの事務所に行き、そこを拠点にしてホテルには夜帰ることにした。そうすれば、すぐに返されず、一日を有効に使うことができるからだ。取材を終え、ファルークさんの家で夕飯を食べ、翌日の再会を約束して別れた。ホテルに戻ったのは九時を回っていた。しかし、私が帰るやいなや、すぐに五〜六人の警察官を引き連れたデワンがやってきた。張り込んでいたらしかった。前回のことで要注意人物となったようだ。有無をいわさず、いまからピンディへ帰れという。まさかバスはもうないと思っていたが、夜行バスがあるという。私はすきま風が入り放題のバスで、寒さに震えながらラワルピンディへと帰るはめになったのである。

話を聞くと、ファルークさんは、実は二〇〇二年に一〇年ぶりの帰郷を果たしていた。彼は両国の知識人で構成されるインド・パキスタン平和フォーラムのメンバーで、会議のためにインドのビザを得ることができ、その機会に帰郷を果たしたという。今回のバンコク訪問も、そのときにかつて同僚だったパルヴェーズさんと旧交を温めたことで実現したそうだ。

「一〇年ぶりに帰ることができて、素晴らしかったし、興奮しました。でも、自分が外国人であると登録したときは、恐ろしい気持ちだった。自分の部屋にも行ったし、事務所にも行った。でも、外国人として行かなければならなかったことは、とても傷つきました。また、先に帰郷した父に久しぶりに会って泣いてしまいました。過去に私や私の家族に起きたことが一気に思い出されてきたのです」といいつつも、故郷をもう一度見られたことに満足している様子だった。

ＡＪＫ再訪

二〇〇三年一一月、私は再びＡＪＫを訪れた。前回は果たせなかった難民キャンプも含むＡＪＫの諸問題を取材するためである。前回の件があるので軍から許可証を取ることはしなかった。監視がついたうえに日数も制限される不合理に我慢できないからである。だが、許可証はあればこしたことはないので、情報省を訪れてみた。何軒かの部署をたらい回しにされたが、一様にいうのは「ＮＯＣ（在外パキスタン公館が発行する身元保証書）がないと難しい」ということだった。それでも、最後に面接をした官僚が「取材ではなく〝観光〟という名目で訪れれば大きな問題にはならないでしょう」と親切にいってくれ、パキスタンという国の融通性を感じた。

元ミリタントたちが告げる武装闘争の真実

ファルークさんに会うと、私は難民キャンプの取材を希望した。しかし「キャンプには私服のＩＳＩ（パキスタン軍情報部）のエージェントがいるから注意したほうがいい」と、すぐには行かないように諭した。その代わり、活動をやめた元ミリタントたちを紹介してくれるという。

ファルークさんが彼らのところに案内してくれたが、途中の人ごみで彼と距離ができてしまった。

そのとき、「お前は外国人か？」と見知らぬ男に声をかけられた。私服のCID刑事だということはすぐわかった。「そうだ」と素直に答えたが、私があまりにも堂々と外を歩いているせいか、それ以上、止めることはしなかった。

難民厚生組合で事務長をしているハニーフ・ハイダリーさん（四一歳）は元HMのミリタントだったという。たまたま、事務所には他に二人の男がいたが、いずれも元ミリタントだという。私がその二人からも話を聞きたいというと、彼らは露骨に嫌がった。カメラの前で話すには躊躇するような意見を持っているようだった。それでも、ファルークさんとハニーフさんがしきりにインタビューに応じるようにうながすと、渋々ながら語りはじめた。

最初の男性はマジッド・バンディさんといい、糖尿病を患っているせいか目に力がなかった。年齢を聞くと、私と同じ三三歳だという。病気の影響だろうか、私より一〇歳は年上に見えた。また彼は、一九九〇年一月にスリナガルで起きた〝ゴウ橋の虐殺〟の目撃者でもあった。

「私たちは橋を占拠して座り込みをしていました。私はデモの列の後ろにいたのですが、銃声がするや否や前のほうにいた人びとが必死の形相で逃げてきました。私は転んで怪我をしましたが、幸いにも撃たれませんでした」という。その後すぐに両親が亡くなり、人民行動委員会の活動家だったことからアル・ジハードに参加し、三月にはパキスタン側へと渡った。そして糖尿病のせいもあり二、三年は組織で裏方の仕事をしていたという（彼が本当にインド側に渡って戦闘に参加していないかは定かではない。それについては後に罪に問われる可能性もあるため、元ミリタントたちは決して本当のことをいわない）。彼がミリタントをやめたのは、内部抗争でお互いが殺し合いをしていて失望したからだという。「いまの運動は統制が取れておらず、各々が勝手に作戦をしているだけだ」と切って捨て、武装闘争の有効性を否定する。そして、インドから渡ってきた難民としての立場で、自分たちカシミール難民を国連が難民として認定すべきだという。「そうすれば、印パの会談だけで行き詰っている交渉が国際社会に広がります。問題を国連に預け、印パ両国軍はカシミールから撤退するべきなのです」と主張した。

もう一人の男性、インド側のプロワマ郡出身のタウシーフ・アフマッドさん（二六歳）はベースボールキャップをかぶったいまどきの若者で、とても元ミリタントには見えない。彼がミリタントになったのも、カシミールではおなじみの理由からだった。「一七歳のとき、村で女性が軍隊にレイプされたのです。また通っていた学校の校長先生が無実なのに捕まり、拷問を受けたのです。仕返しをしたかった」。両親は反対したが、「でも、やらなきゃいけない」と思いＬＯＣを渡った。けれど、武装組織に入ったものの、彼もまた失望を味わった。そこには思想はなくビジネスだけがあった、とつぶやく。「だから私は武装組織を離れたのです。司令官はいましたが、誰も尊敬に値いはしませんでした。彼らは腐敗していました。彼らは安全なところにいて、若い者を危険なところに行かせ、自分は聖戦の名の下に金儲けをしているのです。問題の解決に銃は必ずしも必要ありません。かえって国際社会への訴求力を失わせるだけです」といい切った。

最後に話してくれたハニーフさんは、カシミール人主体の武装組織では最大のＨＭの創設メンバーの一人だった。ＨＭはイスラーム協会の軍事部門であるが、当初はそうではなく、独立志向の小さなグループだったという。そこにアサン・ダールという男が乗り込んできて、次第にパキスタン軍情報部（ＩＳＩ）からの資金が流れ込むようになり、イスラーム協会の軍事部門だと勝手にいい出すようになったのだ、と彼は説明する。ハニーフさんはそれを純粋な独立運動ではなく、ＩＳＩの先兵になったように感じはじめ、組織をやめたのだという。

活動をやめたものの、ハニーフさんがインド側に戻ることはなかった。戻れば捕まってしまうし、

元ミリタントのマジッド・バンディさんたち。武装闘争も失敗に終わり、インド側の故郷に戻りたいと切望している。

逃げていても家族に害が及ぶ。かといってパキスタンに連れてもこれない。いまではスリナガルに住む家族とは時おり電話で話すだけだという。現在はインド側からの難民を支援する仕事をしている。

「パキスタン政府は、難民の生活をないがしろにしています。難民には仕事もないし、住居施設も十分ではありません。個人で意見をいうよりも、みなの意見を取りまとめたほうがいいと思い、この仕事をはじめました。このトラストには約五〇〇家族が登録しています。いまは家の建設費などを要求しています。現在は、一人あたり月七五〇ルピー支給されていますが、これで食費や電気代などすべて賄わなければなりません。また、難民として認定されていない人びとも多くいて、お金をもらっている人に群がっているのが現状です。パキスタンという国は慢性的に失業問題を抱えています。そのため我われにまで、なかなか仕事はまわってこないのです。耕す土地もなければ、担保を入れて銀行からお金を借りたくても不動産がないからできません」と難民の窮状を訴える。

ハニーフさんによると、暮らし向きがいっこうに改善されないことから、多くの難民たちはインド側に帰りたいと考えているという。

「難民でAJKやパキスタンの市民権を得られるのは、パキスタン政府が重要と認めた人物か強いコネのある人びとだけです。ほとんどの難民は、〝難民〟という身分のまま、ただ時間が過ぎていくだけです。昨年、一部の難民たちがインド側に帰りたいとデモをしましたが、そのときは警察が発砲してきて五人が負傷しました」。インドで人権侵害を受けて逃れてきた人びとが、パキスタンでも当局から迫害を受ける。国は違えども、国家の身勝手な論理というものは同じだった。

「パキスタンの政策はインドと変わりありません。人びとから搾取しているだけです。アメリカや国連のいいなりで、独自の外交政策はありません。タリバンを見てください。アメリカに圧力をかけられると、パキスタンはタリバンを売ってしまいました。これはビジネスなんですよ」と繰り返す。

しかし、いまでも多くの若者がカシミール解放や聖戦を信じてLOCを超えていますが、と訊くと「人は何かを学ぶには時間がかかる、ということです。インドからくる人たちはこちらの実情を知りません。二年もすれば私と同じことをいうようになるでしょう」と応じた。

二〇〇三年にNHK広島が制作・放映したカルギル紛争についてのドキュメンタリー「拡散する核危機」のなかで、難民キャンプが原理主義者、ミリタントの温床になっていると報じていた。それについて言及すると、ハニーフさんとファルークさん口を揃えて否定した。「難民キャンプからミリタントが出るなんてありえません。武装闘争の現実がどんなものか知っているのは我われ自身なのですから。もしミリタントになる若者がいるとしたら、それは実情も知らない、金目当ての者でしょう」と、やるせなさそうに嘆いた。

存在したAJKでのカシミール独立派

夜には、今度はAJKの独立派団体との会見をファルークさんが設定してくれた。案内された場所は閉店した後のインターネット・カフェで、パソコンがずらりと並んでいた。四年前にきたときは、インターネットどころか国際電話をかけることもままならなかったのに、IT革命の波はカシミールのような紛争地帯にも押し寄せている。しかし、紛争自体の状況は何ら変わっていない。

現れたのはショウカット・フセイン・ガナイさん（三七歳）という弁護士で、ナショナル・アワミ・パーティ（国民党）という独立派団体で事務総長を務めているそうだ。国民党の党員は全AJKで二〇〇〇人弱。年齢層は三〇代から四〇代の若い人が多いという。彼らはなぜ独立を目指すのか、理由を訊いてみた。

「カシミール人のアイデンティティと民族自決権のためです。カシミール問題は解決されなければなりませんが、我われが許容できる解決策が独立なのです。カシミールでは殺し合いが毎日起きています。インド軍の砲撃によってLOCで多くの人びとが死に、それに対する反撃でパキスタン軍も多くの人びとを殺しています。印パ両国は多くの軍事費をカシミールのために使っています。それは誰のためにもならないし、もっと他のことに使うべきです。人びとは貧困に苦しんでいるし、経済にも影響を与えますし、なによりも平和を阻害します」。そして「武力によって支配されるのでなく、ヨーロッパのように市民社会が国を動かすようにしなくてはなりません」と言葉を継いだ。

「インド、パキスタンは両支配地域に傀儡政権を打ち立てていますが、それは本当のカシミールの代表ではありません。両国政府に操られている操り人形です。解決に向けた話し合いがあったとしても、印パ両国で話し合いをするだけで、カシミール人の代表は呼ばれません。カシミール人の意思は尊重されないのです。いろいろな点でカシミールの人びとは傷ついていますが、それは印パ両国から課せられたものなのです」と、印パ両国に自分たちの未来を託せない理由を語る。

「パキスタンのカシミールについての政策は純粋なものではありません。あくまで彼らの利益のために政策があるのです。例えばバスサービス（後述）についても、パキスタンは国連に管理させるべきでした。そうすれば国連の役割が増え、第三者による問題解決への道が進むからです。そして、もしカシミールについての政策があるのなら、まずカシミール人のことを考慮に入れたものにすべきです」

パキスタン政府への不信というのは、AJKの人びとの多数派の意見なのかと訊ねると、こう答えた。「AJKには、これといった産業がなく、もっとも雇用を創出しているのは公務員職なのです。公務員は政府に対して一切批判ができません。パキスタンに対して忠誠を誓わなければならないからです。選挙への立候補もです。こちらもパキスタンに対する忠誠を誓う誓約書を書かなければなりません。例えば、もし私の弟が公務員であるならば、兄が活動をやめなければ首にするぞ、という脅しがはいります。私たち活動家はいつでも闘う覚悟はできていますが、実際は難しいものです。記者会見やプレスリリースはメディアで取り上げられても、パキスタンのメディアからは、まるで〝内なる敵〟のように扱われます。私たちは誓約書を書かなくても立候補できるようにと提訴しましたが、棄却されました。法は法だというのです」と、AJKではパキスタンによる政治的抑圧がつねにかけられていると説明する。

このことについては、全党国民同盟という国民党を含む独立派一三会派を束ねる団体の代表アリフ・シャヒードさんも、「AJKの憲法では当選後、パキスタン帰属へ賛成しなければならない。また、カシミールの独立を訴える候補者は選挙管理委員会が立候補を受け付けない」といい、政治的な自由を実質的に奪う点でパキスタンもインドとは変わらず、どちらも信用できないため自治ではなく独立という選択をするのだと、別のときに説明してくれた。

ファルークさんも、このことが親パキスタン派の人たちも含むすべてのAJKの人びとの共通の不満の種であることを指摘する。「これは憲法的な人権侵害といえます。ここではすべてのことがパキスタン政府とカシミール問題省に監視され指導されています。パキスタンの国会にカシミールの政治的な代表はいないのです。また、カシミール評議会というパキスタン政府行政最高官の直属の機関があります。この機関は国会からもカシミール問題省からも独立しています。ここがカシミールのすべてを支配し、決めているのです。パキスタン軍の役割も大きいです。AJKでは、首相でさえも軍には逆らえません。選挙においても影響力は大きくて、彼らが好まない人物は立候補すら許されません。軍は民主主義を好みませんから」と述べる。

この取材の一年後の二〇〇四年、スリナガルでインドの国営放送を見ていたときだった。ガナイさんや全党国民同盟のアリフ・シャヒードさんたちの集会の模様が映し出されていた。彼らは独立派団体ではなく、ＡＪＫのなかの反パキスタン団体として扱われていた。「彼らはインドから金をもらっているんだよ。その証拠にインドにきても俺たちのところにはこない」と、スリナガルの分離独立運動の活動家たちは口をそろえていう。

私はガナイさんたちの独立への気持ちが嘘だとは思わない。彼らなりにリスクを冒して活動しているのが理解できるからだ。だが、その気持ちが国家に利用されてしまうことが残念でならない。

突然の取材の終わり

ＡＪＫには長く滞在もできないので、私はそろそろ難民キャンプに行きたいと思いはじめていた。ファルークさんに聞くと、「一時間くらいならいいだろう」といってくれ、法律相談のためにファルークさんの事務所を訪れていたシェールさん（二六歳）という若者に、彼が住むキャンプに連れて行ってもらった。彼はインド側の北の町ソポール出身で、やはり人権侵害から逃れてきたのだという。

道すがら、私が質問するよりも彼のほうが話をすることが多く、「日本人というのは仏教徒なんだろ？　タリバンが大仏を破壊すると宣言したとき、あんなのはイスラームのやり方じゃないって思って、俺や何人かでザイーフ（当時のタリバン政権・駐パキスタン大使。二〇〇一年にテレビに頻繁に登場して有名人であった）に抗議しにいったんだよ」と、愉快そうに話しかけてくる。また「難民たちはインドへ早く帰りたいんだ。今年、帰還を求めて僕たちはデモをしたんだけど、警官隊から棒で殴られ、発砲されて怪我人が大勢出たんだ。もちろんニュースには出ないんだけど」と、改善されないパキスタンでの暮らしにみな飽き飽きしてると語る。

途中、バザールの人込みのなかで手押しの一輪車の荷車が倒れた。すると、彼はさっと寄っていって荷車を立て直すのを手伝った。「親切なんだね」と褒めると、彼は「あれは（インド側の）カシミール人だったから。あの人はカシミール語で、手を貸してくれっていったんだよ」という。私が「この周りにもインド側の人がいるの？」と尋ねると、おもむろに「ヤッラー」と叫んだ。すると、三、四人がすぐにこちらに顔を向けた。「カシミール語で〝兄弟〟っていったんだ。仲間同士助け合わないとな」とまた愉快そうに話す。「インド側からきた人びとは場所がないから路上で商売している者が多いんだ」ともつけ加えた。

バザールを抜けて、そこからオートリキシャで一五分ほどで、マニュアピンⅡという山の中腹に築かれた彼が住む難民キャンプに到着した。キャンプの概況を把握するために、キャンプの責任者を呼んでもらうことにした。

五分ほどでシェールさんがアシフさん（三四歳）というキャンプの責任者を連れてきたが、彼は私を日本人だと確認するや携帯電話でなにやら話しはじめた。そして電話を終えると「悪いけど、警察に連絡させてもらったよ」という。一週間ほど前に、日本人がきたら通報するようにと警察から通達があったのだという。シェールさんは知らなかったらしく、顔面蒼白となった。私が難民キャンプにくると誰が密告したのだろうか、皆目見当がつかなかった。しかし、突然、私の取材が終わってしまうことが告げられたのは確かだった。

警察がくるまでしばらく時間がある。それまでアシフさんに話を聞かせてもらうことにした。彼はインド側のクプワラ郡ウリ出身で、一九九一年にＬＯＣを越えてやってきた。故郷の村で多くの若者がミリタントでもないのに捕まえられ、軍隊から暴行を受ける事件が多発したからだという。五人の子どもはみなこちらで生まれた。本当はインド側に帰りたいが、インド軍が恐いという。仕事はなく、収入は、やはりＡＪＫ政府から支給される一人当り七五〇ルピーの保障金である。奥さんを含めた七人家族で月五二五〇ルピーになるという。それでも「三度の飯を食べて、子どもを学校にやったら余裕なんてほとんどない」とこぼし、「いい商品は日本製が多いし、お金を持っている日本はどうして貧しい国を助けないんですか」と恨み口をいう。

一五分ほどで、このキャンプを担当しているらしいＣＩＤ刑事がオートバイに乗ってやってきた。白いサルワル・カミーズにフェルトのパシュトゥーン帽といういでたちで、街で見かけても刑事だとは気づかないだろう。アシフさんやシェールさんから事情を聞くと、私には滞在先と連絡先を聞いてきた。そして、どうするかは後で連絡するので、とりあえずこのまま帰ってよいということになった。すぐに拘束されてラワルピンディに返されると思っていただけに、拍子抜けをした。

翌日、連絡を受けてファルークさんと指定されたＣＩＤの事務所に出頭した。警察署と書かれた表示も何もなく、表からは警察関係の建物であることはまったくわからない。しかも、その建物はファルークさんの事務所からほんの五〇メートルほどしか離れていない場所にあった。

ＣＩＤの警視氏によると、私を捕まえろという指示はイスラマバードからきたのだという。その指示をもとにムザファラバードの警察は、市内の全ホテルを監視の対象にした。だが、いくら探しても私は網にひっかからない（私はファルークさんの家に潜んでいたので当たり前だ）。そういえば、あの日本人は難民キャンプに行きたいといっていた。そこで、ＡＪＫの二一ある全難民キャンプに私の情報を流したのである。情報源は、私が難民キャンプを取材したいことを知っている、イスラマバードで面会して「観光だったら問題ない」と笑顔でいった、あの情報省の官僚に違いなかった。

警視氏は「ＡＪＫはパキスタンとは違うところなんです。だから許可証が必要なんですよ」という。

「それならば、なぜ命令がパキスタンからきているのか」と私が訊くと、「カラチでウォールストリートジャーナルの記者ダニエル・パールが殺された事件がありましたよね。外国人を守るために必要なんですよ」と弁明する。

パキスタンがＡＪＫへの外国人の入域を規制するのは、大きくは二つの理由からだ。一つはインドからのスパイが入るのを防ぐため。もう一つは、カシミール・ミリタントとＩＳＩのかかわりを見られたくないからだ。パキスタンはミリタントへの軍事援助を公式には否定している。だが実際には、ＩＳＩが武装勢力への資金援助や軍事訓練、インド側へ進入する手引きなどをしているのは公然の秘密である。しかし、テロとの戦いを標榜するアメリカの同盟国としては、武装勢力を支援していることは致命的だ。国際的な非難やアメリカへの配慮から、二〇〇一年以降、武装勢力の銀行口座を凍結し訓練場を閉鎖したとパキスタン政府は発表した。しかし、それを実行したという証拠は何もない。それに銀行口座はまた作ることはできるし、訓練所だって新たに作ることはできる。

二〇〇三年、大量破壊兵器を持っているという疑惑から、イラクのバクダットは空爆され、アメリカの侵攻を受けた。だが、その後も大量破壊兵器は出てこなかった。一方、明らかに核を保有し、兵器として搭載するミサイルを開発し、武装民兵を支援するパキスタンには何らお咎めもない。

カシミールに走った激震

二〇〇五年一〇月八日午前八時五〇分（現地時間）、パキスタン側を中心としたカシミール地方をマグニチュード七・六の地震が襲った。地震発生を伝えるニュースでは、通信網も道路も一切が寸断されているため、被害状況の詳細がわからないと報じられ不安が募った。地震発生直後、私はインド

地震で破壊された自宅の前に立つファルーク・ニアジさん。地震の破壊力は、核戦争が起きたかと想起させた。

側のスリナガルとパキスタン側のムザファラバードに電話をしてみた。スリナガルでは大きな揺れを感じはしたが、建物の倒壊などの被害はなく、影響はないということだった。問題はムザファラバードだった。ファルークさんの家の電話は呼び出し音が鳴るものの、受話器が取られることはなかった。

現地から伝わってくるニュースは悲観的なものばかりだった。行政区分が違うのでカシミールではないが、ムザファラバードから直線距離で約二五キロメートル離れた人口二〇万人のバラコットの町は建物の九〇％が倒壊し、壊滅という言葉でしかいい表せない被害を受けていた。ヘリコプターから撮影された映像の様子では、建物という建物が倒れ、町全体がまるでビルの解体工事現場のようになっていた。震源地からほぼ等距離のムザファラバードの町がどうなっているのか、容易に思い浮かべることができた。

地震発生から約一ヵ月後の一一月一一日、私は陸路でラワルピンディからムザファラバードに入った。ムザファラバードまでの道は完全に復旧していて、ところどころ、小さな土砂崩れの跡が目立つだけだった。

入るのに許可証は不要だった。一外国人の入域をいちいちチェックしている余裕はパキスタン政府になかったし、それどころか、援助のために外国のNGOやアフガニスタン駐在の国連治安支援部隊（ISAF）がぞくぞくと入り、外国人がいること自体が問題ではなくなってしまったからである。

確かに道は復旧していたが、山を越えてニーラム川を渡ってムザファラバード市内に入ると、道路沿いには崩れた建物がつぎつぎと姿を現した。被災していることはわかっていたので驚きはあまりなかったが、以前の町並みを知る者としてショックは大きかった。

二年前に取調べを受けたCIDの事務所とファルークさんの事務所がある交差点に差しかかった。

CIDの事務所は大丈夫そうだったが、隣にあった中央郵便局やファルークさんの事務所は跡形もなく潰れていた。すべてが瓦礫の下に埋まってしまった事務所を再開させるには、どれくらいかかるのだろうか。今回訪れる前に、スリナガルに住む弟のナイームさんを通じて、家は全壊したもののファルークさんと家族の命が無事なことは確認しておいた。しかし、この様子ではたとえ生き残っていても、苦労が大きそうだった。

一九九九年に訪れたときに宿泊したホテルが被災を免れて営業をしていたので、そこに投宿した。そして、すぐファルークさんの家があるメディナ・マーケットに向かった。街道の道はNGOやISAF、または援助物資を積んだ車がひっきりなしに通っており、車が撒き散らす砂埃で目が痛い。通り沿いにある建築資材やスコップなどを売る金物屋は大盛況で、商品が飛ぶように売れていた。

メディナ・マーケットは庶民の生活市場で、店先のオレンジ色の電球がさまざまな商品や行きかう人びとを煌々と照らし、一日中喧騒が絶えることはなかった。モロッコのスークのような雰囲気だと連想してもらえればいいだろうか。だが、いまは店々のシャッターは軒並み閉じられ、以前の喧騒はない。開いていても、土砂に押しつぶされてシャッターがひしゃげているか、被災を逃れた商品を細々と売っているだけであった。

ファルークさんの家の前にくると、彼の家の召し使いが、小遣い稼ぎに屋台を出して豆カレーを売っていた。彼に家の扉を開けてもらうと、二階建ての家は案の定ぺしゃんこで、ここでは暮らせないのは明らかだった。召し使いによると、ファルークさんたちは国連事務所に近いもう一軒の家に身を寄せているという。

車で三〇分ほどのその家に行くと、こんなときによくきてくれたといった感じでファルークさんが迎えてくれた。家の壁にはひびが入っていたり崩れている所もあるが、住むには支障がなさそうだった。ファルークさんは自分が体験した地震の様子を、こう語ってくれた。
「地震のとき、私は家の風呂場にいました。最初、私はこれが地震だとは思わず、何かが爆発したのだと思いました。なぜなら衝撃は一度で終わらず、何度も何度もきたからです。隣の部屋で子どもたちや義母が寝ていました。家の壁は崩れ、土煙が上がり、家の床を埋めました。義母が埋まり、死んでしまったかと思いました。私は部屋を出ようとしましたが、扉が開きませんでした。音も凄かったですし、外も土埃が酷かったですし、山を見ると地滑りをしていました。近くの空き地に行くと、泣き声がし、衣服がぼろぼろとなった人、血を流している人、そして六体の死体を見ました。余震も続いていました。そして、やっとこれが大きな地震だとわかったのです。

最初の夜はひどかったです。雨が降りはじめ、明かりもなく外で寝ました。誰が死んだのかではなく、誰が生き残ったのかとみな尋ねあっていました」

ファルークさん自身は助かったものの、家から約五キロメートル離れた学校に勤める奥さんとは連絡がとれずじまいだった。人づてに、学校は潰れてしまったことがヘリコプターで確認されたと聞いた。彼はその現場に行こうとしたが、道路が埋まってしまい難しかった。しかし、その学校の近くに住んでいた複数の知り合いから、彼女は生きているという証言を得た。だがファルークさんは、自分を安心させるためだろうと信じていなかったという。ところが本当に奥さんはヘリで救出され、ラワルピンディで手当てを受けていたのである。奥さんの学校は確かに崩壊したのだが、彼女は机の下に潜っていたので難を逃れた。それでも外には出られなかったが、余震のおかげで壁が崩れて助かったのだそうだ。

なんとか一命は取り留めたものの、大変なのはこれからだ、と彼はため息をつく。

「六〇〇万人もの人たちが家を失いました。山では雪がときおり降りはじめました。人びとはトタン屋根などを集めてなんとか対処しているだけです。また、精神的な問題も抱えています。家族を亡くし、孤児や未亡人となった人もいますし、仕事も全部なくなりました。家は破壊され、テント生活を余儀なくされています。学校もありません。政府からの支援はお粗末なものです。なぜならＡＪＫ政府自体が貧乏ですから、政府がすべきことができないんです。彼らはもっと寄付をといっていますが……。これは時間との戦いなのです。二ヵ月後には無意味となってしまいます。冬がくれば、寒さでどんどん死んでしまうのです。下手をすれば地震で死んだ数よりも多くなってしまうかもしれません」と、寒気による二次災害を危惧していた。二〇〇四年、カシミール地方は記録的な豪雪に見舞われ、各地で雪崩が頻発していたからである。

「ムザファラバードでは八〇パーセントの人口が離脱したと推定しています。なぜなら、ここに住む場所はないからです。また負傷して入院を余儀なくされている人も多く、それに伴って家族も移動します。そして冬が近づいていますから、その対応に追われて、復興はそんなに早くは進まないでしょう。学業を続けるために移る人もいます。しかし、彼らは戻ってこざるをえないでしょう。避難先での費用のため、お金が続かないからです。公務員ならば給料も払われますし、住むところも政府からなんとかしてもらえます。けれど、自営業者はどうにもなりません。収入源を断たれてしまっているのですから。私の事務所も全壊してしまい、働いていた事務員も給料が払えないので辞めてもらいました」と、これから控える困難を憂いた。

支援の進まない山間部

ムザファラバード滞在中、私は朝食をホテル前のチャイ屋で食べていた。ホテルでも食べることは

青空教室での授業であったが、被災後にもかかわらず、子どもたちの顔は学ぶ喜びでいっぱいだった。

できたが、一緒に取材をしていた写真家の船尾修さんの「人びとが集まるところで食べたほうが情報が集まる」という提案でそうすることにしたのだ。チャイ屋はいつも混んでいた。それでも私たちがくると、人びとは何もいわずとも席を詰めて座らせてくれた。

朝食をとりながら従業員の一人と話すと、彼も被災者だった。イクバールさん（二七歳）という名の彼は、生活必需品の買出しに町までできて、しばらくこの友人のチャイ屋に泊まらせてもらう代わりに、店の仕事を手伝っているのだという。彼の村はムザファラバードから約一五キロメートルに位置し、被災してから一ヵ月以上たつのに、援助をどこからもほとんど受けていないという。ちょうどそんな村を探していた私と船尾さんは、彼に村へ連れて行ってもらうことにした。

ジープでＬＯＣへと続くジェーラム川沿いの道をとった。河原にはテント村が時おり現れ、対面の山肌にも被災家屋をおおうブルーシートやテントが点在し、消えては現れる。一五分ほど走ると、青空教室に出くわした。五〇人位の小学生と見られる生徒が黒板に書かれたアルファベットを読み、大声で「Ａ！　Ｂ！　Ｃ！」と唱えている。車を降りて話を聞いてみることにした。

校長のスメラ・ナセルさんによると、この学校はコロリ村女子公立学校といい、本当の校舎はこの場所からさらに山のほうに歩いて二〇分くらいの場所にあるという。地震が起きたときはすぐに生徒を外に出したので、死者はいないそうだ。村はほぼ壊滅し、夜に寝るときにだけテントに集まって寝ているのだという。「政府から学校を再開するようにいわれたのではじめたが、教科書やノートなど何の援助も届いていない」と語る。そんな状況でも、できるところから学校をはじめてしまうことに感心させられた。誰もが被災者であるなかで、人のために動くということをやってのけているのである。特に校長自身は弟さんを亡くされたのだという。生徒たちがアルファベットを唱えているのを聴いていると、その元気のよさに癒される気持ちになり、先生たちの苦労も報われるのではと思った。

その学校のあった場所から、さらに一五分ほど進むと吊り橋にたどり着いた。車で進めるのはここまでで、目的地は対岸の山のさらに向こうだという。橋を渡り、麓の果樹園のなかを進むと、再び学校に出くわした。ここの学校は公立学校ではなく、財閥であるアル・ファラ財団から資金提供を受けて運営しているのだという。

この学校の被害は甚大だった。一〇五人の生徒のうち、二七人が建物の下敷きとなって死んだのである。揺れがきたとき、イフタール先生（二五歳）は怖がる子どもたちに「コーランを唱えて」と呼びかけ、建物が崩れてきたので外に出たのだという。みな地震というものが初めてだったので、まさか建物が崩れるとは思わなかった。生徒でもあった彼の弟も二人死んだ。「子どもたちは自分の友だちが目の前で死んで、とてもショックを受けています。それでも私たちは、将来のために勉強を続けましょうと、なんとか励ましています」という。瓦礫のなかには破れた教科書やノートが散乱しているのが垣間見え、それは子どもたちの夢や将来が敗れてしまったかのように見えた。

財団からは再建のための金を送るといわれているが、保証はないそうだ。「せめて、雨が降るときに備えてテントが欲しい」と先生たちは訴える。学校から給料は出ないが、とりあえず先生たちの手弁当で再開させたのだという。一つ前の女子学校の先生もそうだったが、市井のパキスタン人（カシミール人）の責任感と愛情の大きさに、改めて感銘を受けた。

さらに歩を進めたが、道はやはり断裂や隆起をしていた。イクバールさんが、こっちだと手招きする。蛇行する登り道をショートカットしようというのだ。山道を直線的に進もうとするだけあって、崖を登っているようなものである。きつい登り道である。だが、私のガイドを含めた地元の人びとは、もともと山育ちのせいかすいすい登っていく。

麓から二時間ほど登って、目的地であるシェルー村に着いた。村といっても猫の額のような山の

崩壊した校舎の瓦礫には、教科書やノートが散乱していた。しかし、それは、そこに命があった証拠だった。

頂上に、テントと八畳間ぐらいの広さの二つの自作の小屋を建てて村人たちは避難生活を送っていた。ここに住んでいるのは一二家族、約六〇人。テントはカラチに住む村人の親戚から送ってもらったそうだ。小屋の高さは一メートルほどしかなく、腰をかがめてやっと入ることができる。空間が狭いほうが温まりやすいという寒さへの配慮もあるのだろうが、高い屋根を建てる資材がないというのが本当のところだろう。小屋には全員は入りきらないので、男たちは外で寝ているという。いまの夜の気温は七度ぐらいだが、一月、二月は氷点下に下がる。凍える身を縮め、男たちはまんじりともせず、星空を眺めながら毛布に包まっているのだろう。

シェルー村へのこれまでの援助は、地震発生直後にヘリコプターから落とされた一〇キログラムの小麦と、二リットルのミネラル・ウォーターのペットボトル一〇本のみ。泉は地震で涸れてしまったので、谷底まで水を汲みに行っている。外部から人がきたのは私たちが初めてで、軍隊もどのNGOもきていないのだそうだ。直面する問題として、村人からは子どもたちの勉強の問題、食料の問題、家の問題が挙げられた。食料は、断食月明けの犠牲祭用に蓄えてあった物が尽きて、丸一日かけて市内のバザールまで買いに行っているという。また、市内の避難民キャンプを何ヵ所もまわり食料を確保することもあるそうだ。

家に関しては、テントではなくトタン屋根が欲しいという。屋根を葺けるトタン屋根がもらえれば材木は山から切り出してくるので、それで仮住まいを自分たちで作れる、というのだ。援助組織が配るテントの大半は木綿でできていて、雪が降ればその重みに耐えられないし、濡れると木綿自体が水を吸って重くなるうえ、テントのなかが冷えてしまうと彼らは説明する。後に他の場所でも被災者たちから同じような意見を何度も聞いた。この話を聞いてから、私はキャンプを回るたびにテントの布の材質や支柱の強度などをチェックしてみた。地震直後の緊急援助が多かったせいか、防寒対策を施されたものはないに等しかった。本来は、二重構造の防寒・防水テントを配布できればいいが、コストも高く、配れる数が限られてしまう。

この村にも地震による死の影は訪れていた。インタビュー中、女性の一人がかかえる赤ん坊がよく泣いていた。聞けば、女性は赤ん坊の母親でなく、母親である彼女の姉は家の下敷きになって死んでしまったそうである。そのとき、赤ん坊は軒下に縄仕立てのベッドに寝かせられていて、地震の揺れでベッドから放り出され、かえって潰れる家から離れることになって難を逃れた。シェルー村のさらに上にあるムリという村からきた男性の従兄弟は、地震で家族が全員亡くなってしまったことにショックを受けて死んでしまったそうである。

村の裏手に地震で亡くなった人たちの墓があった。墓標も木片で書かれた簡単な目印なようなものだけだ。そのうちの一つを指差して、「これは私の妹の墓です」とイクバールさんが静かに教えてくれた。一六歳と一七歳の妹二人は麓の女子学校で死に、イクバールさんが村まで遺体を担ぎ上げて埋葬したそうだ。今日私たちが登ってきたあの道を、彼が妹たちの遺体をおぶってきたことを想像すると、胸が痛くなった。

話も終わり、帰ろうとすると、飯を食べていけという誘いを受けた。普段ならば喜んで応じるが、その材料は村人たちが山道を一日かけて運んできた貴重なものだ。それに、ただでさえ食料が少ないという話を聞いた後だけに躊躇した。だが、孤立無援な自分たちをわざわざ訪ねてきた外国人をもてなしたい、という彼らの気持ちを尊重することにした。出てきたのは、チャパティとトマトベースのホウレン草のカレーだった。味はカレーというよりも、塩とスパイスで少し味つけしただけで、シンプルで素材の味が生かされており、ちょっと味の濃いイタリア料理のように感じた。まさか被災地の真っただなかで、こんなにおいしい食事にありつけるとは思いもしなかった。

廃材を使い、何とか最低限の寝床を作って暮らしていたシェルー村の人びと。支援は来ないが、それを訴えるすべもなかった。そのなかで懸命に生きていた。

カシミール地震は大規模なこともあって、発生直後から報道の数も多く、それに比例してＩＳＡＦを含む海外からの援助も多数入っていた。そのため、被災して多少の不自由はあってもある程度の援助は届いているだろうと考えていた。しかし、発生から一ヵ月以上がたっても、このように援助がほとんどなく、その先も受ける見込みがまったく見えないのは予想外だった。そしてそれは、シェルー村だけが例外ではないことが、取材を進めていくうちにわかってきた。

困難極まる山間部の支援

市内のキャンプも取材をしてみたが、そこでも被災民の生活が安穏としているわけではなかった。市内のシーク教のＮＧＯが運営するキャンプを取材したときだった。そこではテントと食料は支給されているが毛布と服が足りず、子どもが寒さで風邪を引く、と訴えられた。話を聞いた農民のサイードさんによると、食事は一日二回、ダルと呼ばれる豆のカレーとナンだけ。一つのテントに一二人が寝起きしているという。それでも、「村には冬が終わったら帰ります。水もないし、道も崩壊し、何の援助もきません。テントはありますが、テントでは冬は越せませんから」と市内のキャンプのほうがまだいいと語る。しかし、畑は土砂崩れで埋まっており、春になってもどうなるかはわからない、と彼はつけ加えた。

彼のように山間部からきた人びとから話をきくと、村への道が寸断され、援助がほとんどないと口を揃える。そうした人びとのなかから、市内から二〇キロメートル離れたポディマール村からきた村人三人に、彼らの村へと案内してもらった。車が使える道もひどい悪路で、四輪駆動車でどうにか乗り越えらえるかであった。

途中、案内の村人が車を止めた。そこはニーラム川に面した断崖絶壁の上だった。彼方には地滑りで崩れた場所が見下ろせた。「あそこには家が並んでいたんだよ」という。谷底までは五〇メートル以上はありそうだった。揺れとともに崖が崩れて家屋ごと谷底へと落ちていったのだろう。逃げる時間など、もちろん有りはしない。残った崖の上があまりにも何ごともなさそうなだけに、岩や土砂が露出している崩れ落ちた崖の斜面の暴力的なさまが強調されていた。

一時間ほど車で上がると、そこから先は徒歩で一時間半の登りだった。道は松の大木が何本も横倒しとなっていて塞がれていた。そんな倒木を何本も乗り越え、くぐりながらも多くの村人にすれ違った。彼らはこの難路を使い、往復約一二時間かけて市内へ食料や日用品の買出しに行っているのだ。冬用に蓄えておいた食糧は、家の倒壊とともに土混じりとなって食べられないという。

途中の村では、牛と人が一つ屋根の下で暮らしていた。寒いので牛を外に置けないのである。牛が藁を食むかたわらに居間がある光景は、地震後の生活の困難さを表していた。

到着した村では、軍がヘリコプターで落としていったというトタン屋根と廃材を使い、家を再建していた。家が倒れた経験から柱と梁に太いものを使い、強度が出るように組み合わせていた。テントもあるが、雪が降ったら重みで潰れてしまううえ、なかでは火が炊けないので役に立たないのは明らかだという。同行してくれたフセインさんによると、「被災してから、ここの村には医療キャンプが一度きて、あとは軍が二台のヘリコプターでテントとトタン屋根、食料を落としていっただけです。あとの問題は水です。地震で水道管が壊れ、二キロメートル離れた水源の沢まで汲みにいかねばなりません」という。村の人口は約二〇〇〇人。地震発生から二ヵ月以上たったいままで、それだけの援助ではとても十分とはいえない。

前述のシェルー村やポディマール村の現状は例外ではなかった。山間部の上部や奥に位置する村は

亡くなったふたりの姉妹の墓の前で佇むイクバールさん。みなが家族の誰かを亡くしていた。

みな同じような状態だといえる。理由は二つある。広大な被災範囲と、被災地域が山岳地帯という特殊な地理的状況だ。今回の地震の被災地域は、震源地から広いところで半径一〇〇キロメートルにも及ぶ。そして幾千もの村が、このなかの山岳地帯の斜面にへばりつくように点在している。支援物資を配ろうにも、陸路ではアプローチできない。ヘリコプターだと積載量も台数も限られる。しかも配布場所は村の数だけ膨大にあり、定期的に配布が必要な日用消費財などを配りはじめたらきりがないのだ。麓のどこかに援助物資の集積所を作り、そこに住民に受け取りにきてもらうことも考えられる。しかし、山深く散在している村々に物資の配給について伝える手段がなく、知らなかった村は物資を受け取ることができない。平地では簡単なことが、地理的状況によって一気に困難になっているのである。こうした障害はこれからの復興にも影響を及ぼすだろう。

このカシミール地震の規模はマグニチュード七・六で、一九九五年に起こった阪神・淡路大震災（マグニチュード七・三）とほぼ同程度である。だが、被害の規模はまったく違っていた。阪神・淡路大震災が死者六〇〇〇人弱だったのに比べ、このカシミール地震では公式には八万七〇〇〇人が亡くなっている。しかし、それはあくまで遺体が確認できた数にすぎない。ムスリムは死んだその日の日没前までに埋葬するのが慣わしとなっているため、確認作業を経ずに埋葬されたものも多い。まだ掘り出されずに埋まっているものを入れれば、実数は大幅に増えるだろう。

二〇〇五年の一二月に復興支援会議が催され、国際社会から四五億ドルもの支援金が集まった。そのため安心ムードが広がっているようだが、この資金は長期的な復興に使われるのであって現時点での緊急支援に当てられるわけではない。この正月から降雪がはじまり、すでにテントが潰れ、寒さで病人が増加していることが報告されている。

地震と武装組織

取材で各地を移動しているあいだに、遠目から見ても白いテントが整然と並ぶ、よく組織化されたキャンプを何度か見かけた。それらのキャンプのテントには、決まって「ジャマテ・アル・ダワット（ＪａＤ）」と書かれていた。シェルー村に行く途中、イクバールさんにどんな団体かときくと、「ラシュカル・イ・タイバ（ＬｅＴ・清純な軍隊の意味）」とつぶやいた。ＬｅＴとはパキスタンに本拠を置くカシミールで戦うイスラーム系武装組織だ。一九八〇年に創設され、創設者はＩＳＩの元長官であるハーフィズ・モハマド・サイード（ハーフィズとはコーランを暗唱できる人の尊称）である。もともとはアフガニスタンの対ソ連戦争ために作られたが、ソ連が撤退すると、カシミールへと舞台を変えた。二〇〇一年にはインド国会議事堂を襲撃し、二〇〇八年にはムンバイでフェダーイン・アタックと呼ばれる特攻攻撃をするなど、カシミールでもっとも活動的な武装組織である。そのせいで、ＬｅＴはアメリカやパキスタンなどからテロ組織と認定され、表舞台ではＪａＤというイスラーム教ボランティア組織と名前を変えて活動しているのである。

ＪａＤが運営するキャンプの一つの代表と話すことができた。だが、写真やビデオ撮影は許されなかった。大広間のようなところに陣取った彼のところには、次から次へと人がやってきて、指示や決裁を求めている。ＪａＤはアルカイダとの関係も噂される組織である。援助とはいえ米軍がカシミールにきていることをどう思っているのだろうか。「ヘリコプターやトラックなど良い装備を持っているので、米軍がいることは必要なことだと思います。我われだけではどうにもなりませんから」と意外なほどあっさり米軍の存在を許した。しかし、インドがヘリコプターを提供するという申し出は、駄目だという。「インドのヘリコプターがきたら、スパイ行為をするでしょう。いまパキスタンの国

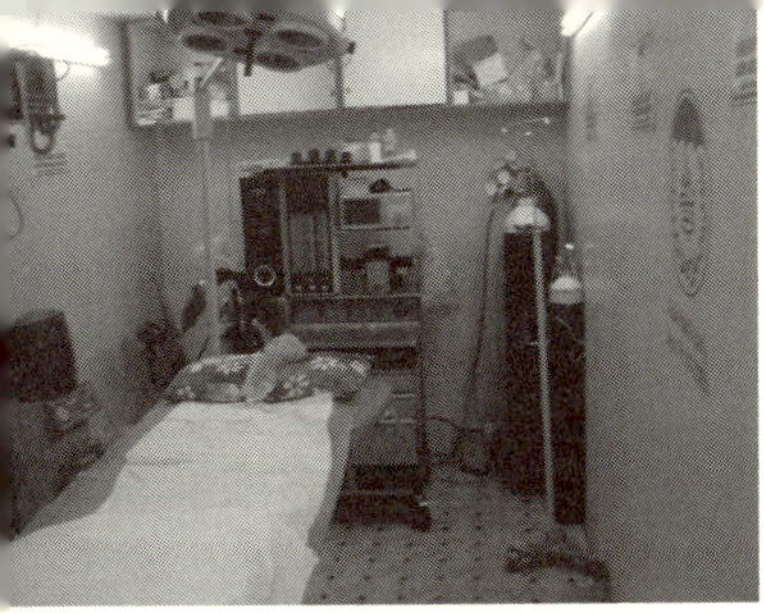

JaDが貨物コンテナを利用して作りあげた手術室。彼らの資金力と動員力は、パキスタンでの宗教団体の力の大きさを示している。

力が落ち込んでいるのに乗じて、インドが有利な立場で交渉を進めないか心配だ」という。

米軍の支援に関しては、ファルークさんも「イラクでの役割とは違う。復興に役立っている」と好意的だったし、市内を走る一般車のリヤウインドウには星条旗のシールが貼ってあり、こう書かれていた。「私たちが苦しい状況にあるなかで助けにきてくれた人びと、特にNATO軍に感謝する」

そのキャンプに付属している、JaDが開設している医療施設の取材を許された。目を見張ったのは、そこが被災地によくある診療所ではなく、病院だったことだ。船の貨物用のコンテナを改造して、ライトがついた本格的な移動式の手術室を作り上げていた。そのほかにも診察室、血液検査室、レントゲン写真を撮れるX線室まであった。X線室の存在は、骨折などの重傷患者の多い今回の震災では大きな武器だろう。この病院が開設されている場所は農地だったが、これらのコンテナとベッドを持ってくるだけで、そこに忽然と病院が姿を現してしまうのだ。この病院は二四時間体制で運営されており、医者を含めて働いているのはJaDを支持するボランティアで、ラホールから交代できているという。地震国である日本でも、これだけの設備や人材を投入できる団体はないだろう。資金力や動員力など、パキスタンの宗教団体が持つ底力を思い知らされた。

ムザファラバードを貫流するニーラム川の河原には、イスラーム協会が設営したキャンプが置かれていた。そこには警備のため迷彩服を着たHMのミリタントたちがいた。インド側でミリタントの取材をすることは至難の技である。過去に何度も試みたが、うまくいかなかった。その彼らが目の前を歩いているのである。私は取材をしようと何度か彼らに話しかけたが、英語がわからないふりをされて、応じてもらえなかった。あまりしつこくすると、インドのスパイという嫌疑をかけられかねないので、深追いはしなかった。

一二月上旬にスリナガルに行き、現地の通信社で働く男と話していたときだった。彼が「お前はムザファラバードのイスラーム協会のキャンプでミリタントたちに話しかけていただろう」といいはじめた。私が驚いていると、「実は俺はあの場所にいたんだ」というではないか。それならば、なぜあそこで話しかけてくれなかったのか、と問うと、「幹部たちと一緒だったからできなかった」と恥ずかしそうに答える。幹部とは、ＩＳＩの幹部を指すのかＨＭの幹部を指すのかはわからなかったが、男が武装組織とつながりを持っていることは、噂で知ってはいた。

男は、インドからパキスタンに正式なパスポートとビザで入国したのだという。いくら正式なパスポートを持っていようと、カシミール人がパキスタンに入国するには、インドを出国するとき執拗に調べられるはずで、簡単そうにいう彼にまた驚いた。

嘘か真かわからないが、彼はこんな話をしてくれた。そのとき男はアムリッツアルでインド系カナダ人の女性ジャーナリストと知り合い、彼女を案内してムザファラバードまできたのだという。またそこで、別のパキスタン人ジャーナリスト二人が一緒にミリタントの取材をしようと彼女に話を持ちかけてきた。彼女が同意して、ミリタントたちとの待ち合わせをした。しかし、そこにやってきたのはＩＳＩの職員だった。この二人のパキスタン人は実はインド人で、インドの情報機関（ＲＡＷ）の要員だったことがわかったからだ、というのだ。二人は捕まり、女性は驚いて帰ってしまった、と愉快そうに彼は話す。片方で援助を送り、片方ではスパイを送るという印パ両国の骨肉の争いは、震災という騒乱状況のなかでも相変わらず続けられているようだった。

LOCでの交流

二〇〇五年四月から、印パ両国が合意してスリナガルとムザファラバードを結ぶバスの運行サービ

60年ぶりに再会し、別れを惜しむ兄弟。高齢のため、再び会うのは難しいことを互いに知っている。再会できたあいだは、人生でももっとも幸福な時だったろう。

スがはじまった。印パ両カシミールには分離独立や、その後の戦争によって生まれたたくさんの離散家族がいる。このバスは月に一度、そうした離散家族の再会を促進するために生まれた。地震発生当時も、このバスで親族訪問をしていた人びとが大勢いたが、地震で両カシミールを結ぶチャコーティ（インド側の地名はチャマン）の橋が落ちてしまい、戻れなくなってしまった。私の滞在中の一一月下旬、道路の修復が終わり、パキスタン側にいるインド側からきた人びとを帰還させる、と発表された。LOCを見ることのできる絶好の機会だと思い、当日チャコーティへ行ってみた。

午後一時ごろ現地に到着すると、ゲートの手前では案内を待つマスコミが大勢いた。しばらくすると、インド側に帰る人びとがバスでやってきた。その二〇人ほどのなかの一人、ムハンマド・ラフィク・ベイグさんから話を聞くことができた。ベイグさんは九月二一日にAJKにやってきて、一〇月二〇日に帰る予定だった。

彼が七歳のときに第一次印パ戦争が起き、当時一九歳だったお兄さんがAJKに行ってしまった。その後も二度の戦争があり、印パの緊張は増したままだったので、再び会うことはないだろうと考えていた。なので、今回の訪問は望外の喜びだという。

「兄のほかに従兄弟などもあたたかく迎えてくれて、滞在中は本当に楽しかったです。こうしてLOCで人びとの交流もはじまり、インドからも救援物資も送られていますし、これからもこういう関係でいて欲しいです」と語る。しかし、「いまは地震で自分の家の被害の様子がわからないので、早く帰りたい」と心配そうに語る。

ベイグさんは、インド側のウリ地区にあるLOCから二〇キロメートル離れたバルコットという村に住んでいる。ムザファラバードとは直線距離にして約四〇キロメートルで、東京から川越や八王子ぐらいの距離だ。その距離を埋めて再会を果たすのに、五八年という歳月がかかったのである。

そう話していると、もう出発だから、とベイグさんが呼ばれた。私もＬＯＣへ向けて歩きはじめると、鉄骨でできた立派な橋が橋脚から外れて、見事に落ちているのが見えた。ここは谷で両カシミールが対面しているのだ。地震で崩れ落ちて崖のようになった道を下りると、橋脚の袂にたどり着いた。橋脚の真下には両国の兵士が立っていて、そこが境目らしかった。目の前にある一メートルぐらいの地面をエイヤっと飛べば、インド支配地域なのだ。兵士の厳しい眼光が放たれていて、冗談でもできそうになかったけれど。

このチャコーティとチャマンを通る道は、戦前まではカシミール盆地と外界を結ぶ、古来からの大動脈だった。かつてはここが、大勢の人や荷車を引いた馬車が往来していた街道だった風景を思い浮かべると、分離・独立や紛争によって、いかに人や歴史が分断させられたのかを思い起こさせる。

インド側にもジャーナリストやカメラマンが大勢きていた。彼らは境目から三〇メートルぐらいのところに止めおかれていた。目を凝らしてみると、ロイターのファヤーズ、ＡＦＰのタウシーフ、ヒンドゥスタン・タイムズ紙のファルークなど、スリナガルからきている知り合いばかりである。私を発見すると、皆で指をさして手を振ってくる。周りにいるパキスタン人たちは、なぜこの東洋人をあいつらは知ってるんだ、と不思議そうである。私は照れくさくなって橋脚の陰に隠れた。

私の通訳氏が、川のほとりで用を足して戻ってきた。すると、兵士が彼を怒鳴り上げた。何かと思うと、ここはちょっとでも道を外れると地雷が埋まっているそうで、気をつけろ、といわれたそうだ。地震のおかげで印パの対立は一瞬水入りに入ったかのように見えたが、いつでも再開できるように廻しは締めなおしてあるようだった

インドへの帰還は、特に儀式もなく、あっさりと終わった。ポーターが荷物を持ってきてインド側に引き渡し、それに続いて人びともインド側へと消えていった。

地震で崩落したアマン・セツ（平和の橋）をパキスタン側から眺める。

このバスサービスは、カシミール問題を現状のまま是認させソフトボーダー化を肯定するものだ、と非難する声がある。だが私は、少数ではあるが両カシミールの人びとが再び交流をはじめ、彼ら自身でカシミール問題をどうするのか会話できるいい機会だと思っている。それに、このまま一生会わずに終わると思われていた分断された家族たちを再会させた。それだけでも、この印パ両国の大胆な政策に大きな意味があると思う。インド側へ帰っていく人びとの後姿を眺めながら、そう感じた。

村が消えた

その風景を見て思わず絶句した。Vの字に交差する二つの谷を挟んで、二つの山一面に広がっているのは、建設残土の捨て場を思わせるような大量の土砂と、まばらに散らばっている倒木だけだった。何もいわれなければ通り過ぎていただろう。荒涼としたパキスタンの北方地域のカラコルム山脈だったら当たり前にある光景だった。また、被災地馴れした目には、よくある土砂崩れの跡の一つに過ぎなかった。だが地震の前までは、そこに四つの村があったというのなら話は別だった。それぐらい見事に跡形もなく埋まっていた。

ムザファラバードから東へ約四五キロメートルにあるハティアンという町から、さらに四キロメートルほど奥に入った山のなかにその場所はあった。この場所のことを聞いたのは、ファルークさんからだった。彼は、お前が記者なら何かニュースが必要だろう、と意外な情報をくれたのである。土砂崩れで川が堰き止められ、それが崩壊して鉄砲水が起きる可能性がある場所と、村ごとすべて埋まってしまったところがあるから行ってみないか、というのだ。

地震直後の報道で、地滑りで村が埋まって壊滅した、という話を聞いてはいた。だが、実際に現場を見たのは初めてだった。

通りがかった若者に聞くと、そこにあったのはバディシェド、ローディヤバード、ベール、チョリアという四つの村で、合わせて一一五家族、約五〇〇人が住んでいたという（他の村人は五〜六〇〇軒の家があったといい、正確な人口の裏づけは取れなかった）。地震が起きて三秒余りで埋まってしまったという。目の前にいまでも五〇〇人もの遺体が埋まったままだと思うと、写真を撮る手が震えた。

目前の谷には土砂崩れで川が堰き止められたため、半径四〇メートルほどの池ができていた。しかし、ここからは見えないが、埋まったもう一つの谷の向こう側には湖のような大きな水溜りがあるという。地滑りがまだ頻発しているので、そこまで徒歩では行けなかった。だが湖の存在は軍のヘリコプターが上空から確認しているという。

生存者は、当初はいないと聞いていた。しかし、一〇人ほどが生き残り、近くの被災民キャンプにいることがわかった。生き残った人びとは地震発生当時、みな山の上のほうにいて崩れる土砂の上を滑るように落ちて助かったらしい。

そのうちの一人、アラム・ヌールさん（四〇歳）から話を聞いた。地震が起きたとき、彼女は谷川の水を汲んで頭の上にバケツを載せて家に戻る途中だった。突然、轟音がして地面が揺れ動いたかと思うと、落ちる土砂の表面を滑っていったという。「その後は、記憶がありません。気がついたら別の場所にいました」。彼女は村がなくなったのを見て、世界が終わったかと思ったという。その後、もう一人生き残った別の女性と励ましあいながら、助けがくるのを待った。近くの村人が彼女を助けにきたのは、地震発生から七時間過ぎた午後四時のことだった。

もう一人の生存者、サビール・カーンさん（四〇歳）は、地震が起きると靴も履かずに家を飛び出し、二〇〇メートルほどを一気に突っ走った。そして、後ろを振り返るとすべてが消え、砂塵のみが

消えた村の現場。土砂の下には村と多くの村人が埋まっている。

高々と舞い上がっていたという。「戻りたくても、地滑りが続いていて、すぐ家には戻れませんでした。二時ごろになって雨が降って砂ぼこりが消え、やっと戻りました。残ったものは何もありませんでした。あったはずの家も家畜も家族のほとんども、すべてなくなってしまいました」

家に戻ると、母親が家の下敷きとなって倒れていた。生き残った弟と母親を引っ張り出すと、苦しそうだった。母親は救援を待たずに二時間後に死んだ。子どもも学校で死んだはずだという。「学校には六五人の生徒と二人の先生がいたはずです。しかし、すべては土の下です」。そして「いまは何も考えられない」とつぶやいた。

村々を瞬時に埋めてしまった、地震のエネルギーとは何なのだろうか。皮肉なことに、地震直後、このカシミール地方の領有を巡って敵対するインド・パキスタン両国の関係は、被災の援助を名目に進展した。出口の見えないカシミール紛争の解決を即すため、犠牲者たちは自ら人柱となったのだろうか。それとも、核戦争を起こそうとする人間に対して神が鉄槌をくらわしたのだろうか。非論理的で迷信めいた考えばかりが去来したが、少しでも解決につながるのなら、犠牲者たちの魂も生き残った人びとの心も救われるのでは、と思った。

再び難民となった難民たち

ＡＪＫ大学の構内に避難しているラジャ・イズハール・カーンさん（六〇歳）にとって、自分の村が〝なくなる〟のは二度目の経験だった。

地震発生から一五年前の一九九〇年一〇月一一日、彼はインド側のクプワラ郡ケランに住んでいた。当時は武装闘争の最盛期で、ＬＯＣに近い彼の村は、ミリタントが軍事訓練のためにパキスタンへ渡る重要な地点だった。インドの治安部隊は「越境する手助けをしているだろう」と村の若者を逮捕し、拷問した。それを恐れて男たちが逃げると、女子どもだけとなった村では治安部隊が女たちを強姦した。「もうここでは生きられない」。そう思ったイズハールさんをはじめとするケランの四つの村人一四〇〇人は、二日かけてLOCを越え、パキスタンへと逃れた。夜中、移動のさなかインド軍のパトロールに見つかりそうになったとき、親は赤ん坊が泣き出さないように、口を塞いだ。手をどけると、赤ん坊は死んでいた。

難民となった彼らは、二年目から、パキスタン政府から当てがわれたムザファラバード近郊のカムサーと名づけられたキャンプで暮らしはじめた。最初の八年はテント暮らしだったが、二〇〇〇年からは自分たちで資材を購入し、レンガと石造りの家を建てた。だが、その家々はもうない。震源地に近いニーラム川沿いにあったキャンプは、すべての建物が倒壊し壊滅状態となってしまったのだ。川沿いの谷や山は地滑りで軒並み斜面が落ち、白い砂礫が剥き出しとなったため、キャンプは、白い山肌を露にした山々に囲まれるというなんとも異様な光景だった。

イズハールさんにキャンプを案内してもらったが、破壊のあまりのひどさに再び絶句した。二〇〇軒以上の家があるのだが、どれ一つとして自立して建っているいるものがない（普通、三割ぐらいは完全倒壊を逃れている）。見渡す限り銀色の潰れた屋根が広がり、さながらトタン屋根の更地だった。「地震のとき、私はバス停に行く途中でキャンプの広場にいたんです。だから怪我をせずに済みました。もの凄い揺れと音で私は倒れ込みました。砂埃が舞い上がり、何も見えなくなりました。戦争がはじまり、間違って核ミサイルが落ちたのかと思いました」。地震の衝撃を一瞬に核戦争と連想するあたりに、印パという両核保有国の狭間で生きるカシミールの人ならではの緊張を感じた。

広場には一時間で四〇体もの遺体が集まった。しかし、「誰も泣いたりしませんでした。涙さえ奪

地震で破壊された難民キャンプに佇む、ラジャ・イズハール・カーンさん。自力で長年かかって築き上げてきた難民キャンプは一瞬にして破壊された。

われてしまったのです」とイズハールさんは語る。

地震発生後、行き場を失ったキャンプの人びと（約二五〇家族）はAJK大学へと避難した。しかし、イズハールさんによると、政府からは何の支援もないという。「NGOが我われを助けようとすると、『その人たちは金をもらっている（難民の彼らは以前から一人あたり月七五〇ルピーの手当てを支給されている）から助けなくていい』というんです。国境なき医師団からテントをやっと一〇〇張りもらって、それっきりです」。そして、「もうインド側の故郷に戻りたいです。ここにいても私たちの地位は難民でしかなく、何の権利もありません。同じように人権が尊重されないなら故郷で死んだほうがマシです」と怒気に満ちた表情で語った。これまで不満があっても、パキスタンで世話になっている以上それを表に出すことはなかった。しかし長年の難民生活の疲れが今回の地震で一気に爆発し、故郷への郷愁を呼び起こしたようだった。

震災が生んだ出会い

一一月の終わり、私が泊まっているホテルの宴会場は久々に活気に満ち、スーツや豪華なサルワル・カミーズで着飾る人びとが集まっていた。なんのお祭りかと聞くと、結婚式だという。まだ復興らしい復興もしていない、瓦礫だらけのこの町で結婚式というので、不謹慎ながら笑いそうになった。

新郎はイクバール・ユースフさん（二六歳）といい、実は地震のときは出稼ぎでイタリアにいた。「地震が起きて、ずっと心配で何度も電話しましたがつながりませんでした。ラワルピンディの姉に連絡したところ、大丈夫だといわれました」

それでも、連日の報道にいてもたってもいられず、彼は帰ってきた。すると、「せっかく帰ってきたのだから」と結婚をすすめられ、両親や親戚がお見合いをさせたのだという。

新婦のファウズィア・ハビーブさん（三〇歳）は、地震のときはパキスタンにおり「ベッドで寝ていたら壁が倒れきた」という。三〇歳というのは、現地ではけっこうな晩婚だが、彼女はもともとイギリスに留学していたこともあり、結婚するのが遅れたのだという。見合い結婚であるため、新郎とは家族と一緒に一回会っただけだが、「両親が決めたことですから」と意外に屈託がない。ユースフさんは「いまは再びイタリアへ行ってお金を貯め、家族を助けたい」という。ファウズィアさんも海外暮らしが長いので、外国でもうまく適応して良き伴侶になる予感がする。地震が引き合わせる、こんな出会いもあったのである。

再びファルーク氏の話

帰国間際、私は再びファルーク氏に会い、話を聞いた。

「私たちは希望も何もかも失いました。未来に何が起こるかもです。みな衝撃を受けています。人びとは信念を失い、それをどう回復させるか大きな挑戦をしなければならないでしょう。みなが家族、家、収入源をなくし、それによって精神的、経済的問題を抱えています。考えて見てください、六〇〇万人が家をなくしてしまったんですよ。ほとんどの店は潰れ、都市経済は破壊されてしまいました。我われはそんなに産業化されていないので、店舗経済は重要なのです。田舎では人だけでなく、畑が埋まり、家畜もなくしてしまいました。人びとは牛、山羊、羊などの家畜を育て、それを売って生計を立てていたのですから」

しかし、今回の地震で希望が見えたのは、インドとパキスタンが地震をきっかけに関係を改善した

瓦礫だらけの町で結婚式を挙げたふたり。ふたりの結婚式は被災して暗くなりがちな人びとの気持ちに喜びをもたらした。

ことだった。

「これはとてもよいことです。印パ両国は友情を保ち、明日へと向かわないといけません。印パの関係がよくなかったら犠牲となるのはカシミールです。印パの関係改善の結果としてカシミール問題は解決されるのですから。人びとの交流をもっと具体的に促進する必要があります」

いまの印パ共同のカシミールへの政策は、ソフトボーダー化を進めているだけという批判もある。だが彼は、「ソフトボーダー化はいいことです。とりわけ離散家族には有益です。それに貿易についても両カシミールのあいだでもっと盛んにすべきです」といい、「物事は一足飛びに解決しません。一歩一歩進んでいくのです。思い切った、成熟したリーダシップが印パ両側に求められます。残念ながら、インド、パキスタン、カシミールそれぞれに自分の立場があります。解決するにはそれぞれが歩み寄らなければなりません。それに、カシミール人自身が団結して意見をまとめて、印パ両国との話し合いにイニシアティブを握らなくてはいけません。何が解決を妨げているのか総合的に考えねばなりません。インドの暴虐主義だけではなく、パキスタンだって占領し、悪いことをしています。また、印パ両国はカシミールの民族自決権を否定しています。パキスタンでの闘争は宗教の要素が入っています。カシミール人は世俗主義をとるべきです。運動は、社会主義と文化的なアイデンティティに基づくものでなくてはなりません」と、カシミールと印パの立場がいかに相容れないか強調する。

――地震でカシミールは大きな被害を受けました。復興にはどのくらいの時間がかかるのでしょう？

「私たちはすべてのインフラを失いました。州レベルでも、国レベルでも時間がかかります。あなたの国でも広島、長崎といったことを体験したでしょう。でも、見事に再建を果たしましたね。今回の地震の被災者は一五〇万人以上にもなります。他にも行方不明者も多く、出口がありません。しかし、生き残ったのなら、復活できます」

第8章

戦闘と自爆攻撃の果て

2001年の州議会議事堂前での自爆攻撃で負傷する男性。人権侵害だけでなくミリタント の攻撃に巻き込まれて死傷する人も多い。

二〇〇一年一〇月一日の昼下がり、昼食を終え、レストランから出ようとした矢先のことだった。ドーンという爆発音が響くとともにひとすじの黒煙が立ち昇った。「やったな」と思うと、周囲の人びとは血相を変えて逃げはじめた。同時に、商店のシャッターがつぎつぎと閉じられ、その手際の良さに苦笑とため息の両方が出た。近くの商店主の友人が「アセンブリー、アセンブリー」と私に向かって叫ぶ。州議会議事堂がやられたというのだ。逃げまどう人びとの波に逆らい、現場へと走った。

この日はジャンムー・カシミール州議会最終日にあたり、州知事、首席大臣をはじめとする州政府閣僚、議員が一堂に介していたため、議事堂はミリタントの格好の目標だった。しかし、治安当局側もそれを見越して議事堂前の通りを完全封鎖していた。事件の三時間前に通ったときも、バリケードと装甲車を配した警備の様子には隙がないように思えた。それでも地元の報道カメラマン三人が現場に張りついており、彼らは異口同音に「今日は何かがおこる」と唱えていたが、ニュース欲しさの当て推量にしか思えなかった。しかし、そんな私の予想も大きくはずれ、最悪の事態がおきたようだった。

現場に着くと、議事堂の門前で小型車が炎を吹き上げて燃えていた。消防車が到着し、消防士たちが近づくとそれまで遠巻きにしていた兵士や警官たちも集まってきた。門の横のバンカー（土嚢でできた歩哨所）と道路の中央分離帯の礎石は大きくひしゃげていた。かたわらには車体の上部が吹き飛び、骨組みだけとなった自動車が置かれていた。

車による自爆攻撃だった。後の犯行声明で、ジャイシュ・イ・ムハンマド（ＪｅＭ、アラビア語でムハンマドの軍隊という意味）というパキスタンに本拠を置くグループが行ったことがわかった（Ｊｅ

Mは、翌二〇〇二年にパキスタンでウォール・ストリートジャーナルの記者ダニエル・パールを誘拐、殺害した組織である)。三人の犯人はいずれもCRPFの制服を着ていた。彼らは下町で車をハイジャックし、途中で爆薬を積んだあと現場直前でドライバーを蹴り落とし、正門に突っ込んでいった。自爆したのはパキスタンの北西辺境州出身の男で、残りの二人は混乱に乗じて壁を乗り越え、議事堂内部へ侵入していった。

すぐに現場での救助活動がはじまった。最初に目に入った犠牲者は白髪頭の五〇代の男性だった。右足は腨のところから完全にくの字に折れ曲がっていたが、自分の身に何が起きたのか把握できず茫然としており、痛みを忘れているかのようだった。意識のある者はまだましだった。病院に搬送しようと生存者は一ヵ所につぎつぎと集められたが、血まみれの彼らは目を閉じながら、悪夢にうなされているかのように時おり頭を振った。死をほとんど約束された彼らから、私は目をそむけた。

死体のほとんどは爆風で服がはだけているか、裸のままだった。着衣であっても、その場合の多くは顔を激しく損傷していた。半径二〇〇メートル以内で彼らがほんの一〇分前までは生きていたことを考えると、とても他人ごととは思えなかった。

しばらくすると、「クダーヨー! (おお、神よ)」と叫びながら近くの住人たちが出てきた。そのうちの一人が大きな身振りで私を手招きして、残骸に隠れた新たな死体を指差した。それは「撮れ、撮るんだ、こんなひどい現実を世界に伝えてくれ」という彼らの強い意思表示だった。

地面の所々は被害者たちの血で染まっていた。そこに消火のために放水された水が流れ込み、道に血の河と池を作り出していた。また、ときおり足元でなにやら柔らかいものを踏む感触を感じた。そのたび、被害者たちの脳漿ではないかと、ヒヤッとして足を素早く持ち上げた。黄土色で色だけは近かったそれは、爆発した車のシートのウレタンのかけらだった。

撮影をしながら始終気になったのは、明らかに記事堂の敷地のなかから聞こえてくる銃声や手榴弾の爆発音だった。爆弾テロの場合、セカンドブラストといって、最初の爆発後に集まってくる兵士や警官、ジャーナリストを狙ってもう一度爆発が起きることがある。救助活動でごった返している議事堂前は、それをやるのにうってつけの状況だった。近くには乗り捨てられたバイクやオートリキシャが放置されていて、それに爆弾が仕掛けられていないだろうか？　立ち並ぶビルの上から潜んでいたミリタントが銃撃を加えたりしないだろうか？　そんな嫌な想像ばかりが頭をめぐっていた。

救助活動がひととおり収まると、議事堂内に立て籠もるゲリラを掃討しようと装甲車に乗った兵士たちがつぎつぎと入っていった。集まっている部隊も警察や市内の警備を担当するＢＳＦ、ＣＲＰＦといった準軍隊だけでなく、政府軍の正規部隊ＲＲ、カシミール警察のＳＯＧとカシミール中の治安部隊が駆り出されている感があった。

治安部隊と二人のミリタントの攻防は、圧倒的に治安部隊に有利なはずなのにまったく進まなかった。「ドン、ドン、ドン」と低く鈍いが威力を感じさせる機関砲と「ダダダダダ」と戦争映画で聞かれるような典型的な機関銃の音が治安部隊側で、速射性はないが「パン、パン」という自動小銃の連射音のするほうがミリタントだというのは容易にわかった。音を聞いていると治安部隊が優勢に攻撃しているように思えたが、時おりあるゲリラ側からの斉射が効果的なようで、そのたびに血まみれになった兵士が運び出され、指揮官たちがあわてふためいて門から出てきた。また、兵士たちに混じって内部に取り残されていた民間人が出てくることもあった。事件が起きた後、彼らはミリタントを目撃したという。そのうちの一人は「爆発音のあと、二人のＣＲＰＦの制服を着た男たちが議事堂のなかで銃を撃ちはじめ、私の知り合いの議事堂の職員が撃たれるのを見た」という。

そんな応酬が繰り返されて四時間もたっただろうか。知り合いの地元のカメラマンが話しかけてきた。「治安部隊の連中が報道陣は現場を出るように命令をしてきた」。そして「やつらは俺たちに見られたら困ること……、どうやらトーチするらしいんだ」と続けた。つまり、埒が明かないので火を放って建物ごとゲリラたちを焼き殺そうというのだ。なんという乱暴な作戦だ。内部にはまだ怪我人や戦いが終わるまで隠れている人がいるかもしれない。だが、そんな疑問を呈する時間は与えられなかった。午後六時半、他のメディアの人間とともに薄暮のなか現場を離れるしかなかった。

一夜明けて

翌朝一〇時、議事堂を再び訪れた。プレスカードを見せ、昨日までは入ることができなかった敷地のなかを進んだ。車止めの遮断機の向こうには、大理石で造られた白亜に輝く議事堂が見えた。議事堂には、横づけされたはしご車が屋上から放水をしていた。私が議事堂に入るとき、視察にきていたファルーク・アブドゥッラー州首席大臣（当時）とすれちがった。その黒ずくめの制服から〝ブラックキャット〟と呼ばれるNSGを大勢引き連れ、運転好きで有名なファルーク大臣は自らハンドルを握って去っていった。建物内部の木造部分は、表の白さと対照的に真っ黒に焼き尽くされていた。すべてが終わった後だった。

州警察本部には、ミリタントと思われる焼け焦げた二人の遺体と、市民とおぼしき四人の遺体が白い布にくるまれて安置されていた。一人のミリタントの遺体は損傷が激しかった。右腕が鉈で切られたかのように肩から大きく切断されている。昨日、現場で機関砲が運び込まれるのを目撃したが、それに撃たれたのだろうか。

市民の遺体は、仰向けになって両腕を上方に挙げたまま硬直していた。それは学生のころ、教科書で見た原爆や東京大空襲で焼け死んだ人びとの姿と重なった。もしかすると彼らは生きていたかもしれない。そう想像すると、なりふり構わない作戦の杜撰さと、市民を守るはずの治安部隊が市民を巻き添えにするのを厭わないことに、カシミールの現実がよく表れていると思った。

市内の外科病院に重傷の被害者が運び込まれていると聞き、訪れた。

地元のウルドゥー語新聞チャタン紙で総務部長を務めるアブドゥル・マジッドさん（五七歳）は、事件当時議事堂正門の反対側を歩いていて、爆発が突然起きたという。

「あれは、私が情報省へ行く途中のことでした。すぐ、これは爆弾テロだとわかりました。私の右足には破片がたくさん刺さり、動けませんでした。頭上では電線が燃え、横にももう一人、右足を怪我して動けない男が叫んでいるのを見ました」

「誰に責任があるかだって？　そんなこと知りませんよ」と答えは意図的に避けられた。「自爆テロはいいことじゃないのはわかっています。でも、どうしろというんですか？」

この事件は、カシミールで起きた初めての自爆攻撃事件だった。事件が、その三週間前にアメリカで起きた同時多発テロ事件の影響下にあるのは間違いなかった。

議事堂から四キロメートル離れた友人宅でも爆発で窓が震えたというから、相当な衝撃だったのだろう。そのとき人びとは、カシミールがこれまでの民族自決権のための戦いから、カシミールという枠を超えたグローバルな〝聖戦〟へと巻きこまれていることを実感したに違いない。

二〇〇一年九月一一日、私はスリナガルにいた。事件が起きればメッセージが送られてくるジャーナリスト用のポケットベル（当時、まだ携帯電話はカシミールで普及していなかった）には、英文で「ニューヨークの世界貿易センターが崩壊」「ペンタゴンに飛行機が突っ込む」というニュースが緊急

アフガニスタン空爆反対のバナーを掲げる女性イスラーム団体「国の女たち」の活動家。

電で流れてきた。しかし、その報せはあまりに荒唐無稽で、エイプリル・フールのようにしか感じられなかった。それに、その時間帯は停電中でテレビのニュースが一切入らず、町でも事件を知らない人がほとんどだった。私がそれを事実だと理解したのは、ホテルに帰ってテレビの映像を見てからだった。

翌日、当然のことながら朝からその話題で持ちきりだった。路上では、テレビ局のリポーターが町行く人びとに意見を求めてマイクを差し出していた。意見のほとんどは「テロは良くないが、アメリカは報いを受けた」といったような、「アメリカよ、思い知ったか」という思いが滲み出たものだった。そして、友人のジャーナリストたちも多かれ少なかれ同じ意見だった。私が信頼を置いてきたジャーナリストでさえ「事件でたくさんの人が死んでいるのは知っている。だがアメリカはパレスチナで、イラクで、何をしてきた？　いいか、これはアメリカが支払った代償なんだ！」と言うのだ。

これらの発言に私は少しショックを受けた。確かにアメリカのしていることに問題は多い。だが、だからといって無実の人びとが殺されていいわけがない。「我われは被害者である」と常にいい続けているカシミールの人びとこそが、そのことをまず言及するべきではないか。第二次世界大戦中、ユダヤ人たちはナチスに大量虐殺をされた。戦後、彼らはパレスチナの地にイスラエルを建国したが、自分たちが殺されたのは安全保障がなされていなかったからだと考え、自らの安全保障のためにパレスチナ人を虐殺している。被害者、加害者の力関係は簡単に変わるのだ。

一〇月の初め、アメリカによるアフガニスタン空爆がはじまった週の最初の金曜日、スリナガル市内では、誰が呼びかけたわけではないのに各所で空爆に反対するデモが起きていた。アメリカ国旗やブッシュ大統領を見立てた人形に火をつけ、みな口々に「我われはアフガニスタンの人びとと共にある」と唱えていた。

スリナガル最大のモスク、ジャミア・マスジッドでは人民行動委員会のウマル・ファルークがこう説教した。

「九月一一日以降、洋の東西を問わず、反テロリズムということで一致している。しかし、これらの国々は反テロリズムを唱える一方で、自らもテロリズムに耽っている。テロリズムはどんなものであろうと非難されなければならないが、なかでも一番非難されなければならないのは国家によるテロ（ステート・テロリズム）である。私たちはインド人たちにいいたい。彼らはカシミールでのテロを非難するが、なぜ国家によるテロについて言及しないのか！」

カシミールの人びとの言い分はわかる。だが、この「国家によるテロ」という言葉でさえ、国家が国家を非難し、軍事介入を正当化するとき使われてしまう。テロという言葉を使って非難する限り、誰もテロの呪縛から逃れられない。

フェダーイン・アタック

二〇〇〇年ごろから、ミリタントの戦法は変わっていった。それまでミリタントと治安部隊の交戦といえば、村や山中に潜んでいるミリタントを摘発したり、ミリタントが治安部隊を待ち伏せしたときに起きていた。ところが、ミリタントたちは軍の基地や本部、警察署などを直接攻撃しはじめるようになった。これは〝フェダーイン・アタック〟と呼ばれ、フェダーイン（アラビア語で戦士の意）と名づけられたミリタントが目標に突撃し、自分が死ぬまでできるだけ多くの敵を殺すという、いわば特攻攻撃である。そして、そのフェダーイン・アタックを私自身も目の当たりにすることになった。

州首席大臣公邸前で倒れるBSF兵士。突然の奇襲で、反撃する間もなく殺された。

二〇〇三年一〇月一九日午前九時半ごろ、地元新聞社の前でロイターのカメラマンD君が「チャイをおごるよ」と私に話しかけてきた。すると、「爆弾テロだ！」と、階上の新聞社の男の叫び声が聞こえた。表通りに出てみると、人びとが州首席大臣公邸の方向から逃げてきていた。警察車両が到着し、警察官たちが防弾チョッキを急いで装着していた。事件現場と思われる二〇〇メートルほど彼方の公邸前は、通勤時間帯にもかかわらず人影はなかった。カメラマンたちは、現場へ行くかどうか躊躇していた。ミリタントが待ち伏せしていて、二次攻撃があるかもしれないからだ。三分ほど待ったが、何も起きない。業を煮やしたD君が皆に発破をかけて、現場へと駆けていく。私も彼らと少し距離を置いて続いた。

現場では、すでに二人のBSFの兵士が頭から血を流して死んでいた。地元のカメラマンが撮影しているなら大丈夫だろうと判断し、私も撮影を開始した。他の兵士が死体を回収しようとしていた。逆光気味でフレアが入るなと思っていたとき、腹に何か当たるのを感じた。ファインダーから目を離して足元を見ると、缶コーヒー位の黒い塊が落ちていた。手榴弾ではないか？——私は隣で撮影していたインドのZEEテレビのカメラマン、サミールの顔を見た。若いが修羅場でも度胸が良く、落ち着いて撮影している姿をよく見かけていた。その彼の顔は引きつっていた。私とサミールは猛ダッシュで道の反対側へと逃れた。幸いにも、その手榴弾は不発だった。しかし、私が逃げているあいだにもう一発の手榴弾が爆発し、破片でD君ら二人のカメラマンが足に軽傷を負った。

冗談じゃない、こんなことで死にたくない——走り終わった後の激しい動悸のなかで、そう思った。ジャーナリストの仕事は取材したことを伝えて完了する。死んでしまっては、その役目は果たせない。でも生きていれば、またチャンスはある。命に換えてまで取材しなければならないことなどない。

紛争地で取材をしているというと、日本では「命がけの取材」とか「銃弾の下を掻い潜って」と形容されることが多い。一般の人には、どうしてもベトナム戦争時代の戦場カメラマンのイメージが抜けきれないようだ。なので、そういった言葉にどうしようもない違和感を憶える。

実際の取材は地味なもので、その大半は情報を集めるためのネットワークづくりや被害者へのインタビューなどだ。そこで一番大事なのは、見ず知らずの自分をいかに受け入れてもらうかである。むしろ、ドンパチやっている現場はめったに出くわさないし、作戦中は治安部隊によって封鎖されているため、遠巻きに見ているしかない。こんな間近で銃撃戦の様子を撮影できるのは、フェダーイン・アタックという戦法ならでは、としかいいようがない。

街路樹に身を隠し、体を遮蔽しながら撮影を続けた。目の前に増援のＢＳＦの兵士が一人配置されてきた。この兵士がやたらと周りをキョロキョロし、足元をガタガタと震わせる。フェダーインが怖いのだ。フェダーインは決死の覚悟だが、兵士はそうではない。

フェダーインたちは公邸への侵入に失敗し、向かいの大規模商業施設に立て籠もった。銃声がやみ、状況は少し落ち着いたようだった。ＢＳＦの兵士が建物に向かって「我われは治安部隊だ。なかにいる市民は出てこい」と叫ぶと、なかにあるコンピュータ学校の生徒だろうか、五人の若者が両手を上げて「撃たないでくれ、撃たないでくれ」と連呼しながら出てきた。そのうち一人は女性だった。そして、道路脇に座らされた。一人は歯を鳴らして震えている。彼らは警察のトラックに乗せられたが、ミリタントがいる建物から出てきた以上、身元照会をされた後に家に帰されるだろう。

建物が包囲されてまもなく、出勤途中の公務員であろう中年女性が歩いてきた。状況を見て、彼女は足を止めるだろうと誰もが思った。ところが、警備陣の脇をそのまま直進し、現場へと早歩きで進んだ。驚いた警察官や兵士が「そっちは危険だ、戻ってこい」「ミリタントがいるぞ」と叫んだが、

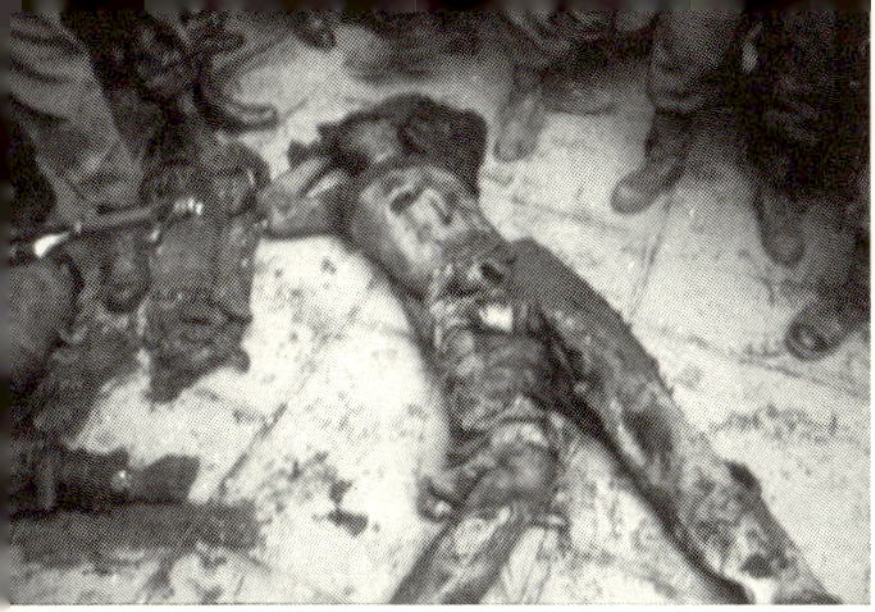

戦闘が始まって死ぬまでの24時間、この若いフェダーインは何を考えながら戦っていたのだろうか。

足を緩めることはなく、現場前を通り過ぎていった。「こんなことで、自分たちの日常生活を破壊されてたまるか」という、長年の紛争のなかでの彼女の強烈な意思表示を感じた。

戦闘は、ときおり銃声がするものの、それほど大きなものではなかった。治安部隊は建物を完全に包囲しているので、焦って犠牲者を出すのではなく、ミリタントたちが疲れるのを待って、じっくり攻撃をするようだった。

昼過ぎになっても動きがないので、フィルム補充や食事をしにホテルに戻ることにした。五〇メートルの包囲線を一歩出れば、バザールでは人びとの日常生活が営まれており、買い物に忙しそうに行き交っている。人ごみのなかで、買い物中のD君の親戚の女性を見つけた。私がD君が怪我した旨を伝えると、立ち崩れた。さらに進むと、増援に向かう警察のバスに出くわした。警察官たちは、カメラマンジャケットを着ている私を見つけて「おいプレス、フェダーインは何人いるんだ？」と真剣な顔をして訊いてくる。

現場に戻ってからも、あまり動きはなかった。夜間は治安部隊もリスクがあるので、攻めないだろう。残るカメラマンもいたが、私はそう判断してホテルに帰った。

翌朝八時、再び現場に戻った。残っていたカメラマンによれば、朝七時過ぎにミリタントの一人が一階に下りてきて、銃を乱射したそうである。私が現場に到着した直後から、銃声と手榴弾の爆発音が断続的に聞こえ、戦闘は激しくなっていった。治安部隊はミリタントたちが弱ったと見て、一気に勝負に出たようだった。

午前一〇時、銃声がやみ、彼方からときの声が聞こえた。指揮官が「プレス、入るな！」と怒鳴るが、カメラマンたちはチャンスを逃すまいと、お構いなしに商業施設のなかに入っていく。すると、兵士の一群が死体を引きずってきた。周りの兵士、カメラマンが死体を一目見ようと群がる。ほどなくして、「ジャイ、ヒンド！（インド万歳）」という声とともに、別のミリタントの死体を引きずってきた。黒い皮ジャンを着た、どこにでもいる風体の若者だった。顔は潰され、誰かは判別できなかった。戦闘で被弾したというより、虫の息のところを故意に撃たれたのだろう。この二人のどちらかが、私に向かって手榴弾を投げたのだ。

兵士が死体をどさりと置くと、何人かの兵士が憎しみの目で死体を蹴り、踏みつけた。その瞬間、何かが壊れた気がした。兵士にとって、さっきまで銃と銃で対峙していたミリタントは、確かに自分の命を脅かした憎き存在だろう。しかし、死という結末を迎えたミリタントにそんなことをする必要はない。誰に対しても訪れる死という平等さえも犯された思いがした。

現場である商業施設に入ってみた。壁や天井には至るところに弾痕があり、戦闘の激しさが容易に理解できた。二階に上がる階段の踊り場には血溜まりがあり、また、そこから引きずられた血糊の跡が残っていた。

建物は横に放射状に広がっており、二人のミリタントたちは治安部隊の包囲に、建物のなかを縦横無尽に駆けて抵抗していたのだろう。殺されるとわかっているなかで、どんな一夜を過ごしたのだろうか。白い壁には、彼らが書いたと思われる「ラシュカル・イ・タイバ、アル・ムンスリーン（ＬｅＴの別名）、自由万歳」と書かれた落書きが残されていた。この二人はカシミール人ミリタントらしかったが、身元ははっきりしなかった。なので、葬儀もひっそりと行われたようだった。

ミリタントだったカメラマンＤ君の話

事件後、私はＤ君の見舞いに行った。足には包帯が巻かれていたが、怪我は大したことはないよう

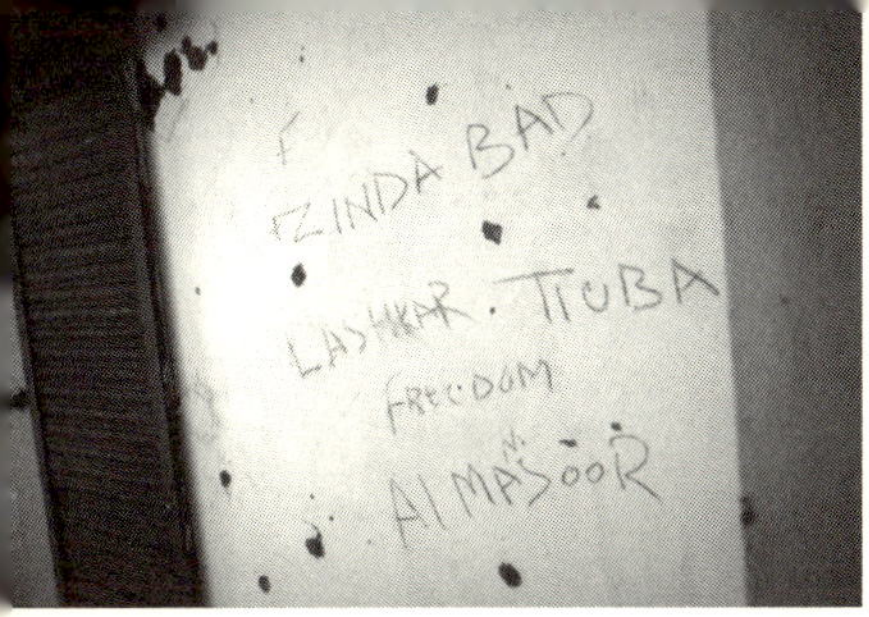

死んだフェダーインが書いたと思われる、現場に残された落書き。

だった。二人で、あのとき注文していたチャイはどうなったんだろう、と冗談めかして笑った。

そのとき聞いたのだが、D君はかつてミリタントだったという。D君や今回の事件のフェダーインたちは、どうしてミリタントとなったのだろうか?

D君の場合、ミリタントたちから常に勧誘は受けていたが、その気はまったくなく、そんな危険なことはできない、と思っていた。しかし、政府側から見れば、カシミールの若者は誰でもミリタント予備軍であり、逮捕と拷問の対象だ。D君も何度も捕まるうちに考えを変えていったらしい。以下はD君の独白。

「何度も何度も逮捕され、拷問を受けて殴られるにつれ、僕のなかで治安部隊への憎しみは高まっていった。そして、一七回逮捕された後、僕はミリタントになることに決めた。スリナガルを離れ、クプワラ郡で軍事訓練を受けた。パキスタンにも行こうとしたが、それはうまくいかなかった。僕は地域の司令官となり、当局のお尋ね者となった。たまに家に帰ることもあったが、すぐに密告され、やってきた治安部隊に僕は逮捕された。家に帰るときは銃を持たなかったので、あくまで僕は否定しとおした。だから僕の素性はばれることはなかった。家族にでさえ秘密にしていたからね。知っていたのは兄だけだった。僕はほとんど家にいなかったけど、村で働いていることにしていたんだ。

一度だけ危ないことがあった。家にいるとクラックダウン(捜索作戦)がはじまった。まずいことに、そのときに限って銃を持っていたんだ。僕は闘うことを決意した。でも、母から『馬鹿なまねはやめて。自分の命を大切にして』といわれた。そこで考え直し、僕は裏口から逃げることにした。治安部隊がくる裏をかいて、家々を逃げ回った。しかし、ある一軒の家にいるとき、運悪く治安部隊がきてしまった。僕は銃の安全装置を外してドアに向って構えた。ドアが開いた。開けたのはBSFの将校だった。将校の顔には驚きが見てとれた。そして、将校は僕に撃たないように指で諭し、ドアを閉めるとそのまま行ってしまった。まさに奇跡だった。

僕は家族の安全を考えて活動をやめることにした。軍や警察は、ミリタントの家族や親戚にまで嫌がらせをするからだ。でも、その代わりにリクルーターとして働くことにした。ミリタントとして見込みがありそうな若者を見つけて説得する仕事だ。

ミリタントを完全にやめたのは一九九七年のことだった。警察で拘束されていた僕を、父が引き取りにやってきた。父は僕の目の前で泣いた。そのとき、僕は両親を悲しませることはできない、と思ったんだ。仲間たちは何度ももう一度一緒に闘うように誘ってきたが、僕は拒否した。家族が大切だからだ。僕は親戚が経営する印刷工場で働き、写真が好きだったこともあって、地元の新聞社のカメラマンとなった。そうすれば治安部隊が僕に手出ししなくなるというのも、計算の上だったのさ」

ミリタントへの道――コードネーム〝ハミッド〟の話

私の友人の一人に〝ハミッド〟というコードネームを持つＪＫＬＦの元ミリタントがいる。彼は一五歳のときにアフガニスタンまで行って訓練を受けた。彼の話は詳細で興味深かったので、少し長いが紹介したい。

一九九〇年、それはまだ僕が一五歳のときだった。ある日、ザクラの橋（スリナガルのハズラトバル寺院の近く）を通りかかった。そこで治安部隊がデモ隊に向かって発砲し、一〇数人が死んだ（記録によると、この事件は一九九〇年三月一日に起きた、二六人が殺された事件だと思われる）。男が僕のほうに走ってきて、目の前でばたりと倒れた。彼は何かをいおうとしていたが、そのままこ

独立闘争で死んでいった殉教者専用の墓地。そこには「若者よ、勝利を手にするまで銃を下ろすな」というメッセージが書かれていた。

と切れてしまった。顔や首筋は血だらけだったが、他に外傷は見当たらない。しかし、彼の体を返すと、背中は銃弾を浴びていて真っ赤だった。僕は茫然とした。家に帰ると、両親から服に血がついているといわれた。

このときの衝撃が僕を変えてしまった。当時、僕はカシミールがなぜ分断されているのか、そんなに知っていたわけではなかったし、闘争に関心があったわけでもなかった。つい最近まで独立していて、インドに侵略されたのだと単純に思い込んでいた。とにかくこの事件以来、僕は勉強に手がつかなくなってしまった。

僕は近所の人から、ミリタントのリクルートをしているという男がいることを聞いた。マクブール・アシュラフ・ダールという名の男だった。僕が組織に参加したい旨を伝えると「君はまだ若すぎる。我われのほうで検討するから、君の写真と住所をくれないか」といわれた。一ヵ月後に連絡があり、「君は合格だ。二、三日のうちに出発するから準備するように」と伝えられた。

僕は小遣いで新しいシャツ、コットンパンツ、靴を買いそろえ、友だちの家に隠しておいた。自分の家に持って帰れば、家族が不審がるからだ。それでも僕は母に「僕、パキスタンに行こうと思うんだけど」と話してみた。当時パキスタンに行くということは、ミリタントになって軍事訓練を受けるという意味だった。でも母は「あんたがパキスタンに行くだって？　そんなことできるわけないじゃない」と取り合わなかった。しかし母は自分の言葉に後悔することになる。三日後、夕方六時になっても僕は帰ってこない。最初はちょっと遅くなっているだけだと思ったらしい。そして八時になり、一〇時になった。そこで初めて僕がいっていたことを思い出して、事態を悟った。そのとき母は泣き崩れた、と後で聞いた。

僕は同時期に勧誘された他の三人と一緒に、スリナガルから北の町クプワラへ向かった。そこで改めて参加の意志を確認させられた。「ＪＫＬＦには掟があり、独立を目指している。この先は厳しい闘いが待っている。嫌ならばここで引き返しても構わない」。考え直す余地はなかった。僕はためらわず首を縦に振った。

三日ほど待機した後、一三人が加わってＬＯＣを越えた。一九九〇年の三月のことだった。ハイハマという場所から高度二〜三〇〇〇メートルの真冬の山を三日間かけて越えた。羽毛ジャケット、セーター二枚という格好だった。食べ物があったのは最初の一日だけで、後は氷河の氷を食べながら進んだ。三日目の夜一二時ごろ、サーチライトがこちらを照らした。見つかったのかと思ったが、ガイドが「あれは味方の合図だ」というので、安心した。三人の男が迎えにきた。みな平服だったが、よくみると遊牧民のグジャール人だった。さらに三〇分ほどいくとグジャール人の小屋に着いた。そこで『もう安全なところに着いたぞ』といわれた。豪雪と酷寒のなかの行軍で、みなの足はひどい凍傷に罹っていた。でも僕はたまらなく疲れていたので、足を毛布に突っ込んでそのまま寝てしまったが、それが良かった。他の連中は暖炉に足をあてて急速に暖めたため、かえって症状を悪化させてしまった。

翌朝、ダルにチャパティの朝食を食べ、丸一日そこで待機して、夕方六時ごろ、五、六人の銃を持った男たちの命令でまた移動した。男たちの後に着いていくと、大きな道に着いた。そこで食事をとりお祈りをして、待っていたマイクロバスに乗った。

朝五時ごろムザファラバードに着いた。そして夕方に再び移動し、そこで他の男たちを待つことになった。結局ムザファラバードには八日間留まっていた。最後の日の夜、インドルピーを持っているならパキスタンルピーに換えるから渡すようにいわれた。そのとき、三人で八〇〇〇ルピー持っていたので預けたが、最後まで返ってこなかった。

北カシミールのクルガンで銃撃戦のすえに死んだアフガン人と思われる遺体。2001年まではパキスタン人やアフガン人など多くの外国人義勇兵が、カシミールで戦っていた。

次の夜、訓練に行くといわれて、集まった五〇人ほどの男たちとバスに乗り、GTロード（アジアハイウェイ）を走り、ラワルピンディを経由してペシャワールに着いた。着いた場所には一〇〇人ほどの男たちがいて、なかにはカシミール人もいた。彼らはJKLF、HM、ターリク・ウル・ムジャヒディンなどさまざまな組織からきていた。

ペシャワールで凍傷の友人の治療のためサルダル・ガリロードにあるアフガン外科病院に行ったが、外に出て驚いたのは、ほとんどの男たちが長い髭を生やしていたことだった。彼らの言葉はパシュトゥーン語で、僕にはまったくわからなかった。ここはパキスタンではなくて、もうアフガニスタンではないのかと疑った。

一〇日間ほど滞在すると、本当にアフガニスタンに向かって車で移動した。途中の道はタイヤがパンクしたり、車が横転しそうになるくらいのひどいでこぼこ道だった。二、三時間走って、小さい山の頂上に着くと門が見えた。門には鎖が巻きつけられており、両側には土嚢を重ねた陣地があった。ガイド三人が降りて話をすると門が開いた。そこが国境ゲートだった。そこから、アフガニスタンのクナール地方へ入った。山を降りると平原が続き、村があっても人気がなく、一匹の羊とおばあさんを見ただけだった。それはラマダンの月のことだった。

次の朝、三人のボディガードを連れたコマンダーがやってきて、「よくきたな」と僕らにいった。いまでも彼らが誰だかはわからない。言葉はウルドゥー語を解する奴に通訳してもらった。そこはカシミール・ミリタントのためのアフガンで最初のトレーニングキャンプで、まだテントしかなかったし、水は給水車がきて補給していた。

三ヵ月の訓練でピストルから対空機関銃まで、ありとあらゆる武器の使い方を習った。毎日朝四時に起き、お祈りをして朝食を食べ広場を行進した。

最初は恐かったが、特におもしろかったのは仕掛け爆弾の作り方だった。対空機関砲を撃ったのはまだ一五歳のときだった。また、僕は射撃がうまく、訓練所のコンテストでは一位を取り、アフガンの金でいくらか賞金をもらった。僕が優秀な成績を修めるのを見て、司令官は、もう一年いてヘリコプターの操縦を習わないか、と誘ってきた。でも、仲間たちから早くカシミールに帰って闘おうといわれて、帰ることにした。

ところが途中、ムザファラバードに着くと問題が起きた。当時、パキスタン側ＪＫＬＦのリーダーだったアマヌッラ・カーンが、パキスタン政府に対して自分たちで政府を作るといい出したのだ。それでパキスタンから支援を得るのが難しくなり、インド側に帰るのが許されなくなった。そのため、僕は三〇人の仲間と他の組織を作り、パキスタン軍情報部（ＩＳＩ）から資金と武器を供与してもらい、九日間かけてまたクプワラに入った。しかし戻ってみると、クプワラはパキスタン帰属派のＨＭと独立派のＪＫＬＦのあいだで、ミリタント同士が抗争状態にあった。

夜中の三時ごろ、ジャングルのなかでＨＭに出くわした、僕らはイラムという他のグループ名を名乗った。ＪＫＬＦを名乗れば殺されるからだ。ＨＭは僕たちを同志と見なし、道案内をしてくれた。そして、彼らの隠れ家で一晩過ごした。翌日その近くで、一人の村人に「あなたは、この地域のＪＫＬＦの司令官を知っているか」と尋ねると、僕の知っている男の名をいったので、手紙を書いて渡してくれるように頼んだ。数時間後、馬に乗った二人の男がやってきて、自分たちの隠れ家で落ち着くように、といった。シャワーを浴び、髭を剃り、飯を食べていると、そこに司令官が現れた。彼にスリナガルまでのガイドを依頼したが、安全なルートがないので武器を置いてバスで行けといわれた。せっかく手に入れた武器なので拒否したが、武器はあとで別に送るからと説得された。それから農家にいって、農民と服を代えてもらい、髪に油を塗ってほこりをつけ、服を切り裂き、サンダルを履き、農民に変装した。そして、馬車に乗ってバス・ターミナルに向かった。

三年ぶりに見たクプワラの町にショックを受けた。治安部隊が町中にいるので緊張し、震えた。バスに乗ろうとすると、車掌が身分証明書の提示を求めてきた。僕は持っていなかったので、彼に途中の検問を誤魔化せないか、と訊くと、彼は「助けてやるから後ろの座席に座れ」と命じた。バスは一日三往復していて、その車掌はどの検問所のことも知っていた。ソポールまで何ヵ所か検問はあったが、止められることはなかった。「なんてラッキーなんだ」と車掌は僕に声をかけた。ソポールで乗り換え、スリナガルのバトマルー地区のバス・ターミナルに着いた。

バトマルーでも、僕にはすべてが変わったように見え、戸惑いが隠せなかった。特に女性が顔を出しているのに驚かされた。パキスタンでは見られなかったからだ。僕はオートリキシャを止めようとしたが、あまりに身なりが汚いので一台も止まらなかった。そのため僕は、髪のほこりを拭い、新しい服を買って着替えなくてはならなかった。

直接家に帰るとまずいと思い、最初は従兄弟の家に行ってみたが、留守だったので、自宅に向かうことにした。家に着くと、顔を隠しながら入った。母と祖母は再会したとたん大粒の涙を流し、祖母は「あなた、生きていたのね」といい、僕は二人に微笑み返した。庭で抱き合うと、母のほうはその場で意識をなくした。

僕より先に戻っていた二人の仲間は、僕がアフガニスタンで生きていると告げていたが、いくらたっても帰ってこないので、自分たちを安心させるために嘘をついていると思っていたらしい。

次に僕は、母以上に僕をかわいがってくれていた叔母に会った。叔母は子どもたちに僕が帰ってきたことを口外しないように命じて、僕に語りかけた。

「あなたがいなくなって食事も喉に通らなかった。風の便りであなたは結婚したとか、長い髭を生やしていると聞いていたけど、何も変わってないわね」

それから、どこから聞いてきたのか、仲間が二人やってきた。彼らと話しているうちに少しずつ状況が理解できるようになった。そして、彼らについてスリナガルの当時の隠れ家に向かった。


一年後、スリナガルのある場所で二〇人以上のミリタントたちと会合をしていたときだった。あたり一帯をBSFが封鎖をして、銃撃戦がはじまった。僕は脱出しようと四人の仲間とりんご畑を走りぬけようとした。BSFの軽機関銃が僕たちを狙い掃射してきた。二股の道にさしかかり、二人ずつ違う道を逃げた。違う道を行った二人は殺されてしまった。僕たちは塀を乗り越えてある家に入った。その家には老人の夫婦がいて、妻のほうが服を代えるようにいってくれた。僕はフェロン（カシミールの伝統的なポンチョのような冬のコート）に着替えた。

しばらくして、モスクのスピーカーから付近の男たちは全員出てくるように命じるアナウンスが聞こえた。それは僕には好都合だった。なぜなら、その地域に僕を知っている者はおらず正体がばれることはないからだ。チェックが済めば、うまく逃げおおせることができるはずだった。僕は指定された近くの公園にいった。その間、何度か銃声を聞いた。BSFの隊長はすでに三人のミリタントを殺し、そのうち一人はコマンダーだといった。

公園には八、九台のジプシー（スズキ・ジムニーを改造した防弾パトロールカー）が並んでいた。そして、車の前に連れて行かれて歩かされた。それぞれの車のなかにはキャット（カシミール人の内通者）がいて、覗き窓から知った顔のミリタントではないかチェックをしていた。チェック用のジプシーは全部で七台で、一台目を通り過ぎ、二台目、三台目、と順調に通り抜けた。最後の七台目の前にきたとき、クラクションが鳴った。その瞬間、フェロンがたくしあげられて目隠しをされ

スリナガル市内でミリタントが隠していた武器弾薬を公開する、治安部隊の将校たち。

た。僕は棒で殴られ、そのまま装甲車に叩き込まれた。車内にはすでに何人かいるようだった。一時間後、車は動き出したが目隠しをされているため、どこに連れていかれるのかわからなかった。途中でまた何人か入ってきて、一時間後、車は停まった。そこはＢＳＦのキャンプのようだった。時間はおそらく夜一一時ごろで、雪が降っていた。なかからは泣き声や「神に誓ってやっていない」という声が聞こえてきた。

拷問しているに違いなかった。すぐに僕の順番となり、服を剥ぎとられ棒で殴られた。全員を殴り終わると、ＢＳＦの将校が僕を指さして、「こいつを知っているか」と他の収容者に聞いた。そのうちの一人が「知っている。こいつはミリタントだ」といい放った。しかし、僕は奴のことなど知らなかった。

それから僕は両腕を背中に回されて縛られ、二時間ものあいだ殴り続けられた。何度も意識を失ったが、そのたびに水をかけられ、またはじめられた。将校に「お前の隠れ家はどこだ、仲間は、武器はどこなんだ」と聞かれたが、「僕は学生だ。ミリタントなんかじゃない」といい張った。すると「まだ学習が足りないようだな」といって、彼らは再び殴り続けた。

問題なのは、知らない奴が僕のことをミリタントだといったことだった。後でもう一度教えてやるといわれて、部屋に戻されたときだった。その知らない奴がいた。「お前は俺のことを知っているのか」と尋ねると「いや、知らない。殴られたので適当にいっただけだ」といった。僕は彼に「本当のことをいって欲しい」と頼んだ。

三〇分して、また呼ばれて拷問が再びはじまった。僕が「なんて運が悪いんだ」というと、それを聞いた将校が「じゃあ、運が良かったらお前は俺を殺すだろう」といった。将校は酒を飲んで酔っ払っていた。僕は四人の男たちから入れ替わり立ち代り殴られ続けた。僕は意識不明になりながら、椅子の足を齧り続けて耐えた。

次の朝「隠れ家はどこだ」と再び聞かれ、知らないというと、また拷問がはじまり昼過ぎまで続けられた。その後やっと昼食が与えられたが全身は傷だらけで動けず、這って動くような状態で何も食べる気にならなかった。僕が食べることを拒否すると、また殴られたのでスプーンを使って無理に食べた。残った兵士たちが食事代として、二〇〇ルピーを僕から巻き上げた。

次の朝、二人ずつ川に連れていかれ、顔を洗うようにいわれた。川は凍っていた。川を見たとき「これは逃げられる」と思った。しかし、頭上から「逃げようなんて思うなよ」という声がした。顔を洗いながら右手にある家に逃げ込もうと思った。だが、左手にはバンカー（陣地）があるのが見えたので、あきらめた。

その後、他のキャンプに連れて行かれ大隊長に会わされた。名前を聞かれたので答えると、同名の他の大物ミリタントと勘違いした大隊長は、僕に向って「貴様を待っていたんだ」といったが、横にいた情報屋がすぐに否定した。大隊長は僕をどこかに連れて行くように指示し、違う部屋に入れられると、そこにいた若い巡査部長は僕を見てにやりと笑った。そこでまた名前を聞かれ、五、六人の男たちと次の尋問所に移送されることになった。僕はその尋問所の名前を聞いて震え上がった。そこは「ＰＡＰＡⅡ」といって、拷問が厳しいことで悪名高いところだったからだ。

再び拷問がはじまった。まわりの何人かの男たちは何かを記録していた。「教えるからやめてくれ」と、僕は激しい拷問にとうとう耐え切れず、そういった。「お前は嘘をいっている。そうして引き延ばして、俺たちの時間を無駄にしようとしているんだ」と将校がいった。しかし、他の将校がとにかく試してみよう、といったので、僕は車に乗せられた。だが初めから本当の隠れ家を教えるつもりはなかった。迷ったすえ、何度もＢＳＦが捜索作戦をしていた、あるパンディットの家を教えた。そこに隠れ家はあるはずもなかったが、「ある」といい張り続けた。

「だからいったろ、こいつは嘘をいっているんだ」といわれ、また拷問がはじまった。二、三日で体が動かなくなり、薬と毛布が与えられた。その後は洗濯や便所掃除をさせられた。

二週間後、エアポート・ジェイルという尋問所に移送された。ターバンを巻いたシーク教徒の将校がいて、彼はとても乱暴だった。着いた途端、一〇人の男たちから服を脱がされた。僕の拷問の傷跡を見つけると、満足そうだった。そして、真っ暗な部屋に連れて行かれ、中央調査局の将校が記録を見ながら質問をしてきた。少しでも記録と違ったことをいうと、殴られた。

将校から「何かいいたいことがあるなら、いってみろ」といわれた。「逮捕されて良かったと思っている」と僕はいった。すると、「なぜだ?」と訊いてきた。「僕はミリタントではないが、運動や宣伝のポスターを貼ったりして少しは関係がある。そのまま活動していれば本当にミリタントになって、いつか殺されていただろう」というと、「じゃあ、釈放されたらどうする?」と訊くので、「学生だから学校に戻る」といった。そうすると、彼は書類を何か書き、僕は大部屋に移された。

そこには三〇人ぐらいの収容者がいた。看守に「お前はどこの組織だ? 仲間のところに行け」といわれたが、「僕は学生だ」といった。牢中の何人かは、僕の答えに満足していないようだった。その後、釈放審査委員会で許可されて、一ヵ月後に釈放された。

釈放前に再びＰＡＰＡⅡへ連れていかれ、こういわれた。「もう二度とくるな。またきたら、おまえの死体を家に送ってやる。すべてを忘れろ。ここでのことを誰にもいうな」といわれた。

釈放された後、家に戻ると学校に通いはじめ、科学学士の学位を取るまで勉強を続けた。一九九四年一月のことだった。両親や親戚はとても喜んだ。

しかし、一九九八年に僕はＪＫＬＦの活動に再び加わるようになった。誘われたということもあったけど、このところ独立闘争というものが忘れかけられている、と感じたからだ。でも、ミリタントとして活動して、武装闘争では駄目だということもわかった。カシミール問題は印パ両国が五三年以上も話し合っても進展しない。武力ではなく平和的な解決に、そして自由を手に入れるために「カシミール人」の立場から貢献したいと思ったんだ。僕たちは必ず自由を手にするよ。

元ミリタントの行く末

友人たちによると、武装闘争の最盛期は若者がミリタントになるのは当たり前のことだったようだ。あるとき友人から、「こいつは元ミリタントで、地区の司令官だったんだ」とジーンズ屋の親父を紹介されたことがある。正直、中年太りで精悍さのかけらもなかったが、こんなおっさんも戦っていたのか、という妙な感慨に耽ったことがある。

ミリタントとなった者は一〇代の若者が多かった。その結果、学業を棒に振り、職業訓練も受けていないので、職もなく社会では浮いた存在となってしまった者も多い。あるとき、取材先で「いい結婚相手はいないか」と相談を受けたことがあった。知り合いのＪＫＬＦのメンバーで信頼できるとてもいい男がいたので、その男について話すと、「ミリタントなんて！」と思い切り拒絶されてしまった。

二〇〇五年一二月、スリナガル市内のジェーラム川のほとりで、浮浪者のような薄汚い格好の男に声をかけられた。マンズールと名乗るその男は、私のことを知っているという。私の兄貴分であるＹ氏の従兄弟であり、彼の結婚式で私を見かけたというのだ。その男は格好のわりに上手な英語を話したが、それがかえって外国人観光客相手に詐欺を働く輩かもしれない、という疑念を抱かせた。また男が、自分が元ＪＫＬＦのミリタントである、と述べたことも、さらに私を惑わせた。私はＪＫＬＦ

と親交が深いが、元ミリタントといえども、男のように身なりが汚い者は見たことがなかったからだ。二人で話していると、私の知り合いの若い麻薬中毒の男がやってきた。どうやら二人は友人同士らしかった。そのマンズールという男も薬をやっているらしく、目に落ち着きがなかった。

私は、自分の兄貴分の従兄弟が麻薬中毒者であることが信じられず、半信半疑のまま別れた。翌日、ことの真偽を確かめるためY氏を訪れると、彼は次のように語った。

「マンズールか。彼はとってもブリリアントな生徒だった。定期試験では七五％マークしていた。信じられないよ（普通は五〇％取れれば優秀だという）。特に数学がよくできて、僕もできたほうだったけど（Y氏の職業は銀行員で数字には人一倍強い）、彼はもっと優秀だった。彼は英語を喋っただろう。ちゃんと教育を受けた人間なんだ。でも、彼の身なりからは想像できないだろう。

僕の従兄弟だというのは本当だ。あそこの家は貧しくて、子どもの教育に興味がなかったんだよ。でも、僕の親父は彼がずば抜けて賢いのを理解していたから、うちに呼んで学校に通わせたんだ。

彼はJKLFのミリタントになって一〇年くらい拘留されていた。指揮官としても優れていた。釈放されたあと、彼は労働者として働いていた。でも、一日一〇〇ルピーの低賃金で働くことにだんだん疑問を持ちはじめた。武装闘争が最盛期のとき、ミリタントは尊敬されていた。でもいまは、誰もが元ミリタントというだけで避けようとする。

これはカシミールの社会問題だ。田舎では行き場のない元ミリタントたちは、レネゲイド（政府側の民兵）になり、ある者はまたミリタントに戻りフェダーイン（自爆特攻犯）になる。彼の場合もそういった心の隙間を埋めるため、ドラッグをやるようになったんだ。彼もやめようと、病院にもいったんだけど、だめだった。JKLFのオフィスで働くようにもしてみたんだが、うまくいかなかった」

と、残念そうに語る。

その後、同じ場所で、再び彼と会う機会があった。彼に興味を持った私はインタビューを申し込み、再会を約束した。しかし、彼は約束の時間には現れなかった。例の麻薬中毒の友人に聞いても、何ヵ所かの家を転々としているため確かな居場所は掴めない、といわれてしまった。

Y氏にマンズールさんの自宅の場所を聞くと、それはすぐ近所だった。それにもかかわらず、Y氏は行きたいなら一人で行ってこい、と嫌がるのだった。彼と私の関係を考えれば、信じられなかったが、私の想像を超えた軋轢があるようだった。

しかたなく一人で訪れたが、彼はほとんど家に寄りつかずいつ戻るかわからない、と家族に返され、私は彼と会う手だてを失ってしまった。

翌年、カシミールを訪れたときマンズールさんの消息を訊いた。彼は再びミリタントとなってピストルを所持していたところを捕まり、中央刑務所に収監されているとのことだった。

武装闘争が本格化して二〇年以上がたつが、散発的な戦闘や都市部での手榴弾による攻撃はあるものの、現在は治安部隊を脅かすような存在ではなく、武装闘争は衰退してしまったといえる状況にある。カシミールは山岳地帯でミリタントにとって地の利はあったが、それ以上に密告者を使ったり、拷問をして味方の居場所を吐かせたり、元ミリタントを民兵に登用したりする治安部隊側の戦略が効果的だった。

二〇〇〇年以降になると、衰退が特に目立つようになった。その理由を分析すると、

①二〇〇〇年一一月、ラマダンをきっかけにLOCでの戦闘行為を印パ両国が停止（ラマダン停戦）した後、LOCにフェンスが張られ、インド側への侵入が難しくなったこと。人員がいても、武器・弾薬が入ってこない。ビザの必要のないネパールを経由して侵入することもあるが、形勢を逆転させ

るのに十分な数がこれるわけではない。

②二〇〇一年以降、アメリカの同盟国となったパキスタンがあからさまに武装勢力を支援するのは、テロとの戦いを標榜するアメリカに対して都合が悪くなったこと。

③パキスタン国内で武装勢力が伸張して、その対象がパキスタン政府自身に向いてきていること。

④長年の武装闘争の結果、得られたものが少なくカシミールの住民自身が武装闘争の限界を悟ったこと、である。

以上の理由から、カシミールで武装闘争が再び興隆することはないだろう。だが、それは独立運動が衰える、ということではない。弾圧が増すことによって、人びとの怒りはますます強くなっている。いま、若者はミリタントとなって地下に潜らずとも、毎日、路上で石を投げている。より多くの若者が危険に身をさらすこととなっている。つまり、状況は悪化しているといっていい。彼らの抵抗を正当化する弾圧がなくならない限り、人生の土台を築くための青年期は、カシミールの若者から奪われてしまうのだ。

第9章

武装闘争から20年——闘いはまたはじまる

集会で独立へのスローガンを声に出す市民たち。独立運動は、2008年から大衆運動として再び息を吹き返した。

序章で記したように、二〇〇八年、私は大騒乱が起きているのを聞き、カシミールに入った。

外出禁止令二日目・八月二五日

今日も朝から外出禁止令が出ている。市中心部のラル・チョークで数十万人規模の座り込み「ラル・チョークに行こう！」をする予定だったが、それを阻止するためだ。ラル・チョークにはバリケードが施され、誰も入ることができない。

主だったリーダーは夜中に逮捕されるか、地下に潜った。それでも、リーダーたちはラル・チョークに向かうように呼びかけていたが、昨日と同じような厳しい警備体制が敷かれていて、とても無理だ。テレビ中継のリポーターも「メディアも簡単に移動できない」と訴える。

私のホテルの前にも、見張りのＣＲＰＦの兵隊が行ったり来たりしている。自転車に乗って買い物に出た青年が見つかり、二度、三度、棒で打ち据えられていた。宿の四歳ぐらいの子どもたちも、それを見た。「子どもたちはＣＲＰＦが人を殴る連中だってことをもう知っているよ」と宿の主人はいう。

友人で中堅の独立派リーダーであるシャキール・バクシ氏が少数でデモを行い、ＣＲＰＦに酷く殴られて警察病院に収容されたと聞く。多勢に無勢と知りつつも戦い続けるのは、たくさんの抑圧があるからだ。

夕方になり、ニュースで北部のバンディポーラ、クプワラ、ナルバルなどでデモと治安部隊の衝突があったと伝える。四人が死亡。特にバンディポーラが酷く、発砲で一人が死亡し二〇〇人近い負傷

出れば撃たれる外出禁止令で、ふだんは大賑わいを見せるバザールも人影はほとんど無かった。

者が出た模様。これによって人びとの緊張がさらに高まるため、明日も外出禁止令が解かれるのは難しくなるだろう。

外出禁止令三日目・八月二六日

予想通り、今日も朝から外出禁止令が出ている。最初のうちは、一〇時ごろに緩和されて一、二時間の外出が許されるのでは、と噂していたが、緩和はされなかった。宿の主人が「一九九〇年代には一七日間連続外出禁止令というのがあった。あのときはまだこの近辺にCRPFの駐屯地はなくて、買い物に抜け出せたけどな……」という。

宿に茶飲み話をしにくるカシミール人たちは、口々に「一九九〇年代の武装闘争最盛期に戻ったみたいだ」という。であるならば、彼らには悪いが、私はジャーナリストとして得がたい経験をしていることになる。

外出禁止令は、裏を返せば自宅拘禁だ。そのおかげが、外から聞こえるのは鳥の声だけだ。空は青く純白の雲が彩り、鳩や鷹、そしてカワセミなど各種の水鳥が自由に飛びまわっている。平和でなんともいえない光景だ。みなそれを見て、自分にも羽根があればと思っているだろう。それでも撃たれてしまうのだろうけど。

夕方のニュースで、病気の子どもが病院に行けなかったり、薬の購入ができなく症状を悪化させたり、水が出ないのに水道局員がこれないなどの苦情が殺到しているという。これを受けてスリナガル市当局は外出禁止令の緩和を検討しているという。突然の外出禁止令で、各家の食料の買い置きも尽きてきている。

外出禁止令四日目・八月二七日

六時半に起きると、騒動ははじまっていた。人びとが、早朝の警備が手薄な時間帯を狙って市場へ走ろうというのだ。先日親子が撃たれた地区なので、抗議を恐れて警察や兵士も市場のなかには入らない。せいぜいパトロールカーでたまに回る程度だ。

いまいるのは、地元の警察官一人のみ。宿の主人が行くと「早く行け」と見逃してもらえた。その成功を見て、少しずつ人びとが出てくる。だが、それからすぐCRPF（インド人）の兵士も増えてきて、笛を鳴らして阻止する。宿の主人も帰路に「誰の許可を得たんだ」と兵士に怒られたらしいが、「たったいま、ちょっと行ってきただけ」と誤魔化したそうだ。ただ、物価は上がっており、野菜はいつもの倍の値だそうである。また、九時に外出禁止令が緩和されると警察官がいっていたらしいが、そうなるだろうか。

午後になり、クプワラとバドガンの二郡で二時間の緩和令が出された。スリナガルではまだだ。やはり食料の蓄えが尽きてきたらしく、野菜を買おうと、人びとはなんとか表通りに出ようとする。女性が主なので、さすがにCRPFは暴力を振るわないが、絶対に許可はしない。押しとどめられては戻り、しばらくするとまた出てきて兵士たちと交渉する、の繰り返しである。

二時半になり、街宣車のような車が回ってきて、私が滞在する地区を含む六カ所で、三時から外出許可が出たことを知らせる。時間が近づくと兵士たちが「早く行って用事を済ましてこい」とせかす。

歩いて二〇分の付近で一番大きなバザールへ行くが、突然の決定のせいか店がほとんど開いていないので、みな手持ち無沙汰にしている。ただ薬局だけが早々に開いており、人だかりがしている。病

突然の外出禁止令緩和で商店は開いておらず、新鮮な野菜を求めに人びとは湖へと走った。

気になっても病院にいくことができないので、なんとか薬で対処しようとしているのだ。
「外国人か？」と声をかけてきた男性に外出禁止令について聞いてみる。だが、英語が喋れないんだと恥ずかしそうにいう。それでも「インドがカシミールでたくさんの人を殺したからだ」という。つまり、デモを弾圧する過程で人が殺される→さらなる抗議デモが起きる→外出禁止令、ということをいいたいのだろう。すると、やはり周りから「フリーダム！」という声が上がってくる。以前ならば、こっそりいうことはあっても、路上の真ん中で一般の人びとがそんなに直接的にいうことはなかった。やはり空気は変わった。

友人の人権活動家であるクラム君の家に行くと、「地元の新聞が三日も発行されず、テレビ局も放映禁止だ。人びとの家には薬もなく食料もない。こんなことは近年なかったことだ」と憤っており、抗議をする声明をＮＧＯや知識人に送るといい、その作業の真っ最中だった。彼には二年半ぶりに会うが、相変わらずのその働き振りを見ると、自分も頑張らなくてはと奮い立たせられる。

帰りがけにバザールを通るが、状況は変わらないようだ。米が五キログラムは入りそうな空の麻袋をもった男が肩をすくめていた。

宿に帰ると三人のミリタント（最近パキスタンから侵入したと思われる）が四人の子どもを含む七人の人質を取ってジャンムーで立てこもっている事件を、生中継で各局が争って報じている。その過熱ぶりを、「カシミール人はテロリストだとメディアが印象づけようとしているんだ」と宿にきていた隣人が酷評する。確かにこの事件自体はテロに他ならない。しかし、それと自分たちの独立運動を意図的に混同するような、大雑把な報道の仕方に我慢がならないのだろう。

外出禁止令五日目・八月二八日

外出許可がいつ出るのか待っていると、一一時に突然車が回ってきて一二時半まで外に出てよい、と告げはじめた。前日の経験からバザールへ行っても店がすぐには開かないことを知ってか、人びとはダル湖に野菜を買いに集まってくる。ダル湖のなかには島があり、そこの畑から農民が小舟に野菜を積んで売りにくるのだ。値段はやはり普段の倍取られるそうで、例えばトマト一キログラム一〇ルピーが二〇ルピーという具合である。

バザールで、もう一ヵ月も滞在しているという日本人旅行者に出くわす。彼は九年ほど前から何度もカシミールに訪れており、馴染みの宿に泊まっているため、生活に大きな支障はないそうだ。彼のカシミール人の友人は「カシミールはもともとからインドでもパキスタンでもなく独立国だったのだ。それに、カシミールには国連の議決で決めた住民投票の権利があったのだ。デモで人びとはパキスタン万歳とか叫ぶけど、あれはいわされているだけだ。分離運動はパキスタン帰属派と独立派に分かれているから、その指導者に気を使っているだけなのだ。本心は独立だよ」という。もっと話を聞きたかったが、帰る時間が迫ってきたので話を終える。

夕方、国営放送のスリナガル支局が流すニュース番組では、州立病院で炊き出しが行われ患者たちが喜んでいる場面や、一ヵ月は薬のストックがあるという病院当局者のコメントが放映される。しかし、市中心部で小規模であるが衝突があったらしいが、そのことは伝えられない。

地元のニュースチャンネルも相変わらず放映禁止だし、新聞も配られないので、誰も正しい情報を得ることができず、電話連絡の口コミネットワークに頼るしかない。

バリケードで封鎖される、集会の予定地だったラル・チョーク。場所は封鎖しても人びとの心を閉ざすことはできない。

外出禁止六日目・八月二九日

だいぶ日が過ぎたので今日は外出禁止が緩和されるのでは、と期待していると、「今日は金曜日だから、逆にもっと厳しくなる」と宿の主人にいわれ、落胆する。金曜日はイスラーム教徒にとっては安息日で、午後の礼拝の後にデモが起こることが多いからだ。

「しかし、これでは奴隷と同じだ」と、普段カシミールの人びとが口にしていることが、思わず私の口からも出てきてしまう。学生は学校に行けないし、主婦は買い物に行けず、商売人はビジネスが成り立たない。病気になっても医者にかかれず、病人には薬が届かない。移動の自由、報道の自由、集会の自由が奪われている。こんなことが日本で起きたら、間違いなく内閣は潰れるだろう。

夕方五時前に、六時半までの外出許可が突然出される。近くの大きなバザールまで歩き、そこでオートリキシャを捕まえて、ラル・チョークまで行ってみることにする。相乗りだったが、選択肢はない。外出禁止令について運転手に聞くと「こんなことはまったく解決にならない。インド政府は話し合いをすべきなんだ。どっちにせよ僕らは独立しか選ばないけどね」と、やはり独立について断言する。三〇〇メートル走っただけで、五〇ルピー請求される。いつもの倍以上だ。文句をいうと、「地元の人間も払ってる」と同乗していたカシミール人を指差す。彼も「仕方がない」という感じで苦笑する。揉めている時間ももったいないので、支払うことにする。

ラル・チョークは話に聞いていたとおり、バリケードで完全に封鎖されていた。集会は月曜日だったはずで、もういいだろう、という気になる。店も薬局ぐらいしか開いていない。その先にある、JKLFの議長であるヤシン・マリク（すでに逮捕）が住み、住民の抵抗が激しいので有名なマイスマ地区を覗いてみるが、兵士や警察でいっぱいだった。

雷がなり、雲行きが怪しくなってきたので、早々に宿に帰った。

病院での負傷者・九月一日

外出禁止令は、昨日からだいぶ緩和されるようになった。最初に二時間緩和しておいて、そのあいだにデモなどが起こらなければ、少しづつ延長していく。昨日は、一一時から一時まで緩和され、その後、三時、四時と延長され、最終的には七時まで大丈夫だった。前もって知らせてしまえばデモが起きてしまうので、うまいやり方だと思う。

今日も朝一〇時から外出許可が出る。ラル・チョークに出かけてみたが、バリケードが築かれたままで封鎖されていた。地元の新聞社などに寄って挨拶し、友人宅へ遊びに行く。すると友人が「下町で誰かが撃たれたらしい。俺もいま聞いた」という。確認のため、知り合いの新聞社のカメラマンの携帯電話にかけるが、つながらない。一人で行くのは危険なため、どうしようか迷うが、とりあえず行ってみることにする。現場に着けば知り合いはいるだろう。

外に出ると友人のS君に出会う。彼もそのニュースは聞いたといい、通りすがりの他の友人も、二人死んだという。ただ、場所がそれぞれ違う。S君が、自分のバイクで現場にいってみようといってくれる。ありがたい。現場の一つと思われるサファ橋を訪れるが、タイヤを焼いた跡があり、兵士も多いが、それ以外は平穏である。警察官に話を聞くと、そこで一〇時半ごろ騒ぎはあったが、すぐ治まったという。

近くの州立病院に行くが、兵士の発砲による怪我人はきたが、重傷者は他の外科専門病院に運ばれたという。その外科病院に行くと、救急病棟に二人の該当者がいた。

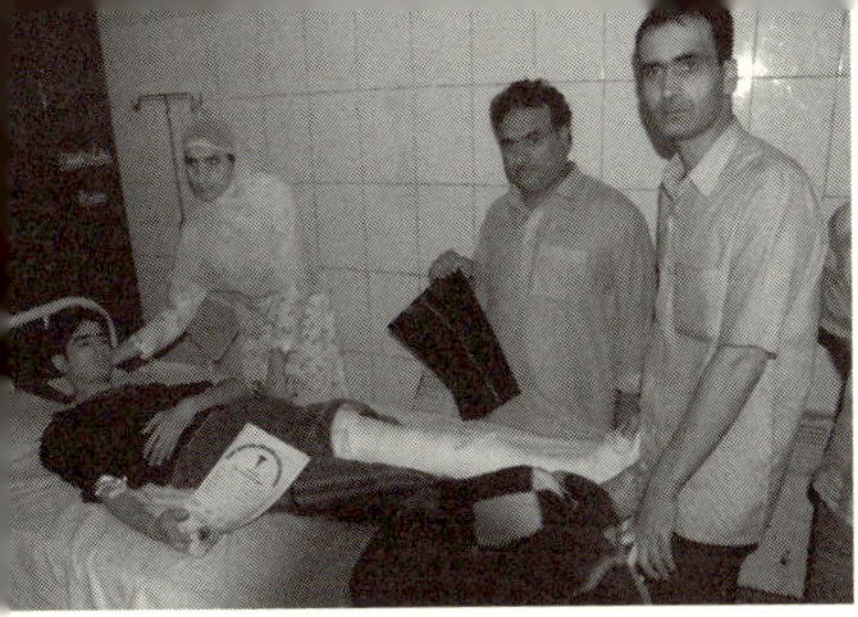

外出禁止令緩和の直後にCRPFに撃たれた少年。CRPFが問答無用で発砲するのは、AFSPAという法の後ろ盾があるからだ。

一人はまだ一六歳の少年で、外出許可が出て野菜を買いに出たところ、殴られ、至近距離から撃たれたそうである。周りの人の話によると、外出許可が出て一度に大勢の人びとが外に出たため、兵士たちがパニックになった、ともいう。

もう一人はオートリキシャのドライバーで、「近くで騒ぎがあったかどうか知らないが、突然兵士が向かってきて、殴られ、撃たれた」という。リキシャも壊され、彼を助けようとした友人も殴られたそうである。

病院の若手医師のジャビッド氏によると、「外出禁止令が解かれるちょっと前に人びとが出てくる。そこをCRPFの兵隊が殴るんだ。それで怪我をした人が何人も運ばれてきている」という。

病院の敷地内では、外出禁止令で買い物に行けない患者や家族にむけて、炊き出しをしていた。炊き出しをしているのは、政府機関やNGOや政党ではなく、病院の近所の人びとのボランティアだそうだ。一日二回、七〇〇〇人分の食事の費用を全部彼らが賄っているそうである。常に政情が不安な地域だが、それゆえに地域社会のつながりが強靭になるのだろうか。

外出禁止令が解かれる・九月二日

昨日より外出禁止令が解かれ、町は平穏を取り戻した。と、同時に断食（ラマダン）もはじまった。地元のカメラマンたちに会うと、皆から「ちょっとくるのが遅かった……」と揶揄される。八月一八日に、スリナガルの運動場で独立を求める一〇〇万人規模の市民集会が開かれ（カシミールの新聞ではそう報道されているが、実際は一桁多いように思える）、二二日にはカシミール各地から人びとが押し寄せ、殉教者墓地の広場に一五〇万人が集まるという、歴史的な集会が行われたからだ。

八月の初め、人びとの独立を求める機運に押されて、いままで内部抗争で割れていたインドからの分離・独立を求めるリーダーたちが和解し、そこに商工業の組合が加わって、連携委員会を結成し、改めて分離・独立運動を進めていくことになった。二五日にはスリナガルの中心地ラル・チョークで、さらなる集会を予定していた。しかし、それを阻止しようと、政府はかつてない厳しい外出禁止令を施行し、連携委員会のリーダーたちを逮捕した。

「でも、これで終わったわけではないだろう」というと、「そりゃそうだ、リーダーたちも釈放されたし、これからだ。とりあえず次の九月五日の金曜日に何をやるかだ」という。でも、金曜日には再び外出禁止令が施行されるだろう、という。

外出禁止令が出続けているあいだ衝突が少なかったのは、市民たち（カシミール渓谷に住む六九〇万人の人びとは、いまやその全員が独立派になったといってよい）が、独立運動の方向を協議している連携委員会からの指示を待っていたからだそうだ。

「いいかい、連携委員会が運動をリードしているわけじゃない。市民が連携委員会に運動をリードするように要求しているんだ」という。実際、連携委員会がストライキを中止しても、市民たちの判断で続けていたこともあったという。

ラマダンがはじまったが、「この流れを止めたら、俺が生きているあいだ独立のチャンスは二度とこないだろう」と五〇代の男性はいう。

七日間施行された外出禁止令の原因となった「ラル・チョークへ行こう！」は、まだ撤回されていない。連携委員会はどんな戦略を見せてくれるのだろうか。

石を投げる若者たちは活動家でもなんでもない、ごく普通の若者たちだ。彼らが石を投げるのは、幼少のときから弾圧をさんざん目撃してきているからだ。

新たな犠牲・九月六日

朝一一時ごろ、地元のTVカメラマンから、下町のナワタ地区で若者たちが投石をしているという電話がかかってきた。

現場に着いてみると、投石の形跡もあり、若者が集団で警官隊と距離をとって対峙しているものの、そんなに積極的なものではなかった。

一時間ぐらいたって、やっと石がポンポン飛んでくるようになった。投石は危険である。音がしないので、どこから飛んでくるのかしっかり軌道を見極めないといけないし、加速がついているので、当たるとかなりの衝撃だ。頭などに当たると、一つ間違えば死んでしまう。

メディアの人間は、基本的に警官隊の側からしか撮影ができない。投げる側は、至近距離から撮影されて人物が特定されるのを恐れ、撮影を拒否するからだ。

いい加減にしろといわんばかりに、警官隊はパトカーを前に押し出して若者たちを追い払う。しかし、道にはあらかじめ大きな石を置いて通行を妨げてあって、パトカーが止まったところに投石の雨霰が降る。

そんなことを繰り返して業を煮やしたのか、今度は催涙弾やゴム弾を使って若者たちを追い払いはじめた。警察署長らしい男が「楯を持っている者から前に進んで追い払え！」と、三〇名ほどの警官隊に命令する。しかし、警官たちは及び腰でなかなか前に行こうとしない。そのたびに署長が檄を飛ばして、警官たちを前へと追い立てる。実は若者たちのなかには警官たちの知り合いも多くいるし、怪我もしたくないので、気が進まないのだ。警察といっても、幹部は中央から派遣されるが、現場の下級の警察官はカシミール人で、独立運動に賛成な者がほとんどだ。この投石の少し前に会った違う署の署長は、パキスタン帰属派のリーダーであるギラニ師を支持しているとはっきりと述べていた。しかし彼らだって仕事なので、騒動がある以上、取り締まらなければならないのだ。

このような若者の集団による投石は、スリナガルではよくあることだ。そして、もしその気になれば、人数をかけて逃げ道を塞いで包囲するだけで簡単に一網打尽にすることができる。しかし、警察はそれをしない。それはこの投石行動が、不満の溜まった若者たちにとってガス抜きになっていることがわかっているからだ。この日の投石も、何かどうしても抗議しなければならないことがあったわけではない。不謹慎を承知でいわせてもらうと、これは警察と若者の暗黙の了解の下の危険なゲームなのである。実際に取り締まっている警官たちを見ていても、自分たちに危険が及ばない限りは、またはじまったな、という風に笑顔で談笑しており、緊張感はない。せいぜい数時間相手をしてやれば終わるだろう、という感じである。だが、この日はゲームでは終わらなかった。

二時半ごろになって、写真も十分撮れたし疲れたので、三時になるまで新しい動きがなかったら帰ろうとしていた矢先のことだった。突然、警官隊と若者たちのあいだに空白ともいえる大きな距離ができた。すると、若者側から何か叫んだかと思うと、それまで警官隊側にいたカメラマンたちが一斉にその声のほうへ向かって走り出した。聞くと、一人の若者の心臓にゴム弾が直撃し、死んだというのである。これまで私は幾度となく同じような小競り合いを見てきたが、実弾を使っていたわけではなく、死者が出るのはまったくの予想外のことだった。

死んだ若者の名はジャビッド・アフマッドさん（二〇歳）。乗り合い自動車の運転手をしており、一日前に冬の州都ジャンムーから戻ってきたばかりだった。この日は胃の調子が悪く、家の玄関の前で投石の様子を見物していたところを被弾した。

彼の死はすぐさま知れ渡り、広場はあっという間に一〇〇〇人単位の人びとで一杯になった。する

ジャビッド・アフマッドさんの葬儀は、イスラーム教の戒律で日没前に済まさなければならないため、死後2時間後という慌しさだったが、3000人近くの人びとが集まった。

と「どこのメディアだ！」という声が私に頻繁にかかる。日本だ、というと「いいか、インドがいかに簡単に人を殺すかわかったか！　投石していただけなんだ。なんで殺されなければいけない？　それを伝えるのがお前の役目だ！」と興奮して叫ぶ。「でも、殺したのはカシミール警察のカシミール人でインド人ではないだろう？」と私が尋ねると、「それはわかっている。彼らは金のために魂を売り渡したんだ。インドの命令で動いているのだから一緒だ」と意外にも冷静に答えてくれた。しかし、雇用が慢性的に不足しているカシミールでは、警察官は安定した収入が見込める魅力的な仕事だ。石を投げる側も抑える側も、社会の階層のなかでは立ち位置はそんなに変わらない。石を投げる側が、家族を養うため、と警察官に転身することだってある。

私の見解では、警察は強気に追い払おうとしていたものの、殺そうとする意図はなかったと思う。カシミールでよくある正規軍やCRPFによる発砲とは違う。だからといって許されることではないが。この件に関して、スリナガルの警視監は発砲の理由を「若者たちが火炎瓶を使おうとしていたから」とコメントしたが、私が現場で見る限り、そんな形跡は一切見られなかった。

私が危惧するのは、この事件が「カシミール人がカシミール人を殺す」という、あたかも対カシミール政策とは関係がないような報道や受け取られかたをインドのなかでされることだ。若者たちが投石するのは、独立運動を力で弾圧するインドへの抗議のためで、カシミールのなかで内部対立があるからではない。

そんなことを考えていると、知り合いのカメラマンが人びとに囲まれて詰問されている。どうしたのかと訊くと「メディアの一部が写真やビデオを警察に売って、それを使って警察が後でデモの参加者を特定している、という噂が出ているんだ。残念ながら、そういうことをしている奴がいるらしい」という。私もその後の行進の様子をビデオで撮影していたところ、「撮影をやめろ！」と同じ理由で怒鳴り込まれた。しかし、すぐに別の男が「気を悪くしないで欲しい。悪用する奴がいるものだから。君は君の仕事を続けてくれ」とフォローしてくれた。

病院から遺体が戻ってきて、三キロメートル離れた殉教者墓地に運ばれることになった。イスラーム教では、死者は死んだ日の日没前に埋葬されるのがしきたりである。遺体を先頭に一キロメートルほどの行列ができる。途中でCRPFの陣地が数ヵ所あったが、そこでは若者たちが「お前らが殺したんだぞ！　インドの犬ども出て行け！」と叫び、いまにも陣地を壊しそうな雰囲気だったが、周りの大人たちが必死に止めていた。陣地のなかにいる兵士たちは、刺激しまいと直立不動のままだった。

どこへ行っても「どこのメディアだ？」という声が相変わらずかかる。その背景には、インドの国内メディアがカシミールの状況について正確に伝えていないという不信感があるようだった。カシミールでは毎日のように、一般市民が兵士たちから殴られ、蹴られ、ときには殺されているのに、インドの国内新聞やテレビでは、戦闘があってゲリラを何人殺したかしか報じないことが多いからだ。私がインドの国内メディアの者だったら、吊るし上げられていただろう。

「あんたも二週間もこっちにきているのなら、わかるだろ。子どもだって簡単に殺される。（一緒にいた子どもを指差して）見ろ、この子どもの怪我を。デモに参加して殴られたんだ。武器を持っていたんじゃないんだ。俺たちはもう選挙は求めない。独立するだけだ。それだけだ。これまで、何度も独立のスローガンを叫んでデモをしているだけで撃たれたんだ」とまくし立てる。別の男も「どうすればいいんだ、教えてくれ。インドは民主主義国のはずなのに、何かいえば弾圧するだけだ。もう独立しかないんだよ」と訴える。また違う男も「ここで何が起こっているか、しっかり伝えろ。それが俺の意見だ」といって、走り去っていった。

遺体が墓地に着くと、遺体に触れようと人びとが殺到した。殉教者の遺体に触れるのはイスラー

若者たちの投石行為をビデオで記録するCRPF兵士。映像で個人を特定し、あとで逮捕にやって来る。

ム教徒にとって栄誉なのだ。弔いの礼拝には少なく見積もっても二〜三〇〇〇人の人びとが参加し、ジャビッド・アフマッドさんは埋葬された。

たった一人死んだだけかもしれない。だが、彼は病気や事故で死んだのではない。カシミールの帰属の問題があるがゆえに殺されたのだ。そして、それは必要な死ではなかったはずだ。

宿に帰ると、スリナガルを訪れているマンモハン首相の記者会見が生中継で放映されていた。カシミール南部のカジグンドから北のバラムラまでの鉄道が開通し、その式典に出席するためである。地元の記者たちが、カシミールでの市民の犠牲について質問をするが、マンモハン首相は「カシミールに対しては、政府はこの鉄道をはじめとして多くの投資をしていて……」と直接の回答を避ける。答えに対する反論や再質問は許されないので、ただ答えたという事実が残るのみだった。

次の大集会の日程が決まる・九月一一日

先日、連携委員会から次の「ラル・チョークへ行こう！」の日程が発表された。一〇月四日にラマダンが明けた後の一〇月六日である。それまで大きな集会はなし。ただ、ストライキや小規模なデモは逐次行っていくこととされた。

一ヵ月近く延期されたわけだが、理由は二つある。一つはいわずもがな、ラマダンだからだ。大きな集会を開くと、地方からバスを仕立てて大勢の人びとがやってくる。それを腹ペコでは辛かろうということだ。また、人びとはラマダン期間を聖なる月として、とても大切にする。普段お祈りなどろくにしない奴でも、この月はせっせと一日に二回、三回とお祈りをする。もう一つは学生の進級試験があるからだ。騒動が起きて試験が潰れると、学生は一年を棒に振ることになる。これに対する人びとの反応はやはり二つに分かれる。ラマダンだから仕方ないし、それから気合を入れればいい、というのと、せっかく盛り上がった流れを逸してしまう、と懸念する反応だ。

宿の主人は「先日の一〇〇万人集会のときにそのまま座り込んで、インド政府に要求を突きつけるべきだった」といい、下町で投石していた青年は「ラマダンは大切だし、終わってからでも気合は十分だ」という。ただ、なんとなく連携委員会から闘う気持ちが感じられないというのは共通していた。

それに、前回も「ラル・チョークへ行こう!」は強力な外出禁止令が出され、一帯は封鎖された。今度も同じ措置を取るのは容易に想像できるが、連携委員会はどうするつもりなのだろうか? やるとしたら、「かまわず外に出ろ」と犠牲を承知で指示を出すしかないだろう。

JKCCSを訪れると、『週刊政治と経済』誌の編集委員であるゴータム氏と出会う。彼はデリー在住のインド人であるが、カシミールにおける人権侵害について鋭い批判を行っている。以前会ったときは、沖縄の核の問題について尋ねられ、驚かされた。彼もカシミールにくるのは久しぶりで、今日着いたばかりだといい、私に以前との人びとの違いについて訊いてきた。

以下、彼との会話。

「前だったら独立なんて無理だといっていた現実主義者の商店主たちが、独立に向けて妥協をしないといっていたのに驚かされた」というと、興味深げに頷く。

「日本でのカシミールのいまの動きについての反応は?」

「先日の一〇〇万人集会のことでさえニュースになっていない。これはカシミールのことには限らない。いまでも二〇〇万人の被災者を出しているビハールの大洪水についてでさえ、ニュースにならな

仲間に介抱されながら逮捕されるヤシン・マリク。

い」というと、信じられない、という顔をした。

そして、私が「日本の外報面はことがアメリカ、次いでヨーロッパと関係があるかどうかで決まる。それ以外でチベットの問題も大きく取り上げられたりするが、それは中国で同じ東アジアだからだ」というと納得し、さらに「去年は日本とインドの国交五〇周年で、インドについて日本ではいろいろと紹介された。でも、紹介されるのはヨガや踊りや音楽、急成長する経済についてであって、社会問題やインド人そのものについて興味はない。日本人はインド人がみなヨガやアーユルベーダをやって、タンドリーチキンを食べていると思っている」というと、肩をすくめた。

明日は金曜日である。連携委員会は昼過ぎからのストライキを呼びかけている。また午後の礼拝後は各所で抗議デモが行われるのは間違いない。

ヤシン・マリク、ラル・チョークに現る・九月一二日

それは、私も不意を突かれた。ラル・チョークの象徴である時計台でＪＫＬＦ議長ヤシン・マリク（四〇歳）が、金曜礼拝の後、演説をはじめたからである。てっきり、彼は自宅拘禁されていると思っていたし、しかも、先月大集会を開こうとして物議を醸したラル・チョークで集会を開いたからである。こんなことは誰も予想していなかっただろう。

演説をはじめると、時計台の周りはあっという間に群衆で埋まった。少なく見積もっても一〇〇〇人はいるだろう。以前、四、五〇人ほどの活動家だけでデモをやっていたころに比べて、隔世の感がある。

「六〇年にもわたって武力を使ったインド政府によるテロリズムが続いています。町や村、至るとこ

ろでカシミール人を殺しています。そして六〇年たったいまでも私たちは町や村、至るところで闘っています。それは市民の革命のためです。私たちは誰かに命令されているわけではないのです。各々個人の意志によって革命を成し遂げようとしているのです。神こそがその証言者であり、いまラマダンの断食で純粋な状態の私たちは神に誓うのです。インド政府はカシミールに金を送ってきますが、カシミールを売ることなどできないのです」とヤシン・マリクが語り終えると、シュプレヒコールがはじまる。

「私たちの権利は？　自由（アザディ）だ！」「私たちが求めているのは？　自由（アザディ）だ！」「虐殺、拷問は？　やめろ（バンドカロー）！」「カシミールは私たちの血脈で覆われていて、カシミールは私たちのものだ！」とつぎつぎに出てくるのだが、それがまた熱気を帯びた響きで繰り返されるのである。人びとの独立への気持ちの本気度を改めて感じさせられ、圧倒された。

だが、そうしているのもつかの間、誰かが「ＣＲＰＦだ！」というと一気に動揺が広がった。何もせずに放っておいても暴徒化することはないのだが、市中心部のど真ん中で集会を開くことが当局の逆鱗に触れたのだろう。警察、ＣＲＰＦを動員して排除をはじめた。

催涙弾が続けざまに発射され、人びとは蜘蛛の子を散らすように逃げていく。逃げ遅れた男が二人のＣＲＰＦの兵士に棒で殴られていたが、私ともう一人のカメラマンが撮影をはじめようとすると、すぐにやめた。そして、警官や兵士たちが四方八方に散って手薄になったところに、人びとがまた集まってシュプレヒコールを繰り返す。

「別に僕たちは警察と衝突しようとしていたわけではない。ただ自分たちの権利である〝自由〟を訴えていただけだ。それだけなんだ。弁護士会や医師会も参加しているような集まりだ。それなのに、警察、特にＣＲＰＦのような乱暴な連中が人びとを催涙弾で追い払った。ただ僕たちは〝自由〟と民

デモをするカシミール弁護士会の弁護士たち。人権侵害の撲滅を訴える弁護士会は反体制運動の先端を担っている。

族自決権が欲しいだけだ。ムスリムであるとか、そうでないということで喧嘩がしたいわけではない。ただ〝独立〟が欲しいんだけなんだ」と、近くの商店の店員らしき男が訴えてきた。

また、もう一人の男が警官たちに棒で酷く殴られている。よく見るとヤシン・マリクだ。彼は病気を抱えているため、体はあまり強くない。仲間の活動家たちに守られながら、警察に逮捕された。

当局のこの一連の対応からは、市民による独立運動にどう対処していいのか苦慮していることがうかがえた。取り締まればさらに独立運動の火が点いてしまうのだが、かといって放っておくこともできない。

若者たちは、JKLFの本部がありカシミールのウエストバンクとも呼ばれるマイスマ地区に逃げ込み、投石をはじめた。この日はもともと金曜日ということもあって、カシミールの各所で抗議デモが繰り広げられた。それは、その日の断食が終わるイフタール（日没）まで終日行われた。この日、全カシミールで二名が死亡し、一五〇人が負傷。うち二五名が発砲によるものだった。

聖廟に兵士が土足で乱入・九月一三日

朝、ホテルで原稿を書いていると、ラル・チョークでまた催涙弾が発射されたり棒で人びとを追い払ったりしている、という話を友人からの電話で知る。地元のカメラマンに連絡すると、大したことはない、とのこと。ネットカフェで原稿を送り、バスで市中心部に出ると、店が閉まっている。連携委員会は、土曜、日曜は学生の試験があるからストはしないということだったがどうしてなのか。町の人の話を総合すると、昨日に二人が死亡したことを受けて、自発的にやっているらしい。

友人のNGOの事務所の近くに行くと、人通りが消え、雰囲気が明らかに違うのがわかる。地元のカメラマンもそちらの方向から歩いてくるので、何かがあったに違いない。そのカメラマンやNGOの友人に何があったのか聞いても、「後で説明するから、早く撮影の準備をしろ」の一点張りだ。

アミラ橋を渡り、人だかりのほうに行くと、「CRPFの兵士が靴を脱がずに、しかもお祈りの時間にダルガ（イスラーム聖廟）に入ってきた」という。

午後二時ごろ、ラル・チョークの近くにあるサライバラ市場で独立を訴えるデモを二〜三〇〇人でしていたところ、CRPFの兵士が阻止しようとデモに介入してきた。そのときデモ参加者を追いかけ、聖廟に入ってきたらしい。聖廟には警備のため警察官が常駐しているが、その彼も兵士を制止しようとして殴られたという。そして、兵士たちは聖廟の管理人を殴り、窓ガラスを割り、壁を壊して去っていったという。

「見ろ、奴らはこんな小さな子どもまで殴るんだ」と周囲の人びとは、子どもを私のほうにさし出して見せる。彼はピルザダ君（一二歳）といい、学校に迎えにきた母親とアミラ橋を渡っているとき、ちょうどデモを排除しているのに出くわした。「まさか女性や子どもは殴るまいと思って進みました」と母親のファミーダさんは語る。しかし目論見は外れ、兵士は彼女を棒で殴りはじめた。ピルザダ君は母親をかばい彼女に覆い被さった。それでも兵士は殴るのをやめず、ピルザダ君の泣き声を聞いた周囲の人がやっと二人を助けた。二人は病院に運ばれたが、幸い大した怪我はなかった。「私の息子に何か起きたらただじゃおかない。私は死ぬことなんて怖くないのよ」とファミーダさんは叫んだ。

聖廟に土足で踏み込まれた人びとの怒りは収まらなかった。兵士たちが引き上げると、また大きな交差点に出てきて気勢を上げ、タイヤを燃やしはじめた。そして、橋の反対側にいる兵士たちを挑発しはじめる。それは「ビハーリ、ビハーリ、靴磨き野郎、早くお前の仕事をしろよ！」といって、靴を磨くジェスチャーと共に発せられた、いささか品のない野次だった。インドの東にあるビハール州

女性と子どもが殴られて抗議する女たち。女性の抗議は、ときおり、男性よりもずっと迫力が感じられる時がある。

は、インドでももっとも貧しい州だ。貧しいが故に、人びとは州外に出稼ぎに出なければならず、ビハール人は低賃金で働く安い労働力の代名詞なのである。路上で靴磨きを稼業にしている者も多い。また、兵士としては練度が低いCRPFは、ビハール人をはじめとする貧しい層出身がほとんどだ。「ビハーリ」という野次は、いうなれば〝貧乏、貧乏〟と子どもが囃し立てるようなものである。

若者を中心とした人びとは、年長の者が列の前で投石をしないように指示をして、少しずつCRPFとの距離を縮めていった。彼らが橋の半分も渡ると四、五〇人のCRPFの一隊も道をいっぱいに広がって隊列を組んで進んできた。両者はすぐ対峙して睨み合うことになった。

どうなるのか、と思った瞬間、CRPFが若者たちに襲いかかった。若者たちもそれを予期していたようで、素早い出足で逃げる。ゴム弾や催涙弾の発射音が連続して木霊する。CRPFの騙し討ちのようなやり方に、これでは嫌われるはずだよな、と私もため息をつくしかなかった。ただ、前日にCRPFの兵隊一人が、警備の合間に下町で買い物をしているときに、至近距離から何者かに撃たれて殺されていた。そのことが、より彼らを攻撃的にさせているのかもしれなかった。

CRPFの兵士は貧困層が多いと前述したが、話をしてみると人柄は素朴な者も多く、現地の人と仲良さげに話している光景もまたよく目につく。だが兵士たちは、なぜカシミールの人びとがインドの支配を嫌うのか、知らない。兵士にとっては、カシミールの人びとは自分たちの身と国に危険を及ぼす暴徒でしかない。そして、朴訥、従順さは裏を返せば、命令によって一気に攻撃性に転化する。

陰謀説を支えるもの

騒動が一段楽すると、近くのヒンドゥー寺院を警備するCRPFの将校に呼ばれた。治安部隊の人間と話をしていると、現地の人の誤解を招きかねないので躊躇したが、何度も呼ぶので行ってみた。するとと開口一番に、「なぜあんな連中のことばかり取材するのか。俺だってここで立って警備しているだけで殴られたんだ」と頭や手、肘にある新しい傷跡を見せつけてくる。「どうすればいい？ただ殴られればいいのか？　お前だったらどうする？」と畳みかけてくる。「あなたたちは武器を持っているし、丸腰の市民とは立場が違う。それになぜ彼らが怒っているのか、わかっているはずだ」といい返したら、「いいか、彼らはパキスタンによって操られているんだ。暴徒のなかにＩＳＩの要員がいて、煽っている。金を撒いてやらせているんだ。証拠もある。それに、あのなかにミリタントがいたらどうする？」といってくる。

私からすれば、現在の運動に対するパキスタン陰謀説は荒唐無稽な話だ。確かに活動家団体やミリタントのなかには、パキスタンから支援されているものもある。しかし、いまのカシミールの人びとはパキスタン帰属にはまったく否定的だ。デモでパキスタンを賛美するようなシュプレヒコールをいおうとして、嗜められているのを何度か見ている。パキスタンは独立後も軍事政権が長く、民主的な政権ができても腐敗ですぐ失脚してしまう。パキスタンとは宗教的、文化的つながりは深いが、カシミールの人びとが欲しいのは自由であり、民主主義であり、人権だ。そのいずれもパキスタンにないのはわかっているからだ。

話を聞いていると、将校はカシミール・パンディットだった。彼がパキスタン陰謀説を唱えるのは、同じカシミール人でありながら故郷を追われなければならなかった理不尽さへの怒りの裏返しなのだろう。

しかし、その前にムスリムの側からも違う陰謀説を聞いていた。ナワタ地区で青年の一人が死んだ葬儀のとき知り合った二五歳の青年（後述するイジャーズ君）と、九月一一日に二〇〇一年のニュー

傷を見せ、私に抗議するパンディットの将校。その原因には単に殴り、殴られたというだけではない、深い民族の歴史がある。

ヨークの貿易センターの崩壊について話していたときだった。彼によると、「あの事件はアフガニスタンを空爆するきっかけをつくるための陰謀なんだ。飛行機が突っ込んだくらいで、あのビルが完全に崩壊するわけがない。証拠もあるよ。雑誌でそのことを検証する記事を読んだ」という。

両者に共通するのはマイノリティゆえの被害者意識と、理不尽さを押しつけられる怒りだ。それが自分たちに都合の良い陰謀説を作り上げていく。

私はこの二人からの話を聞いて、中東問題の研究者である酒井啓子さんの言葉を思い出した。「理不尽な死の恨みをぶつけあうことから抜け出すには、理不尽な死をもたらした政策の問題を正確に見抜くことしか、解決はない」。カシミールについては、政策の問題ははっきりしている。あとは、それを世界に向けてどれだけ冷静に訴え、聞き届けてもらえるかである。

イスラーム寺院踏み込みへの抗議が続く・九月一四日

「昨日の事件で何かあるかもしれないから早くこい」というので、昨日兵士によるイスラーム寺院乱入事件のあった、ラル・チョーク近くのハリシン・ハイストリートに朝から向かう。そこでは、ハンドマイクを片手に持った活動家たちがすでに集会を開いていて、なにやらアジっている。やはり、通常のモスクではなく、イスラーム寺院に土足で踏み込むというのは大きな問題らしい。

ちなみにイスラーム寺院とはダルガと呼ばれ、イスラーム聖者を祀った聖廟である。一四世紀から南アジアにイスラーム教が伝播してきたが、その布教に大きな役割を果たしたのがイスラーム聖者たちだった。イスラーム教では偶像崇拝は否定されているが、土着宗教の信仰とも相俟って、その聖者たちの遺体を祀り、信仰の対象としているのである。このイスラーム聖者信仰はインドやパキスタンで広く見ることができる。同じカシミールのイスラーム教徒でもより戒律が厳しいワッハーブ派などはこの聖者信仰に否定的だが、ご利益があるとしてヒンドゥー教徒がダルガに詣でることは珍しいことではない。

昼過ぎになると、顔見知りのＪＫＬＦの活動家の姿がちらほら見えてきた。彼らによると、ヤシン・マリクがくるという。この朝、自宅拘禁を解かれたそうである。マリクは「カシミール人に銃弾を浴びせるだけでなく、文化まで破壊しようとしている」と一連の行為を非難した。演説中に、警官隊やＣＲＰＦが警戒のため近づいてきた。若者たちがそれを挑発と受け取り、衝突になるかと思ったが、ＪＫＬＦの活動家たちが彼らを押し戻し、マリクも「暴力的行為は慎むように」といったため、投石などは起こらなかった。

さらに、もう一人のリーダーがやってきた。元イスラーム協会議長で、現在は全党自由会議ギラニ派（ＡＰＨＣ（Ｇ））を率いるサイード・アリ・シャー・ギラニ師である。ギラニ師はこの独立運動の活動家のなかで一番の大物だが、健康に問題があるので、その彼がまさか現れるとは想像もしていなかった。周囲は「ギラニ！　ギラニ！」の大合唱で、彼をひとめ見ようと車をみなが囲むため、なかなか車から降りることができなかった。ちなみに、彼個人は独立ではなくパキスタン帰属派であるが、それは人びとが決めるもので強制はしない、といっている。

ギラニ師は齢八〇近く、癌で腎臓の一つを摘出しているせいもあって、最初は立って演説することができなかった。それでも、途中からは支えられながら立って演説をした。体力的な不安はあるが、声には張りがあり、説法をするような演説はさすがベテラン活動家である。彼もまた「インド政府がどんな圧力を加えても、カシミールの人びとを屈服させることはできない」と述べた。

演説が終わると行進がはじまったが、私は久しぶりに会った知り合いに捕まってしまい、その合間

歯を折られたマンズールさん。抵抗しなかったため、かえって殴られた。奥さんの弟さんも1992年にBSFに虐殺されていたように、このような話はカシミールでは身近にある。

にデモの列を見失ってしまった。

三〇分ほどうろうろしていると、なにやら声がするので行ってみた。するとヤシン・マリクがデモで負傷した人を見舞いにきているのだという。ヤシン・マリクが去ったあと、そこの家にいた二人の負傷者に会った。一人目はマンズールさん（四五歳）といい、昨日の衝突で口を棒で殴られて歯が五本折れ、口を開くこともできなかった。さらに、彼の妻であるシャキーラさんの弟は、一九九二年に理由もないのにＢＳＦに逮捕され、拷問されてそのまま殺されたのだという。

二人目はタンビールさん（二八歳）といい、八月の中旬にオートバイで隊列を組んでデモをしているところを、警察の車に後方から故意に衝突され、全治六ヵ月だという。

「カシミールではこの二〇年で一万六〇〇〇人が拘束されたまま殺されたり、行方不明になったりしている。もうインドから自由になるべきときがきたんだ。ジャンムーでは火炎瓶やナイフを使って抗議行動をしているが、ここでは違う。平和的にやっているし、それが正しいんだ」と落ち着いて語る。

帰りがけ、弁護士のパルヴェーズ氏に出会う。一〇月六日までいるのかと訊かれ、そのつもりだというと、「政府は軍隊を増派するだろうし、六日はまた厳しい外出禁止令が出されるだろう」という。私が「今度は、人びとは外出禁止令を破ろうとするだろうか」と訊ねると、「たぶん、そうするだろう。また多くの暴力を見ることになるな」と静かに語った。

独立派の一〇〇〇人規模の集会は、いまや当たり前・九月一九日

おなじみの金曜日である。午後の礼拝後、ＪＫＬＦが集会を開くというので、彼らの本拠地である市内のマイスマ地区を訪れた。

先週、議長であるヤシン・マリクが、自宅拘禁をされているのにもかかわらず現れたのに驚かされた、と書いた。ＪＫＬＦの活動家にそのことを聞くと、あれは礼拝後に市民が大勢でマリクの家に押しかけ、勝手に連れ出したのだそうだ。警備の兵士や警官が常に六、七名いるはずだが、押し寄せる群衆に何もできずに逃げてしまったそうだ。当日、先に集会を開いていたこの活動家氏も、自宅にいるはずのマリクが肩車をされてくるのを見て、いったい何ごとかと思ったらしい。このエピソードは、まさにいまの運動が市民の運動であることを感じさせた。

今日のヤシン・マリクの演説のテーマは二つだった。一つは一〇月六日にラル・チョークで集会を開くぞ、というもの。人びとも、「インシ・アッラー（神のご意思があるならば）！」と答える。もう一つは、若者たちへ、投石をするな、というものだ。これは、マリクだけでなく連携委員会全体の意思らしく、ＡＰＨＣ（Ｇ）のギラニ師も同じように唱えている。あくまで非暴力で運動を行う、という意思表示である。

一時間弱の集会の後、行進はなく、その場で終わった。だが、弁護士会や市民による自発的な行進がまたはじまる。途中で警察がやってきて止めようとするが、そのなかの指導者的役割の若者が投石などの暴力行為はしないと説得して、行進は続けられた。こうした統率の取れた一〇〇〇人規模の行進が自発的にできるところが、いまの運動の特長である。

市民なのか、暴徒なのか?

この行進に一時間ほど付き合っていると「ナワタ地区で投石がはじまったぞ」と連絡が入る。現場に着くと、服を引き裂かれた警察官が保護されている姿が見える。二人の警察官が若者たちの挟み撃

若者たちに捕まって殴られた警察官。若者たちの行動は、石を投げるだけでなく連携的になったが、同時により暴力的になっていった。

ちにあって捕まり、暴行を受けたのだそうだ。「こんなことはよくない。警察官だってカシミール人なのに」と地元のカメラマンの一人がつぶやく。

「投石をするな」というリーダーたちの呼びかけは、過激なことで知られるナワタ地区の若者たちには通じなかったようだ。正直なところ、私もナワタ地区の若者たちの行動はやりすぎだと思う。彼らのフラストレーションはわかるが、彼らは警察を挑発するため、わざわざ警察署に石を投げ込みにいっているのだ。いま独立運動が戦術として非暴力を手段として使い、正当性を内外にアピールしているなかで、彼らの行動は疑問符がつく。他のカメラマンも「お前、この光景の写真のキャプションをどうする？ 独立のために闘う若者たち、とでもつけるのか？」と私をからかう。

ナワタ地区では、先々週に若者が一人死んでいるため、警察はやり過ぎないように気をつけているのか、あまり深追いはしない。それにつけ込んでか若者たちの投石は激しくなり、警察官やＣＲＰＦの将校が石に当たって頭や顔から血を流して下がってくる。特にＣＲＰＦの隊長は、至近距離から大きな石を投げつけられたため、ヘルメットを被っていたにもかかわらず負傷して血を流している。私や他のカメラマンが彼の写真を撮ろうとすると、怪我をしたのを恥じたのか「こんなのは大した怪我じゃない、撮る価値はないぞ」と叫び、体面を繕おうとする。

帰りに、兄貴分のＹ氏の家に立ち寄る。警察官が二人捕まって殴られたと報告すると、「いい気味だ」という。彼の父がかつて警察の将校だったにもかかわらずである。前述の「こんなことはよくない」という発言は極めて少数派で、誰に聞いても、警察官や兵士が負傷したら「当然だ」という。しかし、今日のように、やられたらやり返せをしている限り問題の解決ができるわけはない。その負の連鎖を断ち切る手段こそが、非暴力であるはずなのだが。

決戦前夜・一〇月五日

朝の六時半に友人からの電話で叩き起こされた。「外出禁止令が施行されたよ」という。予想はしていたものの、前日の四日の状況は穏やかで、今日が丸一日外出禁止になるとは思っていなかった。けれど、それは油断にすぎなかった。

もちろん、インド政府にとっては町のど真ん中で大きな抗議集会を開かれて、全国に生中継されたらたまらない。インドだけでなく諸外国にも知れ渡ることになるので、インド政府の面子にかけても中止に追い込まなければならないのである。

外出禁止令といっても、外に出ている者を見つけたら問答無用に撃ってもよいというものから、重要な事情があったり病人なら通していいという緩やかなものまで、幾つか段階がある。

窓から様子を伺っていると、どうやら緩やかな感じなので、外国人の特権を生かして外に出てみることにした。最初に許可を頼んだ兵士は、許可証がないと駄目だというが、少し交渉すると、目的地がそう遠くないので許してくれた。

といっても、どこでも大丈夫なわけではない。二〇〇メートル置きに兵士たちが立っているので、その度に許可を得なければならない。外国人とわかって通してくれるのがほとんどだったが、許可証がないというと即座に駄目だという兵士もいる。それでも、今日はなんとか行かせてくれた。

クラム君の家に行くと、彼は「この外出禁止令が出ただけでも俺たちの勝利だ。こんなやり方でしか対応できないのだから」という。また、昨日インド人の人権活動家と数人のジャーナリストたちが飛行機できたが、今日送り返されたという。そのことも「どうせカシミールにいても家のなかに閉じ込められているだけなのだから、デリーに戻ってインド政府の対応を批判してもらったほうがよい」

と、彼は肯定的に捉えていた。

ラル・チョークはすでにバリケードで封鎖されているようで、もう近づけない。また、政府に批判的な地元のセンTVというCATV局が、機材が押収され放映禁止となった。それ以外に大きな混乱はなく、平穏だったようだ。

だが、本番は明日。すでにJKLFのヤシン・マリク議長は逮捕され、APHC（G）のギラニ師は健康状態が悪化して入院した。運動を指導する連携委員会は集会を実施すると明言している。前回よりも多くの人びとが外出禁止令を破ってラル・チョークに向かうだろう。血で血を争うようなことにならないことを祈る。

死者も怪我人もなく、しかし、緑の旗も立たず・一〇月七日

結論からいうと、一〇月六日は何も起こらなかった。今日七日は、連携委員会が「ラル・チョークへ行こう！」を一旦中止する声明を出したことから、すでに外出禁止令は解除されて町は平穏を取り戻している。連携委員会は、明日会議を開いて今後の方針を決めるという。

前日から外出禁止令が敷かれ、当日はより厳しいものとなった。町の随所に兵士や警官が立ち、誰も外に出るのを許さない。スリナガルから三〇キロメートル離れたバラムラ郡では外出禁止令を破って数百人がデモをしたらしいが、大きく目立ったのはそれだけだった。

私は市内のホテルにいたのだが、隣の部屋にはインド人のビジネスマンが泊まっていた。何やら騒ぎがあるのでホテルの人に訊いてみると、そのインド人の同僚が、別の場所から彼の泊まっているホテルにこようとした。しかし、警備のCRPFは彼の同僚が許可証をもっているのにもかかわらず、

通行を許さなかった。それどころか許可証は破られ、同僚は殴られて泣いて電話をしてきたという。許可証を持っているインド人ですらこうなのである。

全国放送のニュースチャンネルでは、スリナガルでいかに厳しい警備体制を敷いて集会を阻止しているか各局が生中継で競って放映していた。それはかえってインド側がいかにこの行進を恐れ、焦っていたかをよく表していた。

一〇月二日はマハトマ・ガンディーの誕生日だった。その日の新聞には、インドの情報省がそれを祝って「非暴力」を謳う広告を出していた。そして、いまのカシミールの人びとも集会は非暴力で行うことを徹底している。なのに、カシミールの人びとの非暴力は許してもらえない。

死傷者がでなかったのはよかった。だが、準備期間が一ヵ月半近くあったのだから、連携委員会はもう少し別のやりかたをできたのではないか、という疑問も私にはある。事前に通知すれば外出禁止令を出されるのはわかっているのだから、裏をかくというか、意表をつくことが必要だろう。何度も同じことがおこれば、運動自体が停滞してしまうし、連携委員会のへの信用も失われてしまうだろう。

人びとから漏れる本音

一〇月六日の「ラル・チョークへ行こう!」が失敗に終わると、連携委員会は「今後の活動を改めて検討しなおす」として、具体的な行動予定を示さなかった。このことについて、口さがない私の友人たちは、リーダーたちは金をもらっているに違いないと口々にいう。

「リーダーたちは長年の活動のなかで、インド、パキスタン両方としがらみがある。ときには金をもらったりして、ずっと助けてもらっている。それを無下にはできない。それもあって、運動を進めることができない。実はリーダー同士はお互いを信用していない。例えば、今回すぐ運動の継続をしないとアナウンスしただろ？　インド政府から長期間ぶち込むぞ、と脅されたに違いない。リーダーたちは長期間にわたって刑務所に送られるのを恐れている。ここでは、インドはなんでもできるんだ。例えば一九五二年にシェイク・アブドゥッラーがインドの指示で簡単に捕まった。首相が捕まってしまうんだ。それに、シャビール・シャー（指導者の一人で一四年間獄中にいた）は長年捕まっていて、カシミールのネルソン・マンデラといわれたが、運動の盛り上がった肝心なときにいなくて、出てきたときは過去の人だった。彼のようにヒーローになれないのを恐れているんだ」と、憤懣やるかたないというよりも、それが公然の秘密かのように冷めた調子でいう。

別の年配の友人も同意見だった。彼はかつて武装組織のアル・ファタにも参加していたベテランの活動家だ。「ギラニとウマル・ファルーク（人民行動委員会議長）は仲が悪い。だって違うエージェントから金をもらっているんだから。ギラニはパキスタンだし、ウマルはインドから。ヤシン・マリクはアメリカからだ。

彼らの運動費用はとても彼ら自身や寄付だけでは賄えない。集会をするのに車だって必要だし、それを走らせるのにガソリンだっている。部下にも月給を払わなければならない。金がなくなったら、彼らの活動は終わりだ。だからインドやパキスタンのいうことを聞くんだよ。それを知っているから、人びとは彼らを支持していない。今回のことが起こる前のことを見ろ。誰もデモなんか出てこなかった。だって、まず自分たちの生活が大切だろう。今回は土地譲渡の問題や経済封鎖の問題があって必要に迫られて外に出ただけで、決して彼らを支持しているわけではない。ただ、運動にはリーダーが必要だ。だからなんだ。

投石している若者もそうだ。なかにはリーダーたちから金をもらって石を投げている奴だっている。例えば、路上で商売していても五〇ルピーぐらいしか稼げない。服やズボン、靴を用意され、石を投げてくれれば、月に七〇〇〇ルピーだ。そうじゃなければ誰が危険を冒して石を投げる？　本当はみんなストライキなんかもうやりたくない。仕事にならないからだ。でも、ストライキをすればリーダーたちの存在感は上がる。実はみんなもううんざりしているんだよ」と、人びとに見え隠れする本音を吐露してくれた。

彼らがいっていることが、どこまで本当かはわからない。だが、人びとがそう感じたのは、自分たちの指導者によって梯子を外されるという自滅に近い運動の終幕に、そう説明しないと説明しきれないからだ。いずれにせよ、アマルナート寺院の土地問題に端に発する六月からの抗議・独立運動は、一たん区切りをつけることになった。

ホテルに帰ると、テレビは国営放送しか見ることができなかった。地元のセンTVが放送禁止になったのに対抗して、ケーブルTVの回線業者組合が「それなら我われもインドのプロパガンダの発信を拒否する」と配信を停止したからだ。

画面には、「我われの姉妹チャンネルであるセンTVが州政府からの制裁で放送禁止措置を受けています。我われは州政府に抗議するとともにセンTVへの連帯を示すため、配信を停止しております。どうぞご理解ください」というメッセージが繰り返し映し出されていた。

ナワタ地区で話しかけてきた若者

イジャーズ君（二五歳）と出会ったのは、九月六日に死んだジャビッド・アフマドさんの葬儀の前のことだった。死亡者が出たことであたりが騒然となっているなか、話しかけてきたのが彼だった。これまで、デモに参加している若者に何度か話を聞こうとしたが、興奮し過ぎていてインタビューにならなかった。自分から話しかけてきた彼は、何か話したいことがあるようだった。葬儀デモのなかで連絡先を聞く前に彼とはぐれてしまったが、二日後、下町で偶然に再会し、話を聞くことができた。インタビューの場所はスリナガル中心部にある彼の事務所だった。彼は若いが、自営業者で金融業や建築資材の斡旋などをしているという。以前は軍にコンピュータを納入するなどの仕事をしていたが、「軍を利することはしたくない」とやめてしまったという。

網目のイスラーム帽を被った彼は、案の定、ギラニ師の支持者だという。だが、意外なことに、ナワタ地区で会った若者にかかわらず、彼は投石に反対だと語る。「あんなことをしても何もならない。石を投げればフラストレーションは発散できるかもしれないが、それだけだ。攻撃される理由を作るだけだ。平和的にやらなくてはだめだ」というのである。

一九八八年から武装闘争がはじまり、自分たちの世代は六歳のころから血ばかりを見てきた、と話す。「タタタと銃声がして、僕たちの生活は葬式や銃弾ばかりだ。それ以外何がある？　葬式、ストライキ、戒厳令、路上での戦闘、流血が日常的に起きていた。そんなものを見ながら年を重ねていけば、何が起きているのか理解するようになる。どうしてこれらの騒音が人の生命を奪うのか」

そして、信心深い若者ならではの表現でカシミールの現状を憂う。

「僕には罪がある。これは来るべき世代の罪ではない。いま、何をするか決断すべきだ。僕はこの戦いに命を捧げる準備はできている。これはインドによる罪である。インドは僕らを自由にしたくないし、進歩もさせたくない。この混乱で、子どもたちは四〇日も学校にいっていない。獣のようにさせて、奴隷のように扱いたいからだ。なぜなら、奴隷が知識を持ったら反抗するに決まっているからだ」

「インドの支配者たちは決してカシミールの人びとのことなど考えない。もし、彼らが誠実なら、話し合いでとっくに解決されているはずだ。もし、インドが誠実なら、どうすべきだと思う？」と、逆に私に聞く。

私が「過去の悪行を謝罪することかな？」というと、「それで独立はさせてもらえるのか」と突っ込んできた。それについて私が「独立、独立というけれど、パキスタン側のカシミールだって占領されているし、そもそも一緒に独立したいか、わからないじゃないか？」と聞くと、「パキスタンがカシミールを抑圧するなら、独立させるべきだ。パキスタンのカシミールの人びとが独立したいかはわからないから、まずインド側が独立してから考えればよい。一緒に独立したいなら歓迎する」という。

さらに私は「ジャンムーやラダックの人びとが独立したくない、といったらどうするんだ？」と尋ねる。その件に関しては、「カシミール以外のジャンムーにもプーンチにもドーダにも、ムスリムは大勢いる。住民投票をすれば我われが勝つから問題ない」という。それでは民主主義の暴力じゃないか、というと、「それも民主主義だよ」と返された。

カシミールのムスリムの人びとは、我われはインドでマイノリティとして抑圧されている、としばしば主張する。しかし、このように、パンディットやシーク教徒、仏教徒といった、自分たちの内側にいるマイノリティへの配慮が彼らには足りないのでは、と感じるときがある。

例えば、二〇〇八年に入ってから「ニザーム・イ・ムスタファ（イスラーム法による支配）！」というスローガンを、よく聞くようになった。これを聞いたムスリム以外のカシミール人は、よけい疎外感を感じるに違いない。私は兄貴分のY氏に「なんだよ、あの〝イスラーム法による支配〟って。タリバンみたいなものか」とからかい口調で聞いた。するとY氏はバツが悪そうに、「あれはイスラーム協会が唱えているだけだ。それにタリバンのイスラーム法であるシャーリアなんかよりも、全然緩

若者らしい正義感でデモに参加したファイサル君だったが、CRPFの銃弾に倒れた。カシミールでは、このような形で無数の若者が殺されてきた。

いやつだよ」という。カシミールのイスラームががちがちの原理主義ではないことはわかっているが、無意識のうちの多数派意識には辟易させられる。

「実は聞いて欲しい話がある」と、イジャーズ君が会話を一段落させるといってきた。最近、彼は従兄弟を亡くしたのだという。

従兄弟のファイサル君（一七歳）と彼は、八月一二日にスリナガル市内のバハキマタープという場所でデモに参加していた。前日一一日のムザファラバードのチャロで死んだ八人を含め、過去三日間でデモでの死者は二七人にもなっていた。それに抗議しての、誰が組織したわけでもない、市民による七〜八〇〇〇人規模の自発的なデモだった。

イジャーズ君は、それまで両親にデモに行くのを反対されていたが、「止めないでくれ、もう十分限界を超えた」といって参加した。そのデモは「投石もなく、何の問題もない平和的なデモだった」というが、二〇人以上のCRPFの兵士たちは発砲という形で対応した。四メートルの至近距離だった。弾はファイサル君を含めた一〇人近くに当たり、四人が死んだ。「どうして撃ってくるのか、理解できなかった。ファイサルは『痛いよ、助けて』といい、僕は『神に祈れば助かるよ』と、励ました」

州立病院に運ばれたが、その日は発砲が相次いだせいか、病院はごった返していた。そして一二時間後、ファイサル君は一七歳の短い生涯を終えた。「インドは何をしたいのか。カシミール人を全員殺して、インド人を住まわせたいのか」とイジャーズ君は怨念を込めていう。

イジャーズ君は私に、ファイサル君の父親に会ってくれないか、と頼んできた。イジャーズ君とはナワタ地区で会ったが、そこがファイサル君の家で、彼はファイサル君の父親の頼みで、自分の家でなくそこにいるのだという。

絨毯工場を経営しているというファイサル君の父、ショウカットさんの目に力はなく、いまにも泣き出しそうだった。顔自体は強面で、こんな事件がなかったら威厳のある父親だったろう。ショウカットさんによると、ファイサル君は、床屋にいくときさえ断りを入れてくるほど親のいうことをきく子で、叱るチャンスなどなかったくらいだったという。

「どうやって悲しみを表現できるだろうか。息子は私の心の一部だった。彼が五分といないことに耐えられない。でも、もう五五日もいない。インドは私たちの心を切り刻むのです。父親より息子が先に死ぬということは、私も死んだのも同然の状態になってしまうんです」。そして驚いたことに、ショウカットさんの妻でありファイサル君のお母さんである女性は、悲しみのあまり体を壊して一ヵ月前に亡くなってしまったという。

「世界中の人びとにいいたい。もう十分だ。この紛争に介入して助けて欲しい。自由が欲しい。インドの首相よ、私の息子に何が起きたか説明できるか。無実の人間を殺すのを、いつやめるのか。富も何もいらないが、自由が欲しい……。殺さないでくれ、殺さないでくれ……」。最後のほうの言葉は、か細くて聞こえないかのようだった。

殺さないでくれ、殺さないでくれ……。世界の紛争地でこの言葉がなんど木霊してきただろうか。

殴られ、殺されていった運転手たち

「彼らは私の車を止め、私を引きずり出すと殴りかかってきました」と、トラック運転手であるビラール・アフマッドさん（三〇歳）は語る。八月上旬にジャンムーで国道が封鎖され、カシミールの物資輸送の大動脈が止められたことはすでに書いた。その現場でいったい何が起きていたのか、私は改めて聞いてみることにした。

ビラールさんによると、スリナガルを出発したころは、車が止められているという情報はなかったという。途中で、襲撃に備えてコンボイを組んで移動をした。それでも、車のナンバーを見てカシミールの車だけを狙って暴徒が襲ってきた。警察も警備をしていたが、襲われている側を助けるどころか、暴徒を助けていたという。彼はやっとのことで、予定より三日遅れでデリーに到着した。

怪我をしながらも無事にデリーに着いたビラールさんは、まだ良いほうだった。ラティーフ・ワニさん（三二歳）は、八月六日午後一〇時ごろにパンジャーブとの州境に近いラカンプールで、妨害にあって命を落とした。彼は運転している最中に投石を頭部に受けて意識を失った。トラックはコントロールを失って道路脇の電柱にぶつかり、車は横倒しとなった。それだけでなく、暴徒は彼を車から引きずりだして、さらに暴行を加えた。

ラティーフさんは重傷で、すぐさまデリーの国立病院へと運ばれたが、四日後に亡くなった。そして亡骸は飛行機でカシミールに運ばれた。

スリナガルから一五キロメートルに位置するパンタ・チョークのラティーフさんの家には、奥さんと三人の子どもが残されてしまった。奥さんのハミダさんは二八歳というが、二〇代の若々しさは感じられず、それがそのまま一家の状況を表しているように思えた。家は、ラティーフさんの兄弟と同じ敷地に三軒建っているうちの一つだった。家の入り口は地面より少し掘り下げてあり、そのせいか内部は暗い。家の上部は納屋になっていて、悪くいえばまるで土蔵である。炊事、洗濯は他の家でやっているようだったが、家財道具といえば、布団と衣類を収納してあると思われる行李があるだけで、暮らし向きはとても良さそうには見えない。

ハミダさんによると、ラティーフさんは襲われる危険を感じていて、デリーに行くのを躊躇していたという。そして一度は出発したものの、四、五日して戻ってきた。だが、夫が仕事に行かなければ家族の収入は減ってしまうし、運送会社の社長にも印象が悪くなってしまうと思って、彼女がラティーフさんに、デリーに行くように発破をかけたのだという。ちなみにラティーフさんの給料は月四〇〇〇ルピーの基本給に、カシミールと他の場所を往復するたびに歩合給がついて合計六〇〇〇ルピーほどだったそうだ。

彼からハミダさんへの最後の連絡は、事件発生三時間前の午後七時、「状況がとても悪く、暴徒が火炎瓶で攻撃してくるので、コンボイを組んで走行する」というものだった。

ラティーフさんの写真を見せてくれるようお願いすると、一〇×一〇のつづりで右下の三分の一ぐらいが切り離された証明写真が出てきた。同じ顔がずらりと写された写真のシートそのものが、なんともいえない憐れみを誘った。

ハミダさんは、夫を失った悲しみよりも、子ども三人を抱えたこれからの生活への不安のほうが大きいようだった。州政府から一〇万ルピーの見舞金が出たが、裁判所が承諾すれば、あと九〇万ルピーの補償が出る可能性があるという。

「子どもの教育にお金が必要だし、家もどうにかしないと」と彼女はいうが、たとえお金が支払われても、それを聞きつけた周囲の人びとに全部たかられてしまうのではないか。気弱そうに私の質問に答える彼女を見て、そんな心配が浮かんだ。

犯人が捕まる可能性は、ほとんどない。そもそも捜査自体が行われていないし、たとえ捕まっても保釈されて終わってしまうだろう、というのがラティーフさんのお兄さんの弁であった。

道路封鎖は終わったが、その後ジャンムーとカシミールの関係は完全に壊れてしまった。以前から

死んだ運転手ラティーフさんの写真を持つ、残された妻ハミダさんと3人の子どもたち。彼らは闘争とは全く関係のない人びとだった。

関係は良くなかったものの、この騒動が決定的なものとなった。封鎖が解けたあとは、逆にカシミールではジャンムーからの物資を拒否するようになった。新聞でも、送られてきたテレビの受け取りを拒否して、叩き壊したという事件が報道されていた。

カシミール商工会議所会長のムビン・シャーさんによると、騒動が静まるとジャンムーの商工会議所会長のアサイ氏から、また取り引きをしようとの連絡があったという。「馬鹿にするな、といいたいです。封鎖が行われているあいだは電話に出ようともしなかったのに」と憤る。いまはジャンムーの業者を介さないで、デリーやパンジャーブの会社と直接取引きするように切り替えているという。それだと輸送コストが余計にかかるのでは、という疑問をぶつけると、「いや、なかにはいままで高い値段で買わされていた物もあったのです。おかげで安くなる物もあるのです」ときっぱり答える。

ジャンムーでは、そのアサイ氏に話を聞いてみた。すると意外なことをいいはじめた。彼らは物資を止める指示を出したことはない、というのである。

「パンジャーブ政府が『危険だから』といって、パンジャーブの九五〇台のトラックが止められたことはあります。確かに宗教団体の方針に強制的に同意させられ、ストライキはしましたが、物資を止めることを組織的にやったことはありません」と何やら矛盾に満ちた答えが返ってきた。

カシミールでジャンムーを介さずビジネスをはじめていることを問うと、「それは彼らの自由です。別に構いませんが、ただ、我われにひと言断って欲しかったです。そうでないと余りにもビジネスライク過ぎます。これまでの付き合いはどうなってしまうんでしょうか。彼らは誤解しています」と、なんとか話し合いの糸口を見つけたいようだった。ジャンムーでは、カシミールを相手に商売する会社の幾つかが倒産の危機に瀕している、という話も聞いた。

ジャンムーに知り合いを持つカシミールの友人たちよると、ジャンムーの人びとは、封鎖がこんなに長く続くとは想像していなかったといっているという。もう少し踏み込んでいえば、何かと騒ぎを起こして州を牛耳っているカシミール人に少しお仕置きを与えれば、十分だったのだろう。

カシミールのリンゴ生産者協会の副会長であるパンディットのクマール氏も、ジャンムーの人びとは道路封鎖にそんな関心があったわけではない、と同意見だった。彼は今回の道路封鎖で多大な被害を受けているだけに、その意見には説得力があった。

「道路封鎖は宗教団体が自分たちの利益のためにやったのです。土地の問題についてはジャンムーの人びとも興味はありますが、ストライキや車を襲うようなことについては興味ありません。なぜなら、彼らもそれで自分たちのビジネスチャンスを奪うのですから。確かにジャンムーの人びとはミスを犯した。しかし、反対だった人も大勢いて、それを十把一絡げに批判することはできない。ムビン・シャーはジャンムーの商工会を非難するけど、彼らだって反対することはできない事情があったのですよ。カシミールでだってＡＰＨＣを批判できないでしょう」と、冷静な意見を述べてくれた。

ジャンムーを基盤にするカシミールタイムズ紙の主幹であるジャンワル氏も、同じような意見だった。カシミールタイムズ紙はジャンムーを本拠とするが、カシミールでの人権侵害の問題も積極的に報道し、カシミールにおいても信頼の厚いメディアである

「どちらかというとこの問題は、宗教問題ではありませんでした。ところが、右翼が出てきて問題をハイジャックしてしまった。それがいままであった政治的不満につながって、大きな問題になったのです」。〝いままであった政治的不満〟とは、Ｊ＆Ｋ州の政治を多数派のカシミールのイスラーム教徒が牛耳っていることである。それがジャンムーのヒンドゥー教徒やラダックの仏教徒にとって、長年

の不満の種となっている。

「カシミールとジャンムーは相互依存の関係にあります。ジャンムーはカシミールの商品を外に出す窓口になっていますが、ジャンムーはその商売によって利益を得てきてもいたのです。しかし、残念ながら、右翼の連中はそれを理解していません。カシミールに物資を送らないということがありましたが、あれは仕方がなかったのです。送っていれば、彼らが襲われていました。いまはなんとか市民同士のなかで関係を修復させようとしていますので、希望が持てます」と、彼はジャンムーとカシミールの関係が正常化しつつあることを述べるが、積年の対立がそんなに簡単に解決するとは思えなかった。

この騒動では、軍や警察と対立してジャンムーで二人死亡したのに対し、カシミールでは六〇人が亡くなった。この対応の差はなぜなのかと聞くと、「これは、デリーやJ＆K州政府の間違った政策なのです。メディアの問題もあります。メディアもジャンムーとカシミールに分かれて悪しき地域主義に陥っているのです。もう一つの問題は寺院管理委員会にJ＆K州の住民が誰一人としていなかったことです。ジャンムーでもそれは問題視されるはずなのですが、外からきた人たちが牛耳っていたため、人びとの声はかき消されてしまったのです」と、右翼団体がこの騒動を引き起こした、という認識だった。

LOCでの交易がはじまる

一〇月二一日、LOCをまたいでの交易が六一年ぶりに実現することになった。この交易の話は三年前から印パ両国が話し合いをしてきたが、いっこうに進んでいなかった。ところが、今回の騒動でこれはまずいと感じたインド政府が対応策として、急転直下、印パ両カシミール間の交易を認めたのである。

最初、私はこの貿易開始のセレモニーに行く気はなかった。他にも取材はあるし、通り一遍の取材しかできないのはわかっていた。それに、行くのには面倒な手続きが必要なはずだからだ。ところが、いつも情報をくれる地元のカメラマンによると、登録もなにも必要なく、朝五時半に情報省に行けば一〇五キロメートル離れた現地までバスで連れて行ってもらえるのだという。「歴史的なイベントだし、他のカメラマン連中と一緒にバスでワイワイやりながら行くから楽しいよ」と、ぜひくるべきだといって誘ってきた。せっかく現地にいるわけだし、修学旅行気分も悪くない。考えを変え、前日の午後一一時に急遽参加を決定したのである。

バスに乗ると、朝食用にサンドイッチ、パン、カバブ、マンゴージュースの入ったランチボックスが配られた。車中で皆とそれをパクついていると、本当に遠足気分だ。車窓から見える、パキスタンへと注ぐジェーラム川渓谷もなかなかの景色である。

最初に到着したのはＬＯＣから約八キロメートル手前のサラマーバードという場所だった。ここには交易のためのトラック・ターミナル、税関、検疫所、ドライバーのためのサライ（宿泊所）が整備されていた。今回の貿易の特徴の一つは、両国のトラックが荷物を積み替えることなく、直接行き来できることである。現在、両カシミールのあいだで毎週バスサービスが運行しているが、乗客は橋の手前で降りて、橋を渡って相手側のバスに乗り換えなくてはいけない。また、この交易には関税は一切かからない。

ここで貿易開始のためのセレモニーをし、その後、車はＬＯＣに架かるアマン・セツ（平和の橋）へと向かう。

LOCに架かるアマン・セツを渡るパキスタン側からの最初のトラック。この交易は、激化する抗議行動を沈静化しようとするインド政府の融和策として、急転直下に決まった。

第7章で書いたように、私はちょうど三年前の二〇〇五年の一一月に、同じアマン・セツにパキスタン側から訪れている。当時は大地震の直後で、バスサービスできたインド側の人びとが予定通り帰れなくなってしまい、大幅に遅れて戻るところだった。地震の影響でパキスタン側の橋桁は落ち、一度川に降りて人びとは戻っていった。当然の如く橋はすでに修復されており、今回は橋の上を通っての通行である。しかし、橋の上で宣言文を読みあげるなどをしていて、通行はなかなかはじめられず、また一時間半ほど待たされることになった。

午後二時二〇分ごろ、パキスタン側から車がやっと入ってきて、拍手で迎えられた。私は高台からその光景を撮った後、下に降りて車に近づいた。すると、それまで退屈だった出来事が一転した。パキスタン側からきた運転手は芸能人のように報道陣に追いかけ回され、そして、どの人びとも笑顔、笑顔、である。警備をしている警察官まで喜んでいる。報道陣も、車や車につけられたパキスタン国旗と記念写真を撮ったり、積まれた米や玉ねぎをパキスタン産だからといってくすねようとしている輩もいる。

もともとは、経済封鎖をされるとどうにもならない状況を打破するために、この交易ははじまった。だがそれ以上に、お互いの物産を交換し、車が行き来することで両カシミールの人びとがお互いをより身近に感じることができることが、何よりもの成果なのだ。橋を渡れば五〇メートルほどだが、実際には越えることのできない近くて遠い距離である。

インド側のカシミールの人びとは、パキスタン側のカシミールのことを〝ハマラ・カシミール（私たちのカシミール）〟と呼ぶ。しかし、この二つのカシミールには文化的、言語的差異がある。パキタン側カシミールは南のジャンムー、プーンチの影響が強く、言葉もパンジャーブ語系のヒンドゥコ語である。カシミール語を喋るのはムザファラバード近郊だけだ。なので、いまでは一つのカシミールといわれてもピンとこなかった。けれども、みなが喜ぶさまを見て、この二つのカシミールが兄弟のような関係であることを本当に実感させられ、感動した。

もちろん、この交易に問題点がないわけではない。例えば、経済封鎖されたときに必要な日用品の輸出入はまだ許可されていないし、何よりも許されているトラックのサイズが小さいので、物資の不足などにとても対応できるとは思えない。

しかし、これらの問題は徐々に解決していけばよいし、決してハードルの高い問題ではない。たとえカシミールが印パ両国の支配下にあろうと、また一つ交流手段を手に入れたのだから。

二〇〇八年に起きたこの一連の騒乱事件が持つ意味とは何だったのか?

事件が起きた二〇〇八年は、分離独立の武装闘争も政治闘争も完全に停滞していた時期だった。二〇〇〇年のラマダン停戦でLOCからのミリタントの潜入は困難になり、パキスタン自身もアメリカの同盟国としてミリタント組織をおおっぴらに支援できなくなってしまった。それどころか親米路線をあからさまにしたため、ミリタント組織たちがパキスタンに反旗を翻すようになった。政治闘争もAPHCは内部抗争から分裂し、人びとからの信頼を失い、カシミール人たちも長年の闘争に疲れきっていた。なので、多少のことでは騒動が大規模化するはずなどなかった。

シンハ州知事は、そんな状況を軽く見ていたのか、カシミール・ムスリムのアイデンティティを刺激するという暴挙に出た。弾圧すればおとなしくなると考えていたのだろうが、計算外だったのは、それに若年層が反応し、予想外の抵抗に遭うことになる。カシミール側は一〇日間にもわたるストライキと二〇人余りの死者を出し、アマルナート寺院の譲渡を撤回させた。

CRPFの建物に「インド人であることを誇りに思う」と書かれていた。カシミールがインドではないことを、CRPF自身が理解していることの表れだ。

抵抗の主体となったのは、一九八〇年代末から一九九〇年代の武装闘争全盛期に生まれた若者たちだった。イジャーズ君がいうように、彼らは生まれながらにして紛争が日常だった。親や親戚、兄弟または近所の人びとが、治安部隊に理由もなく暴行されたり、殺されたりするのを目の当たりに見てきた。学校の通学路では兵士たちから常に嫌疑の目で見られ、学校にいても、校舎を基地として接収しようと治安部隊がやってくる。彼らが立ち上がったのは、そういった不条理や理不尽さに置かれた自分たちの状況を理解し、目覚めたからだった。

つまり、八八年は武装蜂起だったが、二〇年を経て、世代が交代して非武装の運動として分離・独立運動が引き継がれたのだ。私の友人も「俺たちの世代は負けた。でも、いまのカシミールの人口の三割が一八歳以下で、彼らがやってくれるだろう。集会はできなかったけど、未来は明るい」という。だが、それはさらなる犠牲を覚悟しなければならないことも意味する。

この事件がきっかけで、人びとが自分の意志で路上に出て抗議行動をすることが、武装闘争以来、再び当たり前になった。皆が一体となって抗議行動をし、ＣＲＰＦの陣地を破壊し、かつてない厳しい外出禁止令を出さなければならないほどインド政府を脅かした体験は、人びとの肉体の記憶となって残るだろう。

若者たちは、親の世代の武装闘争が失敗に終わったのを知っている。なので、しばらくは石を投げる非武装行為での抵抗運動を続けるだろう。だが、なんの解決策も示されずにいたらどうなるのか。パレスチナやチェチェンの武装闘争がエルサレムやモスクワで爆弾事件を引き起こしているように、域外への暴力へと拡大することは想像に難くない。紛争当事国である印パ両国は、若者たちの怒りに対してどのような答えを出すのか、真摯な姿勢が試される。

終章

カシミールはどこへ行く

集会で「国連よ、我われはインド人ではない」と書かれたバナーをメディアに示す市民。
カシミールの人びとが、どのような思いで発しているのか、伝わっているのだろうか？

二〇〇八年の亡霊が再び

二〇一〇年、カシミールは再び騒乱の年となった。その七月五日から一〇月二一日までの三ヵ月余りで、一一一人の市民が治安部隊によって殺される事態となったのである。

騒乱の伏線は、二〇〇九年の五月に起きた事件だった。南カシミールのシャピアン近郊の川原で二二歳と一七歳の義理の姉妹の絞殺体が発見された。発見された場所は別々であったが、それぞれCRPFと警察のキャンプの間近だった。発見直後の検死では、二人は強姦された後に絞殺されたと報告された。人びとは治安部隊の関与を疑い、抗議行動が再びカシミールを襲った。その後、調査はインド政府の中央調査局に委ねられたが、二人の死因は溺死とされた。この調査結果に人びとは納得するはずもなく、イスラーム教の安息日である金曜日の礼拝後に抗議行動を行うことが常態化した。

こうした混乱のなか、たまたま投石現場の近くを通りかかった者が、参加者と間違われて治安部隊に殺される事件が相次いだ。一七歳の少年が職務質問で口論となり、背後から撃たれ死亡する事件も起きた。二〇一〇年に入って、このような治安部隊の発砲で六月までに一〇人の犠牲者を出していた。

また、四月二九日には、北部のクプワラでバラムラ郡ナディアル村出身のシャザド、リヤズ、ムハマドという名の三人の若者がフェイク・エンカウンター（偽装銃撃戦）で殺された。彼らは一日二〇〇〇ルピーの約束で、四つのラージプート・ライフル連隊がLOCへの移動をするのに伴う荷役作業に誘われた。実は、この高額の賃金は三人を釣るための餌だった。彼らはパキスタンから侵入してきたミリタントとして殺され、殺した将兵たちは、戦果を上げたとして五万から二〇万ルピーがそれぞれに与えられたのである。

三人の家族が、殺されたパキスタン人ミリタントは行方不明となった息子たちであるとして、墓を掘り返してDNAテストをすることを要求。そしてかかわった将兵たちも自供したことから、事件が発覚した。この事件は、抗議行動にさらに拍車をかけた。

騒乱に至る幕開けは、七月五日の事件だった。スリナガルのバトマルー地区では、その前の週に、南カシミールで警察によって三人の少年が虐殺されたとする事件の抗議行動を行っていた。その参加者の一人ムザッファー君（一七歳）が治安部隊に追いかけられ、川に飛び込み溺死したのだ。しかしこれは表向きの話で、GK紙が両親の話を伝えたところによると遺体には拷問の傷跡が残されており、殺された後に川に捨てられたともいわれている。

彼の葬儀の列は反インドを唱えるデモへと発展した。投石をしていたわけではなかったが、そこに警察や治安部隊が催涙弾を撃ち込んだ。遺体を運ぶことを懇願する親族にも容赦ない暴行が加えられた。この顛末が知らされるや、各所での抗議行動が広がり、四名の死亡者が出てしまった。

暴動のさらなる拡大を恐れた州政府は、翌日から厳しい外出禁止令を施行した。GK紙他、現地の英字紙が伝えることによると、ジャーナリストや報道カメラマンでさえ通行許可証を持っていても関係がなかった。カメラマンたちは殴られカメラは地面に叩きつけられた。印刷した新聞の運搬が妨害され、配られなかった。人びとが連絡を取り合わないよう一部の電話線はカットされ、携帯電話のメールサービスも遮断されて送信不能となった。フェイスブックは警察に検閲されており、騒動のことを掲載すると、逮捕するぞと脅しの電話がかかってきた。また、投石の参加者を特定し、夜な夜な警察がそれらの家に押し入り、一〇〇〇人以上の若者が逮捕された。これらの若者を扇動していると、カシミール弁護士会の会長さえも逮捕された。それでも外出禁止令を破って人びとが抗議行動をするため、一時は正規軍の重装甲車が市中をパトロールした。

だが、これらの対策は人びとの気持ちを押さえつけるだけで、何の解決策にもならなかった。そして、七月三〇日、北カシミールのソポールでのデモで治安部隊が実弾を発砲し二人が死亡すると、事態悪化に拍車がかかった。誰かが殺されると激しいデモが繰り広げられ、鎮圧のために治安部隊がまた発砲するという負の連鎖の繰り返しだった。

七歳の子供が治安部隊によって撲殺される事件も起き、こうした運動から距離を置いていた人びとからも声が出始めた。私は幾人かの現地の友人に電話で話を聞くと、こんな答えが返ってきた。

「七歳の子供が石を投げて、どうやって治安部隊に届く？　インドの内務大臣は、パキスタンの武装勢力が背後で投石行為を扇動しているというが、これは市民の自発的な運動なんだ。こっちにくればわかる。政府は悪質なプロパガンダを発するだけで、まともに話し合おうとはしない」。「暴力をやめよというけど、僕たちは武器など一切持ってないんだぜ。もう何人も殺されているんだ。石を投げたからといって、なぜ殺されなければならない？」。さらに、「これは差別だ。我われの闘いは、こうした不正義に対する闘いなんだ。でも、インド政府は我われを一人残さず殺そうとする」と述べる。オマル・アブドゥッラー州首席大臣は事態を収拾しようと、話し合いを呼びかけるのではなく、治安部隊の増派をインド政府に要請した。そのことに、人びとの失望は深い。

また、国際社会も沈黙したままだった。十億人の巨大市場を抱えるインドに対して批判を手控えたのだ。同じことが、中国支配下にあるチベットや軍事政権下のビルマで起きていたら、各国から人権問題として非難が集まっただろう。

若者たちが石を投げて抵抗する姿を見て、パレスチナのインティファーダに影響されていると考える人もいる。だが、私の意見は少し違う。むしろ人びとは、インドの独立にその姿を重ね合わせていると感じる。「過酷な弾圧を長年受けても、インドだってイギリスから独立したじゃないか。歴史が証明したことを、なぜ我われができないと思う?」。人びとがそう考えている限り、力での弾圧は何の解決も生まない。

八月一一日、インドのシン首相は「暴力をやめて話し合いを」と呼びかけた。しかし、シン首相は以前にも「人権侵害は許さない」と発言したが、なんの改善も見られないため、その言葉はまったく信用されていない。カシミールの人びとの長年の苦しみは言葉だけでは変えられない。必要なのは、殺さないための具体的な解決策である。

では、それは何か? それは、治安部隊による人権侵害を事実上免罪するAFSPA(治安部隊特権法)の撤廃だ。APSPAは、国連人権委員ピレイ氏から、「現代の国際的な人権基準から反した植民地時代的な悪法」と非難されている。治安部隊の安全を守ることを名目とする同法だが、特に武装闘争が沈滞化した二〇〇八年以降は、ミリタントや治安部隊の犠牲者よりも、治安部隊に撃たれる一般市民の犠牲者のほうがはるかに多い。

カシミールの住民たちは、なにも本当に民族自決権(住民投票)を行使するために分離独立を望んでいるわけではない。住民たちが望むのは、明日の命の保障と安全に豊かに暮らしたいという人間としての当たり前の願望だ。人びとは、独立をしても経済的に国家を運営するのは難しいことはわかっている。人びとは、生命を脅かされるからアザディ(独立)を求めるのであって、そうでなければ生活の成り立たないアザディは求めない。つまり、人びとが求めてるのは、領土的なアザディではなく、抑圧からの自由であり、または自由な生活そのものだ。むしろ、平和と安全が保障されれば、分離独立への関心は向かなくなる。平和に暮らせられれば、インドの経済成長に引っぱってもらい豊かな生活を送りたい、と多くの人びとは考えている。ＡＦＳＰＡの撤廃は民心を変える可能性を持ち、それはソフトボーダー化の流れにも乗り、印パ両国の思惑と一致する公算もある。

ＡＦＳＰＡの撤廃は二〇一〇年九月、本章の冒頭で記した騒動がおきたときに討議された。しかし、軍の反対や時期早尚とする国会での議論で撤廃はならなかった。その裏には、インドの一般世論において、犠牲もわかるが、分離独立とパキスタンの脅威のある地域で、ＡＦＳＰＡを撤廃して軍事的優位を脅かすようなことは避けたいという意識があったことは想像に難くない。だがそうであっても、非武装の市民一一一人が殺されても撤廃されなかったという事実は重い。他にどんな犠牲を払えば撤廃されるのだろうか？　そして、カシミールの人びとがインド人と同様に扱われるのは、いつのことになるのだろうか？

身近にあるAFSPA

本書を読み、ＡＦＳＰＡをなんと乱暴な法律だろうと感じている人は多いはずだ。犯罪が法律によって免罪されるという矛盾を理解するのは困難だろう。だが、このような法律が、カシミールという紛争地特有のものだと考えたり、インドという差別や貧困が激しい特殊な国だから通用しているのだと考えたりはしていないだろうか。実は同様なことが、私たちの国、日本でも六〇年以上前から身近にある。それは日米地位協定にある密約によるものだ。この決まりによって米軍人、軍属が犯罪を犯しても、ＡＦＳＰＡと同じような免罪が、事実上罷り通っているのだ。

この問題について書かれた『密約　日米地位協定と米兵犯罪』（吉田敏浩著、毎日新聞社、二〇一〇年）によると、米兵が日本で犯罪を犯しても、実質的に起訴はされることはなく、事件についての捜査や調査の情報についても米側から提供義務はない。また、米側で起訴されても、軽い刑罰しか科せられないのである。このまるで治外法権のような状態は、特に米軍基地が多い沖縄では米統治下時代からの問題である。

沖縄という特別な場所のことだから、自分に関係があるとは思えない、と考える人もいるかもしれない。だが、二〇〇五年に東京都八王子市で米軍人が小学生三人をひき逃げをするという事件が起きた。被害者は重軽傷を負ったが、公務中ということで日本側に身柄は引き渡されなかった。そして、内部の（軍事裁判ではなく）懲戒裁判で課せられた刑罰は二ヵ月の給与を半額に減額されただけだった。また、二〇一〇年三月、沖縄で米軍人がひき逃げ事故を起こしたが、身柄が日本側に引き渡されたのは、八月になってからだった。このように沖縄で、そして東京でも、今でも起きている現在進行形の問題なのである。

ＡＦＳＰＡと日米地位協定に共通するのは、市民よりも現場の兵士を傷つけたくない、という考えだ。前線にいる兵士は、過度のストレスやプレッシャーに常に晒されている。精神が不安定になり、日常でも暴力的になってしまうのだ。

そのプロセスは、カシミールにいるとよくわかる。市内で警備する兵士は、群集に紛れ込んでいるミリタントに注意しなければならない。彼らの服装は一般市民と変わらない平服だ。衣類になにか膨らみでもあれば、武器を隠し持ってるのではないか？　手榴弾を投げてくるのではないか？　という疑心暗鬼が渦巻く。そのうちに、誰もが敵に見え、些細なことにも反応し、無差別に銃を乱射する。

市民が巻き込まれることで、憎悪はさらに兵士に向く。追い払っても、追い払っても、執拗に標的として投石をしてくる。それが再び発砲につながる。

軍隊の側から見れば、たとえ一般市民を死傷させたとして、それをいちいち罰していたのでは軍隊は成り立たない。そのために、兵士を守る法律が必要なのだ。だが、そのような法律のせいによって、兵士は引き金を引くことを躊躇わなくなり、事態はさらに悪化する。

この代表的な例が、ベトナム戦争でアメリカが五〇四人の民間人を虐殺した「ソンミ村虐殺事件」（一九六八年）だ。この事件は世界中から非難を浴び、国内からの反戦運動を盛り上がらせるきっかけとなって、アメリカはベトナムから撤退した。だが、アメリカは歴史から学ばず、イラク戦争でも大量の民間人を殺しているのは周知のとおりである。

私はイラクに自衛隊が派遣されたとき、スリナガル市内で警備する兵士を自衛隊員に重ね合わせた。彼らはカシミールよりさらに治安が悪いイラクに送られるのだ。自衛隊員が、恐怖のあまり一般市民に懲罰を与えたり殺傷したりすることがないと、誰が言えようか？　日本人なら戦地、戦場に行っても罪を犯さないという保証は無い。もしそのようなことが起きたら、その引き金を引いたのは私たち一人一人であることを承知しなければならなくなる。仮定の話ではなく、憲法の拡大解釈で自衛隊の派遣の中身や範囲が年々広げられているおり、これは現実的な問題だ。カシミールで起きていることは、将来、日本が直面する可能性がある普遍的な問題なのだ。

解決方法はあるのか?

カシミール問題についてよく聞かれるのは、「この問題はどうやったら解決できるのか？」という質問である。解決策は、過去何度も論じられてきている。

最初に提示された解決方法は、第一次印パ戦争の停戦後に国連決議で決定した国連の監視下の住民投票である。インド初代首相ジャワハルト・ネルーも、一九四八年一〇月二六日に、スリナガルでの演説で約束した。パキスタンやカシミールの人びとは、この国連決議を根拠に、帰属を決める住民投票を主張し、国連や国際社会の介入を歓迎している。だが、この住民投票が行われなかったことは、第二章ですでに記した。

他方インド政府は、第三次印パ戦争の停戦協定であるシムラ協定で「両国間の係争は二国間の話し合いで解決する」と決められたことと、カシミールは自国の不可分の領土で紛争地域ではないという位置づけを盾に、第三国からの干渉を拒否している。しかし、インドが実効支配をしているのはカシミール全土の三分の一に過ぎない。世界地図を見れば明らかだが、カシミールは国際法上でも帰属が未確定の係争地域なのだ。このインド政府の理屈が通らないのは、誰の目にも明らかだ。『南アジアの安全保障』(日本国際問題研究所編、日本評論社、二〇〇五年)によると、シムラ協定において、LOCをいずれ国境とするような密約がかわされているともいう。

それ以外にも、カシミール問題を解決するためのさまざまな案が出ている。ラダックとジャンムーをインド側に併合し、カシミールだけをパキスタン側に編入か独立させる案、ムスリムが多数派のインド側のカシミール部分とAJKを一つにして独立させる案などだ。

しかし、旧ジャンムー・カシミール藩王国はドーグラー朝が他民族を征服してできたもので、地域によって宗教も民族もバラバラであり、しかもそれがはっきりと区分けできない難しさがある。インド側だけでもジャンムーはヒンドゥー教徒が多数派であるものの、ムスリムも多く混住している。ラダックも同様で仏教徒が多数派であることは間違いないが、ムスリムも多く住んでいる。パキスタン側も宗教はイスラームだが、AJKはパンジャーブ系の住民が多く、ジャンムーと民族文化を共有している。北方地域にはさまざまな民族集団が暮らしている。コミュニティによって言語が異なり、彼らがカシミール人としての意識を持っているかは甚だ疑問だ。つまり、この地域は民族も文化も多層的に入り組んで構成されている。そのため、解決のために領土的な分割を行うと、印パ独立のときのような民族の移動を引き起こし、新たな禍根を作ってしまう。

世界におけるカシミール問題の位置づけは低い。核戦争の可能性を孕んだ危険な紛争と謳われるが、本当に核戦争に発展する可能性がない限りは、国際社会が動くことはない。印パ両国が対立しても、死ぬのはインド人、パキスタン人、カシミール人だけであるし、それぞれに武器を売りつけることもできる（インドは世界最大の武器輸入国である）。むしろ、人口一一億と一・六億の国が小競り合いで互いの力を削り合っているぶんには好都合だ。中東のように石油資源があるわけではなく、他の鉱物資源も存在しないので、介入しても経済的メリットもない。それよりも、歴史も文化も共有する両国が同盟関係を結び、欧米と対抗する勢力となることのほうを恐れている。

もし解決方法があるとすれば、それはカシミールの人びとを含めた関係当事国で話し合った結果でしかないはずだ。どのような矛盾や不完全さがあろうと、当事者が不在の解決法が機能するわけがない。解決はそこからしか始まらない。

それに、どのような方法があったとしても、今のところ机上の空論に過ぎない。なぜなら、紛争当時者であるインド、パキスタン両国が、この問題を本気で解決しようという積極的意志を持たないからだ。これでは、方法があっても意味をなさない。実効的な方法というものは、解決しようとする意志から生まれてくるものだからである。

印パ両国は、信頼醸成措置（ＣＢＭ）の名のもとに、関係改善を目的とした話し合いを幾度となく行っている。その結果、二〇〇五年のカシミール内でのバスサービスの開始や、二〇〇八年の貿易開始等、実現できたものもある。けれど、できることから始めるという小さな成果を挙げただけで、いずれも解決に向けた大きな流れには繋がっていない。印パの望む解決策は、前述の密約をもとにしたＬＯＣのソフトボーダー化ではないかと言われるが、このＣＢＭを見ていると、その感も否めない。

人権侵害の撲滅が解決の入り口

だからといって、いつになるのかわからない印パの関係改善を待っているわけにはいかない。そのあいだに、犠牲者は増え続けてしまう。やはり当面の課題は、治安部隊や警察による人権侵害の撲滅であろう。それは、インド政府にとっても大きなメリットがある。人権侵害の問題が無くなれば、分離独立運動も下火になるに違いないからだ。分離独立運動が大衆運動として復権しているのは、弾圧があるからで、運動は弾圧の裏返しだからである。

前述したが、誰も生活や生命を犠牲にしてまで分離独立をしたいとは思ってはいない。生活や生命が脅かされているからこそ、運動が支持をえるのだ。独立を達成しない限り、分離独立運動は何らかのかたちで続くだろうが、人びとの支持が無くては、それは画に書いた餅に過ぎない。

私はカシミールでの人権侵害について、減少する兆候があると感じている。二〇一〇年の大騒乱のとき、インドの放送局は、徒手空拳でデモをする若者たちが撃たれる状況をこぞって伝えた。夜半の討論番組では、インド人民党や国民会議派、パンディット、ＮＣ、人民民主党、カシミールの分離独立派、インドの人権活動家たちが連日連夜、口角泡を飛ばして問題の是非を議論していた。その結果、治安部隊がカシミールで行っていることが白日の下に晒されることになった。

それまで、カシミールでの分離独立運動はパキスタンに扇動されたものであり、それを取り締まるには、多少の犠牲は仕方がないと考えられてきた。だが、カシミールの分離独立の正当性は別にして、こんな野蛮なことが公然と行われるのは問題だということで、意見の一致が見られるようになったのである。

それは視聴者にとっても同じだった。インドの人びとは、自分たちの政府が〝清潔〟であるとは露とも信じてはいない。二〇一一年、インドでは二人の男が連日続く汚職のニュースに業を煮やして、ハンガーストライキを行った。まず四月に、ガンディー主義者の市民活動家アンナ・ハザレ（七三歳）が行い、六月にスワミ・ラムデブというヨガの大家が弟子たちを引きつれデリーに向かった。彼らの行動は市民たちから絶大な支持を受け、特にスワミ・ラムデブのハンストは弟子以外に市民も加わって五万人にも膨れ上がった。

私は、この出来事は急成長するインドの経済と無縁ではないと考えている。インドでは、中間層と呼ばれる年収が二〇万ルピーから一〇〇万ルピーの人びとが、この一〇年間で約五倍の一億五千万人に増えた。テレビや雑誌では、電子レンジや液晶テレビ、車などの高級耐久消費財の広告で溢れている。電気がろくに来ない村でさえ、何はなくても人びとは携帯電話を持っている。確実に物は豊富になり、時代が変わった実感を得ている。だからこそ、旧態依然のままの政治が目に付くようになったのだ。

そして経済の成長と共に、人口が多いだけの大国ではなく、国際社会の一員としての質がインドに求められているという自覚が出てきた。いくら経済成長をしても、中身が変わらなければ貧者の大国として見られたときと同じ視線に晒されたままだ。それは、プライドの高いインド人にとっては耐えられないことだろう。いくらカシミールの分離独立運動が反体制主義であろうと、その対応が撃ち殺すということでは、インドが未だ後進国であることを自らアピールしてしまうことになる。

二〇一一年七月三〇日、ソポールで、ナズィーム・ラシッド・シャラさん（二六歳）が殺人容疑で警察に逮捕され、翌日、拷問のすえに殺される事件が起きた。州首席大臣オマル・アブドゥッラーは、すぐさま事件の調査を約束し、一週間後には容疑者である二人の警察官を逮捕。そしてソポール郡警察本部長と副部長を更迭した。この素早い対応は二〇〇八年、二〇一〇年の大騒乱の再来を恐れたからだった。ただ七月一九日にも、南カシミールで村の主婦が、二人の兵士に誘拐・監禁されたうえ強姦される事件が起きたが、犯人の兵士は捕まっていない。犯人の消息が明らかではないことも理由だが、軍に対して同じ対応ができるかは定かではない。

政府側をかばうわけではないが、二〇一一年八月現在、拷問、拘束死、行方不明といった人権侵害が、二〇一〇年一一月より前と比べてはるかに減っているのは事実だ。二〇一一年八月一四日、アントニー国防相は、カシミールや北東部における人権侵害について、軍のイメージ低下につながるので気をつけるようにという訓示を出した。これは分離独立運動をこれまでのような弾圧では抑えることはできないし、そのように力で抑えるのがもはや許されないという認識の一致が、政府側全体にあるからだろう。具体的には、一つの変化が見られた。二〇一一年八月、J&K州のSHRCが、北カシミールで三八ヵ所の身元不明者が埋まる集団墓地を調査し、二一五六人分の遺体を発見。そのうち五七四体は地元民の可能性が大だが、残りに関しては戦闘で死んだミリタントや、拘束されて殺された市民の可能性が高い、と発表したのだ。

しかし、安心はまだできない。悪法であるAFSPAは撤廃される兆しはないし、行方不明者への真実究明は全くなされようとしない。インド政府が、人権侵害の問題と本気で向き合おうとしているわけではないからだ。それには、インド政府の公式な謝罪や第三者による真実和解委員会の設置等が求められる。また、この問題が解決しないかぎり、分離独立派が話し合いに応じることはできないだろう。

最後に、友人であるジャーナリストのアフザル君の言葉で本章を締めくくりたい。彼は一九九三年のソポールの虐殺でＢＳＦに父親を殺されている。

「武装闘争が衰退し、弾圧によって人びとが恐がって、運動は一時的に静かにはなりました。しかし、いつでも人びとは運動を支持していました。その証拠に、ミリタントの葬儀になると大勢の人が参列します。人びとの心は変わらないのです。

いまだに人権侵害は続いていて、無実の人を逮捕するなど、インドはあらゆる手段を講じて弾圧してきます。だから、武装だろうが非武装だろうが運動はつづくのです。占領が始まって六〇年、武装闘争が本格化して二〇年が経ちましたが、得たものは少なく、勝利したとはいえません。もちろん、我われの側にも問題があります、指導者たちが仲間割れしたり、指導力を発揮しないことなどです。

インドは、カシミール問題についての平和的解決方法を訴えますが、実は不誠実でなんら本質的なアプローチはありません。騙されてはいけないのです。インドは、平和を謳いながら弾圧するというダブル・スタンダードを使ってくるのですから。だから、我われは戦い続けなければなりません。勝てるかどうかはわかりません。しかし、やめてしまったら負けなのです。だから、まだ負けていませんん」

あとがき

カシミールにいるとき、私は、人間の住むどこか違う惑星にいるような錯覚を何度も覚える。電気ショックや体を天井から逆さづりにして殴打する拷問、その拷問のすえに殺される拘束死、忽然と人が消える行方不明、デモへの実弾による水平射撃、そして、これらのことの罪を誰も問われないこと等、日本では考えられないことばかりが目の前で起きるからだ。

そして、日本に帰ってくると、今度は、どこか違う惑星から帰ってきたような気持ちにさせられる。なぜなら、私がカシミールで目撃した数々の出来事が全く報じられておらず、それらが、あたかも無かったように扱われているからだ。私は、自分が魔法や催眠術をかけられ、体験したことは現実ではなかったのではないかという、子どもじみた空想をせずにはいられなくなる。

だが、それらのことが現実であり、遠い惑星ではなく、この地球上で起きていることは、私が一番よく知っている。カシミールの英字紙では、前日に何人殺されたかを報じる数字とともに、「キルド・イン・ヴァレイ」という見出しが、連日躍っている。この伝えられないカシミールでの死を伝えるという意味で、それをこの本のタイトルとした。

＊

一九九八年五月にカシミールを訪れ、「私」しか知りえないような事実に遭遇したことに興奮して通い始め、一三年がたった。その間、幾つかの雑誌には発表はしたが、この長い歴史と複雑な背景を持つカシミール問題を正確に伝えるには、不十分だった。今回、単行本という形で発表することができ、その不足を少しでも埋められればと思う。

執筆意図としては、人権侵害の問題だけでなくパンディットのことを取り上げる等、カシミール紛争についての誤謬を正すとともに、多少の多様性を持たせようと努力した。そして、事件についての証拠性を高めるため、事件の日時と部隊名については正確を期するよう注意した。なお表紙・裏表紙の英文記事に関しては、事実をもとにした創作である。

ただ、本書の発表は我ながら時間がかかり過ぎた。取り上げられていない問題としての自由がある一方で、日本で先達がいないこのテーマは、私には少々荷が重かった。

＊

この本は言うまでもなく、多くのカシミール人の友人の協力によってできあがった。安全上、差支えがない範囲で名前を挙げ、お礼を述べたい。ＪＫＣＣＳのパルヴェーズ・イムローズ、クラム・パルヴェーズ、アシア・ジーラニ、ＡＰＤＰのパルヴィーナ・アハンガー、シャヒーナ、イスラーム学生連盟（ＩＳＬ）のシャキール・バクシ、友人で、いつも通訳を買って出てくれたＳ君、取材の合間の無駄話につきあってもらったＭ氏、また、家族同然のつきあいをしてくれた兄貴分のＹとその家族、友人たち。彼らがいたからこそ、長期にわたってカシミールに通い続けることができた。

アジアプレスの先輩である吉田敏浩さんには、原稿を見ていただくと共に叱咤激励をたまわり、辛抱強く執筆の後押しをしていただいた。

面識がないのにもかかわらず、私の要望に応えて帯の推薦文を書いてくださったのは、写真家の長倉洋海さんである。私がジャーナリストを志したのは、一九九四年に長倉さんの写真展を訪れたのがきっかけだった。憧れである長倉さんから言葉をいただき、望外の喜びである。

序章と第九章の大部分は、アジアプレスのウェブジャーナルであるアジアプレス・ネットワークの「揺れるカシミール」が元になっている。掲載時には玉本英子さんをはじめ、アジアプレス大阪事務所の皆さんのお世話になった。

カシミールの現状を、カシミールで報道されている雰囲気のまま伝えたいと、現地の英字新聞風の表紙にしようと考えた。そんな私のアイディアをデザイナーの加藤賢策さんは、臨場感溢れる装丁で現実化してくれた。

カシミール紛争における人権侵害の問題というテーマは、簡単に出版できる企画ではない。にも関わらず、現代企画室の小倉裕介さんは、テーマの意義を理解して出版を実現してくれた。

また、家族の物心両面からのサポートなしに長い取材と執筆期間を支えることはできなかった。

長年の念願がかない、心より感謝しております。皆さま、本当にありがとうございました。

二〇一一年一〇月

廣瀬和司

関連年表

前一〇世紀頃　後期ヴェーダ時代、カシミールはクシャトリヤのカンボージャが支配していたとの記述が『マハーバーラタ』に見られる。
前五世紀　カシミールを指すと見られる地名が、ミトレスのヘカタイオスやヘロドトスの著述にあらわれる。
前三世紀　マウリヤ朝のアショーカ王がスリナガルを建設したとされる。スリナガルには仏教の高名な僧院が開かれ、鳩摩羅什などがこの僧院で学んだ。
一〇〇三　ヒンドゥーのロハラ朝によるカシミール統治。
一三二〇　パシュトゥーン系のシャー・ミール朝がカシミールを支配。ムスリムによる統治が始まる。
一五八六　カシミール、ムガル帝国に併合される。
一七五〇頃　ドゥラッニー朝（アフガン帝国）の支配がカシミールまで及ぶ。
一七八〇頃　ジャンムーがシーク王国の支配下に入る。
一八一九　シーク王国がカシミールを征服。その功績により、ヒンドゥー教徒の土侯グラーブ・シンがジャンムーのラージャーに封土された（ムスリムによるカシミール支配の終焉）。
一八四五　第一次アングロ・シーク戦争（〜一八四六）。
一八四六　戦争の結果、シーク王国はジャンムー、カシミールの領土を失う（ラホール条約）。イギリスは、グラーブ・シンにカシミール地区を含めた一帯を売却し、ジャンムー・カシミール藩王国が成立した。
一八五七　インド大反乱。この結果、ムガル帝国は完全に消滅し、インドはイギリスの直接統治下に入る。
一八七七　イギリス国王を皇帝とするインド帝国が成立。
一九三九　シェイク・アブドゥッラーとユースフ・シャーが、ナショナル・カンファレンス党（NC）を設立。
一九四六　NC、マハラジャに対する「カシミールから出て行け」運動を始める。アブドゥッラーが逮捕される。
一九四七　八・一五　インド独立法により、インドとパキスタン独立。藩王のハリ・シンは印パ両国に現状凍結条約を提案。パキスタンは受諾、インドは受諾せず。
九・二九　藩王、事態収束のためアブドゥッラーを釈放。
一〇・二二　パシュトゥーン人の民兵カシミールに侵攻。第一次印パ戦争始まる。
一〇・二四　カシミール・ムスリム会議、アザード（自由・独立）カシミール政府を樹立。
一〇・二六　藩王がインドへの帰属文書に調印。
一〇・二七　調印に基づき、インドがスリナガルに軍を派遣。藩王はアブドゥッラーを正式に緊急政府首席に任命する。
一九四八　一・一　インド、民兵の侵攻はパキスタンによる侵略行為と国連安全保障理事会に提訴。

三月　アブドゥッラーを総理大臣とするJ&K州政府が成立。
五月　パキスタン正規軍が参戦。
八月　国連印パ委員会が停戦に関する採択を決議。
一二・一一　国連印パ委員会は住民投票に関する提案を印パに伝達。

一九四九　一・一　印パ両軍停戦を実施。
七月　「停戦ラインを暫定的な国境とし、帰属は最終的には住民投票による」とする停戦協定を批准。

一九五〇　インド憲法制定（J&K州に自治権を認める三七〇条を含む）。

一九五一　国連安全保障理事会、停戦決議及び人民投票に関する決議の遵守を両国に勧告する決議を採択。

一九五二　アブドゥッラー州総理大臣、カシミールのインド併合反対運動を開始、独立か自治領化を要求。
七・二四　デリー合意。インド政府とアブドゥッラーの間でJ&K州の自治を認める合意を交わす。

一九五三　アブドゥッラー逮捕される。

一九五六　J&K州制憲議会は「カシミールがインドの一部である」旨の条文を含む州憲法を制定。

一九六二　中印国境紛争全面化。カシミールのアクサイチン地区を中国が占領。

一九六三　ハズラトバル寺院、聖髪失踪事件。

一九六四　アブドゥッラー一一年ぶりに釈放される。その後、ネルーの依頼でパキスタンの首脳アユーブ・カーンと会談するが、直後にネルーが急死。

一九六五　四・九　グジャラート州カッチ湿原で印パ国境警備隊が武力衝突。
五・八　アブドゥッラー逮捕される。
八・五　パキスタンから武装勢力が停戦ラインを越えてインド側に進入。第二次印パ戦争始まる。
九・六　インド軍、ラホールに向けて進撃。アユーブ大統領、パキスタン全土に非常事態宣言。
九・二三　停戦成立、国連軍事監視団の派遣決定。

一九六六　一月　ソ連の仲介により、タシケントでインドのシャストリ首相とパキスタンのアユーブ大統領が会談。タシケント宣言を発表。

一九六八　アブドゥッラー釈放される。

一九七〇　一二月　第三次印パ戦争始まる。

一九七二　インドのガンディー首相とパキスタンのブット首相がシムラ協定に調印。改めて停戦ラインが決められ、現在の実効支配線（LOC）となる。

一九七五　カシミール合意が結ばれる。アブドゥッラーが州首席大臣として復帰。

一九七七　国民会議派との対立により州議会を解散。総選挙でNCが過半数を獲得したため、アブドゥッラーは再び州首席大臣に就く。

一九八二　アブドゥッラー死去、息子のファルークが州首席大臣となる。
一九八三　州議会選挙。イスラーム教の最高指導者M・ファルークと選挙協力を行いNCが勝利。勝利に自信を得たファルークは、反中央の立場を強める。
一九八四　二月　イギリスでJKLFがインド外交官を誘拐。JKLF創設者マクブール・バット、デリーの刑務所で刑死。
三月　デリー副知事のジャグモハンがJ&K州知事に就任。
七月　州知事、ファルーク州首席大臣を解任。分裂したNCのG・M・シャーが後任となる。
一九八六　親パ勢力が台頭し、州内のイスラーム系諸組織の連合体ムスリム統一戦線（MUF）結成される。
州知事、シャー内閣を解任。州知事統治に変わる。
九月　中央政府、J&K州に大統領統治導入を決定。
一一月　ラジーブ・ファルーク合意。州議会選挙でNCと国民会議派が協力をすることに。
一九八七　三月　NCと国民会議派の連合体が選挙で圧勝。不当な選挙結果への失望をきっかけに、武装闘争が本格化する。
一九八八　反インドのデモが頻発。連日戒厳令が敷かれる。
一九八九　一二月　カシミール出身のインド内務相M・M・サイードの娘がJKLFにより誘拐される。インド政府は要求に従い、JKLFの五名の指導者を釈放。その後、要人を標的にした武装グループによる誘拐が続発する。
一九九〇　一・一八　ジャグモハン、J&K州知事に再任。ファルーク州首席大臣はこれを不服に辞任する。
一・二〇　スリナガル・ゴウ橋でデモに治安部隊が発砲し、三〇名近くが殺害される（ゴウ橋の虐殺）。
五・二一　M・ファルークが過激派に暗殺される。その葬儀で治安部隊が発砲し、五〇名近くが死亡。その後、ジャグモハン州知事が更迭。政府治安対策顧問のギリシュ・サクセナが後任となる。
八月　ヤシン・マリクJKLF議長逮捕される。
一九九一　J&K州はほぼ内戦状態になり、騒乱地域に指定。
一九九二　パキスタンによる武装勢力への支援が大幅に強化される。
一九九三　一・七　治安部隊が北部の町ソポールを攻撃、約四〇名が死亡する。
三・一七　クリシュナ・ラオが州知事に就任。
四・二一　リヤズ・アフムッド巡査が軍の拘束下で殺害され、カシミール州警察がストライキを敢行。
一〇・一六　ハズラトバル寺院に反政府武装勢力五〇人が立て籠もる。一ヵ月後に投降。
一〇・二二　ビジビヘラで治安部隊がデモ参加者に発砲し、四〇名が死亡。
一九九四　インドのラオ首相、カシミール問題の解決に着手。

ヤシン・マリクを釈放し、首相秘書室にJ&K問題局設置。

一九九五　カシミールに侵入する外国人武装勢力の数が激増。武装組織アル・ファランが六人の外国人旅行者を誘拐、殺害する。

ラオ首相、NC代表団と会見。ファルークは、一九五三年以前の憲法的地位の回復を主張。

インド選挙委員会、J&K州議会選挙を求める中央政府の要請を「自由公正な選挙が保証されない」として拒否。

一九九六　三・一五　インド政府、武装勢力との対話のために委員会を設置。

九・七　州議会選挙が行われ、NCが圧勝。しかし、治安部隊が投票を強制したことから「銃口の下での投票」という批判を浴びる。

一九九八　一・二一　スリナガル近郊、ワンダハマ村で二一人のヒンドゥー教徒の村人が何者かに虐殺される。

五月　インドで二四年ぶりの核実験。これに反応してパキスタンも核実験を行う。

一九九九　三月　インドのバジパイ首相とパキスタンのシャリフ首相がラホールで会談。両国の信頼関係の醸成を謳う「ラホール宣言」を発表。

五月　実効支配線を越えて、カルギル地区に大規模なパキスタンの武装勢力が侵攻。インド軍によって退けられる。

七月　シャリフ首相はアメリカのクリントン大統領と会談を行い、パキスタン軍の撤退を発表する。

八月　HMがインド政府と停戦し交渉を始めるが、話し合いは不調に終わる。

一〇月　パキスタンでクーデター。

二〇〇〇　一一月　バジパイ首相はラマダンに合わせてLOCでの停戦を宣言。パキスタンも呼応して砲撃戦がやむ。

二〇〇一　二月　スリナガル近郊のチャティシンポラ村でシーク教徒七人が、何者かに殺される。

七・一五　インドのアグラでバジパイ首相とパキスタンのムシャラフ大統領がカシミール問題についての話し合いをするが、進展せず。

一〇・一　州議会議事堂前でJeMによる自爆テロ。死者四〇名、重軽傷者八〇余名。

一二・一三　デリーのインド国会議事堂に武装グループが侵入し、銃を乱射して警察官ら七人が死亡。インド側は、ISIの支援を受けたJeMとLeTの共同作戦による犯行と主張。

二〇〇二　五・二一　分離独立主義者の指導者で穏健派のアブドゥール・ガニ・ローンが暗殺される。

六月　国会襲撃事件を受けて印パ両国の緊張が高まり、両国軍がカシミールや国境沿いに集結。

二〇〇三
州議会選挙でNCが過半数を割り、ファルークの後継者、息子オマルも落選。約五〇年続いてきたアブドゥッラー一族の支配が一旦幕を閉じる。人民民主党と国民会議派の連立政権が成立し、M・M・サイードが州首席大臣に就任。
五・二三　プロワマ郡ナンディマルグ村で二四人のヒンドゥー教徒が虐殺される。

二〇〇四
五・二三　スリナガル近郊でBSF兵士やその家族を乗せたバスがIEDによる攻撃を受け、三三人が死亡。HMが犯行声明を出す。

二〇〇五
四月　パキスタンのムシャラフ大統領がインドのデリーを訪問しバジパイ首相と会談。交渉継続を謳う共同声明を発表。
四・七　スリナガルとムザファラバード間でバスの運行が始まる。
一〇・八　マグニチュード七・六の地震がカシミール地方で発生。特にパキスタン側では被害が甚大で約七万人の死者を出す。
一一月　人民民主党から受け継いで、国民会議派のG・N・アザードが州首席大臣となる。

二〇〇八
六月　インド政府とJ&K州政府はアマルナート寺院の土地を寺院管理委員会に移譲することを決定。それに反対してカシミールではゼネストが行われ、治安部隊による発砲で二一名が死亡。
七・一　州政府は土地の移譲の撤回を決定。この決定に反発し、ジャンムー地方でヒンドゥー教右翼団体が中心となり国道一号線の封鎖を始める。
七・七　G・N・アザード州首席大臣が辞職。J&K州は、州知事直轄統治となる。
八・二二　カシミールの独立を訴える数十万人規模の集会が開かれる。
一一・二六　ムンバイで、パキスタンの武装勢力による襲撃事件が起きる。死者一七二人。
一二月　州議会選挙でNCが勝利。国民会議派と連立政権を組む。

二〇〇九
一月　オマル・アブドゥッラーが州首席大臣に就任。
五月　シャピアンで姉妹が強姦され、殺される事件が起きる。真相究明を求める抗議行動が起きる。

二〇一〇
四月　クプワラ郡で三人の若者が偽装銃撃戦で殺され、兵士たちが報奨金を貰っていたことが発覚。
七・一七　スリナガルでの抗議行動で一七才のトゥフェイル・マットゥの頭に催涙弾が直撃して死亡。事件をきっかけに抗議行動が大規模化。一〇月までに一一一人の犠牲者を出す大騒乱がおきる。

二〇一一
八月　州人権委員会は、北カシミールの複数の集団墓地で二〇〇〇人以上の遺体を確認。身元確認ができた五七八体の他は、ミリタントか紛争に関連した行方不明者である可能性が高いと発表。

略称・用語解説

【治安維持部隊など】

BSF　国境警備隊（Border Security Force）の略称。軍と警察の中間の準軍隊で内務省の管轄下にある。スリナガル等都市部の警備に当たっていたが、名称どおり国境警備に当たらせるべきという意見が出て、二〇〇六年頃よりCRPFにその任を譲っている。

CID　犯罪捜査局（Criminal Investigation Department）の略称。各種犯罪捜査をするが、本書に登場するCIDは、そのなかでも公安警察に該当する仕事をしている。

CRPF　中央警察予備隊（Central Reserved Police Force）の略称。軍と警察の中間の準軍隊で内務省の管轄下にある。カシミールでは主にスリナガル等郡庁所在地に配備されている。武装警官隊の趣きが強い。

NSG　国家保安警備隊（National Security Guard）の略。内務省直属の部隊で、黒ずくめの服装からブラック・キャットと呼ばれる。任務は要人の警護や、対テロや対ハイジャック作戦等の特殊作戦である。

RR　ラシュトルリヤ・ライフル（Rashtriya Rifles）の略称。カシミールで展開する陸軍の対テロ部隊。準軍隊だが陸軍の指揮下にあるので、カシミールでアーミーといえばRRを指す。通常、インド陸軍の部隊は、生活習慣や言語の問題もあり民族別に分けられているが、RRの構成員は陸軍の各部隊から招集されている混成部隊である。

SOG／STF　Special Operation GroupとSpecial Task Forceの略。ジャンムー・カシミール州警察が独自に

設立した対テロ特別部隊。書類上では公式に存在していない組織である。所属する警察署によってSOGと呼ばれたりSTFと呼ばれたりするが、中身は変わらない。構成員は投降した元ミリタントが多い。

【政党など】

APHC　全党自由会議（All Parties Hurriyat Conference）の略称。一九九三年に設立された、分離独立派の連合組織。人民行動委員会、イスラーム協会、カシミール弁護士会等の政党、社会組織がメンバーとなっている。それぞれの組織は独立派、パキスタン帰属派と意見を異にするが、その解決方法を住民投票によるものとする点で一致し、住民投票の実現を目標としている。二〇一一年現在、APHCは人民行動委員会を率いるモルヴィ・ウマル・ファルークの派閥APHC（M）と、元イスラーム協会議長で、現在は自身の政党「自由のための運動」を率いるギラニ師の派閥APHC（G）に緩やかに分裂している。

JKLF　ジャンムー・カシミール解放戦線（Jammu & Kashmir Liberation Front）の略称。武装組織であったが、一九九四年に一方的に停戦をし、カシミールの独立を目指す政党となった。一九七一年にマクブール・バットとアマヌッラ・カーンによって結成された。一九九四年までの活動は本文第二章の通り。

HM　カシミールのパキスタン帰属を目指す武装組織、ヒズブル・ムジャヒディン（Hizbul Mujahideen、聖戦士党）の略称。カシミール人主体の武装組織の中でもっとも大きい。パキスタンの軍情報部（ISI）からの支援を受けており、イスラーム協会と関係が深い。司令官は一九八八年の州議会選挙でムスリム統一戦線の一員として立候補したユースフ・シャー、別名サイード・サラウディン。ヤシン・マリクらは、彼の選挙運動員だった。サラウディンは選挙後、パキスタンに渡ってHMと関係するようになり、カシミールのパキスタン帰属を目指す武装組織の連合組織「聖戦評議会」の議長も務めている。

ＮＣ　カシミールの地域政党であるナショナル・カンファレンス（National Conference）党の略。一九三九年に前身のムスリム会議から名称を変えた。創設者はシェイク・アブドゥッラー。カシミールの独立を訴える政党だったが、アブドゥッラーの逮捕により一時期は国民会議派に吸収されたいた。一九七五年にカシミール合意によってシェイク・アブドゥッラーが州首席大臣に返り咲くと、彼が身を寄せていた住民投票戦線にＮＣを名乗らせて復活させた。一九八二年のシェイク・アブドゥッラーの没後、息子のファルークが党首となると同時に州首席大臣になる。一九八四年にインド政府と衝突し辞職するが、一九八七年の選挙で再び州首席大臣となる。その後二〇〇二年の選挙でＮＣは敗退するが、二〇〇八年の選挙で勝利をおさめ二〇一一年現在はファルークの息子のオマルが党首と州首席大臣を務める。インド政府と協調する政党である。また、ファルーク・アブドゥッラーは現在、インド統一進歩同盟政権のエネルギー担当相を務める。

イスラーム協会　本書では「ジャマーテ・イスラーミー・カシミール」を指す。ジャマーテ・イスラーミー（Jamaat-e-Islami）はイギリス植民地時代にインドで創設されたイスラーム教組織で、イスラーム学校を通しての宗教教育等を行い、イスラーム法支配によるイスラーム国家建設を目指している。インドやカシミールのほか、パキスタンやバングラデシュ、アフガニスタンにもイスラーム協会はあるが、それぞれ別組織である。カシミールではスーフィズムの影響が強いので広範な支持を得るには至っていないが、一方でイスラーム教徒としてのアイデンティティを訴えている部分では共感を持たれている。宗教政党の側面も持ち、元議長のギラニ師は一九七〇年代に州議会議員を一期務めた。ギラニ師は議長であったが、自らの抵抗組織「自由のための運動」（テフリーク・イ・ハリヤット・カシミール、ＴｅＨＫ）を作ったためイスラーム協会を離れた。しかし影響力は変わらず、互いの組織の人員も重なっている。

人民行動委員会　Awami Action Committee、ＡＡＣ。一九六三年にハズラトバル寺院聖髪失踪事件が起きた際、真相を追究するために、行動委員会として民衆によって組織された。事件後は人民行動委員会と名を変え、カシミールのイスラームの最高指導者ミールワーイズ・モルヴィ・ファルークの支持母体となった。

人民民主党 Jammu & Kashimir People's Democratic Party、ＰＤＰ。国民会議派カシミール支部のトップだったムフティ・モハマド・サイードが一九九九年に創設した。ムフティは国民会議派と連立して二〇〇二年一一月から二〇〇五年一一月まで州首席大臣を務めた。インド政府と協調する政党だがＮＣのアブドゥッラー家を敵対視している。現在、党首は娘のメフブーバが務める。

【その他の概念】

ＡＰＤＰ 行方不明者家族の会（Association of Parents Disappeared Person）の略称。一九九四年にパルヴィーナ・アハンガーにより創設。行方不明者の家族の組織化、助け合いを目的としている。具体的には訴訟の法律相談、生活補助金の支給等のほか、行方不明者問題への注目を高めるため、月に一度スリナガル市内で座り込みを行っている。

ＡＦＳＰＡ 治安部隊特権法（Armed Forces Special Powers Act）の略称。カシミールでは一九九〇年に施行され、ジャンムー、ラダックを除くカシミール地方とラジョリ、プーンチ地域のＬＯＣから二〇キロメートルまでを騒乱地域と指定し、適用されている。騒乱地域内では、令状なしの逮捕や家宅捜索、容疑者への暴行、射殺が認められている。アムネスティ・インターナショナルやヒューマンライツ・ウオッチ等の国際人権団体は、ＡＦＳＰＡによって超法規的処刑や行方不明を助長し、またその罪を免責することによって暴力の連鎖に拍車をかけていると非難している。二〇〇九年にピレイ国連人権高等弁務官はインド政府にＡＦＳＰＡの撤廃を要求し「現代の国際的な人権基準に反した、前時代的な植民地時代の法」と批判した。同法は一九五八年よりマニプールやアッサム等のインド北東部諸州でも適用されているが、外部からの立ち入りが難しいため、より厳しい状況にあることが懸念されている。

JKCCS　インド側カシミールで唯一機能している人権団体である、市民社会のための連合（Jammu & Kashmir Coalition for Civil Society）の略称。代表は弁護士のパルヴェーズ・イムローズ。その傘下でAPDPやKWIPD（カシミール人女性が主導する平和と軍縮）、IPTK（インド支配地域カシミールにおける人権と正義のための国際民衆法廷）等が活動している。

LOC　カシミールのインド支配地域とパキスタン支配地域にまたがる、実効支配線（Line of Control）の略称。元々は第一次印パ戦争の停戦の境だったことから停戦ライン（Cease-fire Line）と呼ばれていたが、一九七二年のシムラ合意の後からこう呼ばれるようになった。

州人権委員会　State Human Rights Commission、SHRC。人権侵害の事件について調査する州政府の機関だが、予算、人員ともに不足していて機能していない。SHRCからの推薦によって、被害者や遺族は州政府から補償を受け取ることができる。

夏の州都と冬の州都　藩王国時代、王宮は夏は避暑のためにスリナガルに置かれ、冬は避寒のためジャンムーに置かれた。その名残りで、現在でも州政府は五月から一一月まではスリナガルに置かれ、一一月から五月まではジャンムーに置かれる。半年ごとに移動するので非効率だという声もあるが、互いの縄張り争いから、廃止される様子はない。

ミリタント　いわゆる、分離独立を訴えるゲリラ、反政府武装勢力、もしくはイスラム圏で呼ばれるムジャヒディンのことだが、カシミールでは一般にミリタントと呼ばれていることから、本書もそれに準じている。

参考文献

【日本語文献】
アジアプレス・インターナショナル編『アジアの傷、アジアの癒し』風媒社、二〇〇〇年
井上あえか「アーザード・ジャム・カシミールとパキスタン・インド対立」『アジア経済』四〇巻一二号（一九九九年一二月）
大橋正明／村山真弓編著『バングラデシュを知るための60章』明石書店、二〇〇三年
岡本幸治／木村雅昭編著『紛争地域現代史3――南アジア』同文館、一九九四年
外務省アジア局南西アジア課『70年代以降のカシミール問題』一九九二年
加賀谷寛／浜口恒夫編『南アジア現代史2――パキスタン・バングラディシュ』世界現代史10、山川出版社、一九七七年
斉藤吉史『インドの現代政治』朝日新聞社、一九八八年
田城明「印パ独立50年――核神話の下で」『中国新聞』連載特集、一九九七年
東南アジア調査会『カシミール問題と最近のインド・パキスタン関係』二〇〇一年
中村平治『南アジア現代史1――インド』世界現代史9、山川出版社、一九七七年
日本国際問題研究所『カシミールの現状』一九九八年
日本国際問題研究所『南アジアの安全保障』日本評論社、二〇〇五年
広瀬崇子「インド・パキスタン関係の微妙な変化――国家間対立と国民間交流」『国際問題』四六九号（一九九九年四月）
アミール・ミール『ジハード戦士　真実の顔』作品社、二〇〇八年
山中一郎編『パキスタンにおける政治と権力』アジア経済研究所、一九九二年
吉田敏浩『密約――日米地位協定と米兵犯罪』毎日新聞社、二〇一〇年

ドミニク・ラピエール／ラリー・コリンズ『今夜、自由を』上・下、早川書房、一九七五年
エドワード・ルース『インド　厄介な経済大国』日経ＢＰ社、二〇〇八年

【外国語文献】

F. Abdullah as told to S. Sahni, *My dismissal*, New Delhi: Vikas Publishing House, 1985.
P. I. Ahmad, *A Hand Book on Azad Jammu & Kashmir*, Rawalpindi: Nawab sons Publications, 2003.
A. S. Anand, *The Constitution of Jammu & Kashmir: Its Development & Comments*, *Fourth Edition*, New Delhi: Universal Law Publishing, 2004.
N. Bazaz, *Ahead of His Times, Prem Nath Bazaz: His Life & Work*, New Delh : Sterling Publishers, 1983.
P. N. Bazaz, *Struggle for Freedom in Kashmir*, Srinagar: Gulshan Publishers, 2003.
P. N. Bazaz, *The Untold story of Kashmir Politics*, Srinagar: Gulshan Publishers, 2007.
N. C. Behera, *State, Identity & Violence: Jammu, Kashmir & Ladakh*, New Delhi: Manohar, 2000.
N. C. Behera, *Demystifying Kashmir*, Washington, D. C.: Brooking Institution Press, 2006.
A. H. Bhat, *Jammu Kashmir Conflict*, Srinagar: 2004.
S. Bhat, *Kashmir in Flames: An Untold Story of Kashmir's Political Affairs*, Srinagar: Ali Mohd & Sons, 1981.
S. Bhat, *Kashmir Testament*, Srinagar: Bright Publications, 1998.
A. Bhattacharjea, *Kashmir: The Wounded Valley*, New Delhi: UBSPD, 1994.
S. Bose, *Kashmir: Roots of Conflict, Paths to Peace*, New Delhi: Vistaar Publications, 2003.
A. J. Ganai, *Kashmir and National Conference and Politics*, Srinagar: Gulshan Publishers, 1984.
M. Y. Ganai, *Kashmir's Struggle for Independence(1931-1939)*, Srinagar: Moshin Publications, 2002.
G. N. Gauhar, *Hazratbal: Central Stage of Kashmir Politics*, New Delhi: Virgo Publications, 1998.
S. Gavaskar, *Run's & Ruin's*, New Delhi: Rupa, 1984.

I. Gilani, *My days in Prison*, New Delhi: Penguin books, 2005.

I. Gul, *The Unholy Nexus*, Lahore: Vanguard Books, 2002.

W. Habibullah, *My Kashmir*, Washington, D. C.: United States Institute of Peace Press, 2008.

Human Rights Watch, *Everyone Lives in Fear: Patterns of Impunity in Jammu and Kashmir*, New York: HRW, 2006.

M. Joshi, *The Lost Rebellion: Kashmir in the Nineties*, New Delhi: Penguin Books, 1999.

P. S. Jha, *The Origins of A Dispute:Kashmir 1947*, New Delhi: Oxford University Press, 2003.

B. M. Kaul, *The Untold Story*, New Delhi: Allied Publishers, 1967.

S. Khulshid, *Beyond Terrorism: New Hope For Kashmir*, New Delhi: UBSPD, 1995.

J. Kobel, *Danger in Kashmir*, Karachi: Oxford University Press, 2002.

S. Kotthari; Z. Mian, *Birding Partition: People's Initiatives for Peace Between India and Pakistan,* Hyderabad: Orient BlackSwan, 2010.

A. Koul, *The Kashmiri Pandit*, Delhi: Utpal Publication, 1991.

A. Lamb, *Kashmir: A Disputed Legacy 1846-1990*, Herts: Roxford Books, 1991.

K. L.bhatatia, *Jammu and Kashmir: Article 370 of the constitution of India*, New Delhi: Deep&Deep Publications, 1997.

R. Mohan, *Wazwaan: Traditional Kashmiri Cuisine*, New Delhi: Roli books, 2001.

B. M. Mullik, *My Years with Nehru 1948-1964*, New Delhi, Allied Publishers, 1972.

G. R. Najar, *Kashmir Accord 1975: A Political Analysis*, Srinagar: Gulshan Publishers, 2007.

P. R. Newberg, *Double Betrayal: Repression and Insurgency in Kashmir*, Washington, D. C.: Carnegie Endowment for International Peace, 1995.

Public Commission on Human Rights, *State of Human Rights in Jammu and Kashmir 1990-2005*, Srinagar: Parvez Imroz on behalf of Coalition of Civil Society, 2005.

B. Puri, *Kashmir: Towards Insurgency,* New Delhi: Orient Longman, 1993.

M. Qasim, *My life and Times*, New Delhi: Allied Publishers, 1992.
M. Rai, *Hindu Rulers, Muslim Subjects: Islam, Rights, and The History of Kashmir*, Delhi: Permanent Black, 2004.
R. S. Rissam, *Janata Era in Kashmir Politics*, Jammu: Vinod Publishers, 1992.
S. Sahni, *Kashmir Underground*, New Delhi: Har-Anand Publication, 1999.
K. Santhanam; Sreedhar; S. Saxena; Manish, *Jihadis in Jammu and Kashmir*, New Delhi: SAGE Publishers, 2003.
V. Schofield, *Kashmir in the Crossfire*, New Delhi: Viva Books, 1997.
B. L. Sharma, *Kashmir Awakes*, New Delhi: Vikas Publications 1971.
K. Singh, *Autobiography*, New Delhi: Oxford University Press, 2003.
T. Singh, *Kashmir: Tragedy of Errors*, New Delhi: Viking Penguin India, 1995.
A. Sinha, *Farooq Abdullah, Kashmir's Prodigal Son: A Biography*, New Delhi: UBSPD, 1996.
P. Thakur, *Militant Monologue*, New Delhi: Parity Publishers, 2003.
P. G. Ud-din, *The Historical Destiny of The Kashmir Insurgency*, Jammu: Jay Kay Book House, 1997.
Z. Ud-din, *Did They Vanish in Thin Air ?* (Revised Edition), Srinagar: Owaisi Publications, 2001.
U. K. Zutshi, *Emergence of Political Awakening in Kashmir*, New Delhi: Manohar, 1986.
C. Zutshi, *Language of Belonging: Islam, Regional Identity, and the Making of Kashmir*, New Delhi: Permanent Black, 2003.

【インターネット】
「これでインディア　二〇〇八年八月一〇日日記」 http://www.koredeindia.com/008-08.htm#0810
「ＡＰＮ・揺れるカシミール　廣瀬和司の緊急現場報告」 http://www.asiapress.org/apn/archives/1000/1018/

【著者略歴】
廣瀬和司（ひろせ　かずし）
1969年　東京都生まれ。獨協大学法学部卒。アジアプレス・インターナショナル所属。1995年に台湾人元従軍看護婦の取材を最初にジャーナリストとしての活動をはじめる。1998年よりインド、パキスタン、中国にまたがるカシミールについての取材をはじめる。カシミールについてのテーマはインド支配地域における分離・独立運動と人権侵害を主とし、2008年までに印パ双方から延べ20回以上訪問。共著に『アジアの傷、アジアの癒し』（風媒社　2000年）がある。
連絡先　hirosekazushi@yahoo.co.jp

カシミール／キルド・イン・ヴァレイ
――インド・パキスタンの狭間で

発　行　2011年11月25日初版第1刷1500部
定　価　2200円＋税
著　者　廣瀬和司
装　丁　加藤賢策（東京ピストル）
発行者　北川フラム
発行所　現代企画室
東京都渋谷区桜丘町15-8-204
Tel. 03-3461-5082 Fax. 03-3461-5083
e-mail: gendai@jca.apc.org
http://www.jca.apc.org/gendai/
印刷所　中央精版印刷株式会社

ISBN978-4-7738-1114-8 C0036 Y2200E